旅游产业创新与发展丛书

旅游感知与旅游可持续发展

／基于防城港市滨海旅游的研究／

陈红玲 ◎ 著

本书由「北部湾环境演变与资源利用教育部重点实验室（南宁师范大学）」资助出版

TOURISM
PERCEPTION
AND
TOURISM
SUSTAINABLE
DEVELOPMENT:
Based on
the study of
the coastal tourism in
Fangchenggang

经济管理出版社
ECONOMY & MANAGEMENT PUBLISHING HOUSE

图书在版编目（CIP）数据

旅游感知与旅游可持续发展：基于防城港市的研究/ 陈红玲著 . —北京：经济管理出版社，2022.6

ISBN 978-7-5096-8542-6

Ⅰ.①旅…　Ⅱ.①陈…　Ⅲ.①滨海旅游—旅游业发展—可持续性发展—研究—防城港　Ⅳ.①F592.767.3

中国版本图书馆 CIP 数据核字（2022）第 105950 号

组稿编辑：魏晨红
责任编辑：王光艳　丁凤珠
责任印制：黄章平
责任校对：张晓燕

出版发行：经济管理出版社
　　　　　（北京市海淀区北蜂窝 8 号中雅大厦 A 座 11 层　100038）
网　　址：www. E-mp. com. cn
电　　话：（010）51915602
印　　刷：北京晨旭印刷厂
经　　销：新华书店
开　　本：720mm×1000mm/16
印　　张：14.75
字　　数：257 千字
版　　次：2022 年 8 月第 1 版　2022 年 8 月第 1 次印刷
书　　号：ISBN 978-7-5096-8542-6
定　　价：68.00 元

前　言

　　以习近平新时代中国特色社会主义思想为指导，全面贯彻党的十九大和十九届二中、三中、四中全会精神，深入贯彻落实习近平总书记对广西工作的重要指示精神，围绕建设壮美广西、共圆复兴梦想的总目标、总要求，坚定不移走高质量发展之路，以深化文化旅游供给侧结构性改革为主线，以提升文化旅游产业发展质量和整体水平为重点，2020年的《政府工作报告》要求，"广西壮族自治区将围绕建设文化旅游强区，构建'三地两带一中心'旅游新格局。'三地'即桂林国际旅游胜地、北部湾国际滨海度假胜地、巴马国际长寿养生旅游胜地，'两带'即中越边关风情旅游带、西江生态旅游带，'一中心'即南宁区域性国际旅游中心城市"。

　　滨海旅游是休闲旅游的一种主要形式，开发潜力巨大，近些年得到了突飞猛进的发展。滨海旅游目的地是世界休闲度假旅游目的地的重要组成部分，符合当今旅游发展的趋势。广西壮族自治区（以下简称"广西"）作为民族地区中唯一拥有滨海资源的省份，具有丰富的滨海旅游资源，但由于旅游开发较其他的滨海旅游地区晚，处于生命周期的起步阶段，发展中存在着很多问题。本书将民族地区滨海旅游引入研究范畴，案例点既是边境地区，也是民族地区，研究对象还是跨境的少数民族，因此运用民族经济学、旅游人类学、民族旅游理论来深入研究民族地区滨海旅游的特殊性，对民族经济学、旅游人类学和旅游学理论的研究都是有益的贡献。研究成果对广西滨海旅游的指导咨询价值和改善少数民族村民生计等具有重要价值。

　　本书从主客感知的视角出发，运用民族经济学、旅游可持续发展等理论，尝试综合运用统计分析软件和层次分析等方法，选取防城港滨海旅游中具有典型性的两个主要滨海旅游点进行田野调查，在对居民和游客感知调查和比较分析的基础上，结合民族地区滨海旅游发展的现状，构建滨海目的地可持续发展的评价体系，并以防城港市为实证对象，提出可持续发展的对策。

　　本书的主要内容为：第一章是绪论，阐述本书的选题背景与意义、相关文献综述、研究方法、研究内容与重点难点、研究思路与框架、研究创新和不足。

第二章是相关概念的界定和相关理论方法的阐述，为后续研究奠定理论基础。第三章是广西滨海旅游业发展现状。内容包括广西滨海旅游业兴起的背景、广西滨海旅游业的发展现状、环北部湾旅游资源概况与开发现状。第四章是游客对旅游影响的感知与态度。具体内容包括游客对防城港滨海旅游的总体印象、游客对旅游地的感知与态度以及游客满意度的方差分析。第五章采用问卷调查与实地访谈相结合的方法，研究居民对旅游影响的感知与态度，以及滨海居民对社区生活的总体满意度。第六章是对防城港市滨海旅游业可持续发展的评价。重点构建滨海旅游可持续发展的指标体系，包括资源、经济、环境、社会文化子系统，并通过数据统计和问卷调查综合计算各指标的权重。从中观角度进行实证研究，分析了防城港旅游发展情况，运用层次分析法对防城港市滨海旅游可持续发展进行系统综合评价，得出评价结论。第七章是防城港市滨海旅游可持续发展的问题和对策。第八章是主要结论与研究展望，整理出本书的结论和研究展望，为后续研究指明方向。

本书的研究结论为：第一，从整体上看，防城港市游客对当地滨海旅游的感知都呈现出积极作用。社会环境感知、自然环境感知都在 3.40 以上，表明游客对当地这两方面都较为满意。对旅游服务与商品环境感知、卫生环境感知表现出中立的态度，说明景区应该重视这两方面的建设。第二，防城港市滨海居民对旅游带来的正面影响感知较为明显，旅游环境利益、旅游社会利益、旅游经济利益均值都在 3.5 以上，表明居民对这些都持赞成的态度；而对于旅游带来的负面影响，居民感知均不显著，对环境成本和社会成本持中立偏反对的态度。第三，构建了滨海旅游可持续发展评价指标体系，包括 4 个准则、9 个一级指标、24 个二级指标，并运用 AHP 层次分析法、线性加权合成法和专家评分法对防城港市滨海旅游可持续发展所处的阶段和水平进行综合评价，计算出防城港市得分为 65.029 分，目前还处于可持续发展的初级阶段。第四，防城港市政府应树立旅游业可持续发展的目标，加强滨海旅游服务质量建设，打造特色滨海旅游产品，优先保障社区居民合法权益，提升旅游城市形象，加强北部湾经济区旅游合作。

目　录

第一章

绪　论

第一节　选题背景与意义

一、选题背景

（一）我国滨海旅游业的兴起

　　旅游业是第二次世界大战后迅速发展起来的新兴产业，自 20 世纪 90 年代以来旅游业就已超过汽车、石油和钢铁工业成为世界第一大产业。旅游业在现代社会中的作用日益突出，已经发展成为世界第三产业中最具活力的新兴产业，是国民经济新的增长点。作为旅游业的重要组成部分，海滨旅游受到各国政府及相关部门的重视，正面临着前所未有的"天时、地利、人和"的历史机遇。21 世纪是全球海洋的世纪，海洋经济在世界经济发展格局中的地位和作用正在不断提升。2016 年我国海洋生产总值突破 70000 亿元，达 70507 亿元，约占 GDP 的 9.5%，海洋经济保持约 6.8% 的增长速度。海洋产业增加值达 43283 亿元，海洋相关产业增加值为 27224 亿元。海洋第一产业、第二产业、第三产业增加值分别为 3566 亿元、28488 亿元和 38453 亿元，三产增加值占海洋生产总值的比值分别是 5.1%、40.4% 和 54.5%。据预测，2015~2030 年，我国海洋经济仍将处于成长期，到 2030 年海洋生产总值占 GDP 的比重将超过 15%，进入海洋经济成熟阶段。随着世界各国海洋战略意识的不断增强，各沿海国家和地区纷纷将目光投向这片具有巨大开发潜力的蓝色经济领域，海滨旅游作为海洋经济最具成长性的重要组成部分，将成为 21 世纪全球旅游经济新的增长点，具有十分广阔的发展前景。

我国的海滨旅游业正处于蓬勃发展的新阶段，沿海城市和地区已认识到滨海旅游的重要性，纷纷把海滨旅游业当作战略性的支柱产业来抓，在政策导向和资金扶持等方面都给予了极大的倾斜。从历年的游客流量分布来看，沿海地区是最吸引游客的地区。作为海洋产业中的重要组成部分，海洋旅游已越来越受到世界各国的重视，已经成为沿海国家竞相发展的重点产业。以海洋为依托的海洋旅游业在旅游业的发展中占据了越来越重要的地位。全世界 40 大旅游目的地中有 37 个是沿海国家或地区，其旅游收入占全球总收入的 81%。2016 年我国滨海旅游业继续保持健康发展态势，产业规模持续增大。全年实现增加值 12047 亿元，比上年增长 9.9%，占全国主要海洋产业总产值的 17.1%。

海滨旅游作为世界旅游休闲度假的主打产品，是当今旅游的趋势之一。出于滨海的地理位置的特殊性，生物物种和资源比较独特，海洋生态环境呈现出原生性和资源多样性等特点。由于受现代文明的影响相比陆地较小，不仅自然资源丰富，而且拥有丰富的文化遗产，滨海居民之间保留着独一无二的民风民俗和渔家生活方式，这些都是宝贵的资源财富。出于历史等原因，我国的滨海旅游开发从 20 世纪 70 年代末才开始。目前，由于政策的出台和地方政府的重视以及旅游需求的大量增长，滨海旅游保持着年均增长 20%~30% 的发展态势，已发展为我国海洋产业的主要组成部分。滨海旅游集休闲性、娱乐性、参与性等于一休，能够满足游客求新、求异、求奇和回归自然等多方面的旅游需求，成为众多旅游者首选的旅游产品之一，是当今旅游业的重要组成部分。

（二）滨海旅游和休闲度假旅游的契合

从买方市场来看，中国的旅游市场由初步发展阶段逐步发展成为观光游览、度假休闲和特种旅游产品共存的成熟阶段，旅游消费呈现出多样化、多元化的发展趋势，不再停留在单单走马观花的旅游消费水平，中高端旅游产品正日益受到旅游者的青睐。整体而言，中国的旅游产业正在向休闲度假旅游阶段迈进。

世界经济的持续增长带动了旅游消费能力的增强，同时日益丰富的旅游产品市场也为旅游者提供了更为广阔的旅游目的地选择空间。单纯的观光旅游已经不能完全满足旅游者的消费需求，以休闲度假为代表的滨海旅游集娱乐性、参与性和休闲性于一体，逐渐成为热点，发展为游客的首选旅游产品。

作为一个具有代表性的休闲度假产品，滨海旅游拥有巨大的发展潜力，具有强大的竞争力，成为旅游业中增长较快的旅游产品之一。滨海风格的（即 Sun 阳光、Sand 沙滩、Sea 大海、Shopping 购物，简称"4S"尊贵之旅）独特组合的旅游休闲度假场景，因其满足游客回归自然和放松心情的旅游需求而格外受旅游者喜爱，已是旅游者心目中比较理想的目的地选择。现代滨海旅游形成于19 世纪中叶，在拉丁美洲的加勒比地区率先崛起，后来欧洲大西洋沿海地区、波罗的海地区开辟了海滨度假区，一直发展到亚洲和太平洋地区。旅游功能由最初的观光游览、避寒疗养，转为集康体娱乐、度假休闲、文化体验、邮轮旅游、海滨专项旅游等于一体的复合型旅游产品体系。

滨海旅游区地处海洋和陆地的接合部位，这里旅游活动的边缘效应、枢纽效应和扩散效应显著。凭借自然禀赋优势，沿海地区在人口、历史、生产力等方面具有内陆地区不可比拟的优势。当今世界，无论是从旅游目的地角度还是从接待旅游者角度来衡量，沿海地区均是旅游发展的重中之重。统计资料表明，无论从接待旅游者数量、旅游收入等目的地指标，还是从旅游者数量、消费能力等客源地指标方面进行衡量，沿海国家均排在世界前列。

滨海旅游是一种传统的休闲度假旅游方式，新时代赋予滨海旅游新的形势和内容，打造贴近旅游时尚、符合当今旅游趋势的海滨度假地，是沿海旅游目的地发展的主要目标之一。休闲度假旅游的发展将对旅游地综合要素提出更高的要求，一个地方能否吸引休闲度假旅游消费者，不再靠其是否拥有著名的观光景点，而在于其综合氛围与整体环境是否可以很好地满足旅游者的休闲需求。

（三）我国滨海旅游业发展的问题

20 世纪 80 年代末 90 年代初，可持续发展理论的提出为旅游研究指明了方向，各国政府和学者开始在可持续发展理论的指导下研究旅游可持续发展问题。目前过度强调保持环境质量的政策对于旅游业可能是不可持续的，必须注重人的因素。因为居民和游客是旅游业的主体，对其心理感知研究可以动态地反映旅游目的地的满意度、支持度、参与度等意愿，并对滨海旅游目的地的可持续发展产生深远影响。如果主客对当地旅游发展持反对或抵触态度，那么旅游地的吸引力将会大大减弱。旅游开发者在开发旅游的进程中，为了获取最大利润，不顾当地社区居民的利益，而社区居民在旅游开发中因发展旅游业而增加了获利能力，但忽略了对费用和成本的分析，所损失的相关利益远远不能从经济方面获得足够的补偿。从我国的旅游发展历史来看，旅游地发展更多是从政府的角度出发，往往忽视作为旅游发展的核心利益相关者的居民和旅游者的态度。长此以往，不仅社区居民对旅游发展持消极抵触态度，不积极参与旅游开发过程，而且会造成游客数量的锐减，这会使旅游目的地的旅游可持续发展难以为继。我国从主客影响的视角研究滨海旅游可持续发展，虽然有了一定的基础，但存在着许多问题：理论研究薄弱，大部分理论都是舶来品，国内的理论创新很少；研究方法以定性研究为主，定量研究较少，尤其是采用量化的指标体系对旅游影响的研究较为少见。

广西滨海旅游不但可以创造经济效应，提升城市的竞争力，带动相关产业的发展，还可以弥补经济发展落后和处于国家主体功能区的限制开发区的劣势。广西可以通过大力发展旅游来促进发展，加快基础设施建设，让旅游业成为追赶东部发达地区的重要战略支撑。同时，对广西沿海居民而言，发展滨海旅游可以改变以渔业为主的传统经济模式，促进当地海洋的环境质量保护，促进滨海地区的经济结构转型和对民族文化的有效保护，带领岭南少数民族脱贫致富，为实现跨越式发展树立鲜明的样板。所以，对居民和游客的旅游影响感知进行测度，并在此基础上研究广西滨海旅游可持续发展、设立指标体系进行量化，具有现实而深远的意义。

虽然防城港滨海旅游业的发展已经取得了令人欣喜的成就，但由于起步较晚，旅游产业规模较小，同时为了避免防城港旅游走北海旅游过度开发的老路，有必要对其滨海旅游进行研究。通过对相关文献的检索发现，我国对旅游影响感知与态度的研究文献主要集中在乡村旅游的研究上，缺乏滨海主客旅游感知与态度的研究，而选取防城港为实证研究的相关文献很少，从主客感知与态度的视角对防城港可持续发展进行研究的文献几乎是空白。

（四）民族地区滨海旅游业的发展路径问题

西部地区是块神奇的土地，历来就是中国各民族交流融合的地方。民族地区资源丰富，边境线长，邻国多；大多处于大江大河上游和生态脆弱地区；民族构成复杂。在全国的资源地理格局、地缘战略位置、生态区位、民族关系方面都有十分重要的地位。

西部地区是中国少数民族的主要聚居区，少数民族人口占广西全区总人口的 38.5%。广西少数民族长期积淀了深厚而富有特色的民族历史文化，绚丽多彩的民族文化与丰富多样的自然景观结合在一起，成为广西独特的人文旅游资源优势。西部民族地区的经济发展，既有一般欠发达地区的共性，又在经济文化上面表现出很大的特殊性，民族地区旅游开发也不例外。西部民族地区是少数民族相对集中的聚集地，旅游资源得天独厚，不仅数量众多、类型丰富，而且独具特色、品位高、集聚度强、组合状况较好，利于开发。旅游业是西部民族地区实现资源环境与社会经济协调发展的最佳结合点。①

由于滨海旅游开发具有得天独厚的资源优势，又有符合人类回归自然、度假休闲的旅游需求，所以其在世界旅游业中的重要性将继续保持并得到加强。滨海旅游的开发可以减轻内陆旅游热点（线）的压力，缩小旅游淡旺季的差异。这对平衡我国旅游发展的格局，分散客流，缓解大众旅游对东部地区成熟地的资源、社会文化和环境破坏都有重大意义。

广西作为五个民族自治区之一，是人口最多的少数民族自治区，也是民族地区中唯一拥有滨海资源的省份，有着丰富的滨海旅游资源，但由于旅游开发较其他的滨海旅游地区晚，处于生命周期的起步阶段，发展中存在着很多问题。同时，防城港作为中国最南端的沿海城市，保留着奇异和绚丽多姿的少数民族风情，尤其以广西独有的京族风情为甚。在当前中国—东盟自贸区的背景下，防城港面临着经济的腾飞和发展的机遇，正在实现由"后发展欠发达地区"升级跨越为"后发展中等水平地区"的目标。2013年防城港农村贫困人口7.88万人，比2012年减少了1.68万人。

广西作为民族地区中唯一拥有滨海资源的省份，防城港民族地区滨海旅游开发潜力巨大，具有民族地区旅游开发的特点：一是各地区对发展旅游业的重要性认识普遍提高；二是产业规模不断壮大，形成了综合产业体系；三是旅游业发展速度加快，收入增加迅速。但在充分开发旅游的同时，我们在调研中了解到，防城港的旅游发展中存在政府与当地社区居民的博弈、旅游不注重当地居民的参与等问题。

二、研究意义

民族地区的经济是整个国民经济的重要组成部分，如果长期处于发展缓慢落后的状态，必将影响整个国民经济的发展速度，影响我国全面建设小康社会的历史进程。因此，对于人口最多的民族自治区——广西经济的发展，应给予高度重视。广西民族地区发展滨海旅游业不仅具有经济上的意义，而且具有政治和社会等各方面的意义，深刻影响着我国各民族间的关系。总之，本书在前

---

① 郑长德. 西部民族地区大开发与经济发展［M］. 成都：四川民族出版社，2002.

人研究的基础上对广西壮族自治区滨海旅游指标体系和发展对策的研究，具有十分重要的意义。

（一）理论意义

一是有助于拓宽我国旅游理论界关于滨海旅游的研究范围，将民族地区滨海旅游引入研究范畴，使滨海旅游研究的空间对象更加完整。

二是由于案例点既是边境地区，也是民族地区，研究对象还是跨境的少数民族，有助于运用民族经济学、旅游人类学、民族旅游理论来深入研究民族地区滨海旅游的特殊性，这无论对民族经济学还是对旅游人类学和旅游学理论的研究都是有益的贡献。

三是从研究视角与方法的运用上，也是首次运用多种理论方法来综合探讨边境民族地区滨海旅游。考察滨海居民和游客对旅游影响的心理感知、满意度和支持度，并将他们的感知与态度纳入可持续发展评价指标体系中，推动可持续发展理论的创新发展。

（二）实践意义

一是对广西滨海旅游具有指导咨询价值，研究发现的问题和提出的解决之道对于旅游业体制改善、目的地产业结构调整、旅游参与者（少数民族村民）改善生计等具有实际意义。

二是通过对综合全面的旅游可持续发展指标体系的建立和评价方法的探讨，总结防城港滨海旅游发展的相关经验和问题，探索其旅游可持续发展能力提升途径与策略，对于广西滨海旅游产业的发展具有指导意义，为当地政府相关部门探索旅游可持续发展路径、保护与传承民族文化遗产提供决策依据。

三是为西部民族地区旅游产业发展提供实证和案例，对加强国家文化安全有重要意义，对周边国家有窗口示范效应。

四是发展滨海旅游可以改变以渔业为主的传统经济模式，保护当地的海洋环境，促进滨海地区经济结构的转型和民族文化的保护发展，为滨海地区的发展树立鲜明的样板；促进民族地区产业结构调整和跨越式发展，有利于推进民族地区社会主义新农村建设，推动少数民族群众脱贫致富。

第二节　文献综述

一、关于滨海旅游的研究

（一）国外滨海旅游的研究述评

1. 滨海旅游的影响研究

经济影响：尼古拉斯·哈拉兰博普洛斯等（Nicholas Haralambopoulos, et al.,1996）以希腊萨摩斯岛为例，通过与当地居民的访谈得知，尽管受访者认为旅游业带来了很多消极的影响，但是居民不仅支持旅游业发展，而且希望旅游业快速扩张。通过实证分析得出经济来源依靠旅游的受访者比那些经济来源与旅游不相关的受访者对旅游业的态度更积极[①]。阿加瓦尔·S（Agarwal S, 1997）以英国滨海旅游为例，对滨海旅游的衰退对当地经济的影响进行研究，发现如果要重振旅游业的发展，必须要塑造特色旅游品牌，并加强政府与企业的合作[②]。

社会影响：艾米·L.特伦努斯等（Amy L. Trenouth, et al., 2012）以澳大利亚的塔斯马尼亚（Tasmania）的海洋和沿海保护区为例，用因子分析法研究了基于自然和环境破坏的利益相关者感知的重要性和海洋自然保护区管理的关系，发现如果在更重视管理规划和决定的前提下，可以发现管理的重要性和降低灾害的能力[③]。格林·R（Green R, 2005）以泰国苏梅岛（Koh Samui）为研究对象，定量研究分析了滨海旅游业对当地社区居民的传统生活环境和模式产生的

① Nicholas Haralambopoulos, Athens, Abraham Pizam. Perceived Impacts of Tourism：The Case of Samos［J］. Annals of Tourism Research, 1996, 23（3）：503-526.

② Agarwal S. The Resort Cycle and Seaside Tourism：An Assessment of its Applicability And validity［J］. Tourism Management, 1997, 18（2）：65-73.

③ Amy L. Trenouth, Cher Harte, Chloe Paterson de Heer, Kanwaljeet Dewan, Anna Grage, Carmen Primo, Marnie L. Campbell. Public Perception of Marine and Coastal Protected Areas in Tasmania, Australia：Importance, Management and Hazards［J］. Ocean & Coastal Management, 2012, 67：19-29.

消极影响和效应，并针对滨海旅游可持续发展提出了相应的对策①。

环境影响：丹尼尔·苏曼等（Daniel Suman，et al.，1999）以佛罗里达群岛国家海洋保护区为研究对象，对当地渔民、潜水运营商、环保组织成员这三个利益相关者进行了调查，调查内容有针对功能分区规划的看法、公共参与程度、对区域设计的感知与预期结果等。当地渔民对功能分区感到愤怒和无能为力，觉得他们完全被生物避难所隔离。潜水运营商展示了他们参与设计的高水平作品，但担心生物避难所的设立会限制他们的活动。环保组织成员是功能分区最忠实的拥护者。研究发现，生物避难所和海洋保护区域的设立，可以使海洋资源的管理者采取多种管理手段扩大公共宣传和信息传播的途径②。布兰卡斯·F.J等（Blancas F J，et al.，2010）对滨海旅游地应用可持续发展评价指标体系进行评价，分析得到的结论可以用于政府部门制定决策以及指导旅游规划③。

2. 滨海旅游规划和管理

滨海旅游的发展对当地经济、社会文化以及环境都造成了一系列难以避免的问题，因此需要相关管理部门采取相应措施，将滨海旅游发展过程中的负面影响降到最低。C.迈克尔·霍尔（C.Michael Hall，2001）指出海洋旅游是世界上增长最快的产业之一，近年来它对经济和环境的影响的重要性逐渐得到各方面的重视。他重点阐述了旅游对环境的影响，并对海洋旅游可持续发展的管理提出了一些对策措施④。泰勒和弗朗西斯（Taylor & Francis，2003）以地中海南部海域的生态系统为研究对象，重点研究治埋系统对摩洛哥和突尼斯海洋旅游管理的有效性，研究对比和识别了摩洛哥和突尼斯海洋旅游利益相关者群体和计划管理的关键因素，最后对海洋旅游的治理系统、权利关系、民主进程和社区参与等方面的可持续发展提出了相应的建议⑤；G.安福索等（G.Anfuso，et al.，2017）以古巴西部滨海旅游地区为例，通过数据采集分析，指出了目前古

① Green R. Community Perceptions of Environmental and Social Change and Tourism Development on the Island of Koh Samui Thailand ［J］. Journal of Environmental Psychology，2005，25（1）：37-56.

② Daniel Suman，Manoj Shivlani，J. Walter Milon. Perceptions and Attitudes Regarding Marine Reserves：A Comparison of Stakeholder Groups in the Florida Keys National Marine Sanctuary ［J］. Ocean & Coastal Management，1999（42）：1019-1040.

③ Balancas F J，Gonzalez M，Lozano-O M，et al. The Assesement of Sustainable Tourism ［J］. Application to Spanish coastal Destinations Ecological Indicators，2010（10）：484-492.

④ C. Michael Hall. Trends in Ocean And Coastal Tourism：The end of the Last Frontier? ［J］. Ocean & Coastal Management，2001，44（9-10）：601-618.

⑤ Taylor，Francis. Governance Capacity and Stakeholder Interactions in the Development and Management of Coastal Tourism：Examples from Morocco and Tunisia ［J］. Journal of Sustainable Fourism，2003，11（2-3）：224-245.

巴滨海旅游发展的限制和混乱的原因，并针对此类现状提出滨海旅游可持续发展应制定相应的战略发展方向、提高公众参与度以及准确定位旅游消费者等建议①。

3. 海岛旅游研究

米乌里奥·A 和默里·I（Meaurio A & Murray I，2001）研究指出，海岛旅游会对本岛产生一些包括社会风气的下降和传统文化的消失等不良社会影响，并根据研究对象存在的问题，构建了较为详尽的海岛旅游可持续发展的指标体系②。巴多列特·E（Bardolet E，2008）对旅游意义上的海岛旅游的基本条件进行了界定，内容包括：①海岛管理权隶属于不同级别；②不同文化和社会背景的利益相关者参与到海岛旅游投资中；③海岛中各个岛屿需要根据所处不同发展阶段制定特色产品和市场策略；④岛屿间的游览界定为海岛旅游；⑤为海岛旅游管理部门提供标准化的统计数据。最后通过对夏威夷和巴利阿里群岛进行 SWOT 比较分析，提出了塑造海岛旅游特色品牌的建议③。西沃特·伊姆·柬等（Siew Imm Ng, et al., 2017）以马来西亚刁曼岛为研究对象，使用 SEIS 框架评估刁曼岛旅游发展的可持续发展过程，总结出刁曼岛在六个关系（资源社区、资源旅游、社区资源、社区旅游、旅游社区和旅游资源）方面的表现适度；其中表现最好的是社区旅游，因为旅游为岛上带来了非常重要的收入和就业机会，表现最差的是资源旅游，因为旅游活动加剧了资源保护的难度。最后提出，要提高刁曼岛的可持续发展，必须均衡每个利益相关者的利益，而不是只注重某一方的利益从而造成海岛旅游的不健康发展④。

4. 邮轮旅游研究

邮轮旅游是休闲旅游发展最快的一种休闲度假方式，伍德·R.E（Wood R E，2000）探讨了邮轮旅游发展与全球化问题，提出邮轮带来的"海上全球化"将导致海岛本土文化的退化⑤。罗斯·A. 克莱恩（Ross A. Klein，2011）指出随

---

① G. Anfuso, A. T. Williams, G. Casas Martínez, C. M. Botero, J. A. Cabrera Hernández, E. Pranzini. Evaluation of the Scenic Value of 100 Beaches in Cuba: Implications for Coastal Tourism Management [J]. In Ocean & Coastal Management, 2017, 142 (2): 73-185.

② Meaurio A, Murray I. Indicators of Sustainable Development in Tourism. The Easy of the Balearic Islands [C]. Conference on Sustainable Develvpement & Management of Ecoturism in Small Islan Peveloping State & Other Small Island, 2001.

③ Bardolet E. Tourism in Archipelagos Hawai's and the Balearics [J]. Annals of Tourism Research, 2008, 35 (4): 900-923.

④ Siew Imm Ng, Kei Wei Chia, Jo Ann Ho, Sridar Ramachandran. Seeking Tourism Sustainability-A Case Study of Tioman Island, Malaysia, In Tourism Management, 2017, 58 (1): 101-107.

⑤ Wood R E. Caribbean Cruise Tourism-globalization at Sea [J]. Annals of Tourism Research, 2000, 27 (2): 345-370.

着邮轮旅游的快速增长，邮轮旅游对海洋和海岸带的环境、经济和当地社区影响的研究也逐渐增多。通过案例分析，他从滨海旅游地社区居民的视角研究了邮轮旅游的相关影响，指出了政府、社区和邮轮旅游业面临的挑战，为邮轮旅游的可持续发展提供了方向①。J. 道森等（J. Dawson, et al., 2017）以加拿大北极邮轮为例，指出邮轮业发展虽然前景广阔，收益丰厚，但随之产生的安全、环境及政治等问题导致大部分国家政府监管过于严格，政策紧绷。因此，邮轮旅游产业更加倾向于在一些非官僚地区发展，从而在一定程度上限制了邮轮旅游的发展②。

（二）国内滨海旅游的研究述评

1. 滨海旅游的影响研究

经济影响：李作志等（2010）以大连滨海旅游为例，采用福利经济学社会最大化原理分析出九类滨海旅游活动的经济价值，并对资源的过度使用与破坏作出相应补偿③。李平和史晓源（2019）采用分层模型的分析方法对滨海城市海洋旅游竞争力影响因素进行分析，得出造成国内沿海城市海洋旅游竞争力差异的主要原因是城市自身的差异，还有部分由区域经济与环境差异造成④。

社会影响：盛红（1999）认为，海洋文化中的度假性、开放性、外向性和崇商性是吸引海滨度假旅游者的关键⑤。周罡和李京梅（2019）等利用条件评价法（Contingent Valuation Method，CVM，也称条件价值法）中的二分式实证问卷，调查在浒苔绿潮发生期内游客对改善滨海景观的支付意愿（WTP）信息。这一方法可以作为海洋藻华灾害对社会经济影响评估方法的有益补充，为政府及相关组织对海洋藻华灾害的预防、治理以及更合理和有效的应急处置提供灾害经济影响部分的决策依据⑥。

---

① Ross A. Klein. Responsible Cruise Tourism: Issues of Cruise Tourism and Sustainability [J]. Journal of Hospitality and Tourism Management, 2011, 18 (1): 107-116.

② Jackie Dawson, Margaret Johnston, Emma Stewart. The Unintended Consequences of Regulatory Complexity: The Case of Rruise Tourism in Arctic Canada [J]. Marine Policy, 2017, 78 (2): 71-78.

③ 李作志，王尔大，苏敬勤. 滨海旅游活动的经济价值评价——以大连为例 [J]. 中国人口·资源与环境，2010 (10): 158-163.

④ 李平，史晓源. 我国滨海城市海洋旅游竞争力影响因素分析——基于分层模型的实证研究 [J]. 浙江海洋大学学报（人文科学版），2019 (1): 40-48.

⑤ 盛红. 我国滨海旅游度假区开发的文化问题思考 [J]. 海岸工程，1999 (2): 180-183.

⑥ 周罡，李京梅. 基于二分式问卷的青岛浒苔绿潮灾害对滨海旅游资源非使用价值影响评估 [J]. 海洋环境科学，2019 (3): 335-341.

环境影响：骆乐等（2009）通过对上海滨海旅游者问卷调查结果分析，得出阻碍该地区海滨旅游发展的制约因素，从政府监管、企业规范和游客自觉等方面采取相应措施，促进上海滨海旅游的可持续发展①。刘世栋和高峻（2013）基于灰色关联识别模型，研究滨海旅游活动与海水环境质量的关系。研究表明，滨海人工浴场由于管理模式及水体净化技术的不同，水域环境呈现不同的时空分布特征，但总体上滨海人工浴场建设和环境管理工程可以有效保护滨海人工浴场以及周边区域水环境等②。木丹和姜启军（2016）认为，人们对滨海旅游环境的大规模开发和利用，已经对滨海环境造成了不可逆转的破坏，并提出，政府可以通过征收相关税费、规划旅游项目开发标准、加大海洋环保宣传力度和共同治理的方式来减少旅游开发对海洋环境的负面影响③。杨秀平等（2019）通过构建滨海城市旅游环境承载力指标体系，利用 NSGA-II 算法求解旅游旺季、淡季和平季三种情景下的旅游环境系统对核心主体的承载力，以秦皇岛市为例进行实证研究，并提出加强对旅游环境系统的管理、促进多主体和谐共生、旅游淡旺季的协调发展三个对策来提升滨海城市旅游环境承载力④。狄乾斌等（2020）基于非期望产出视角，采用超效率 SBM 模型，评价了我国东部沿海 18个主要滨海旅游城市的旅游生态效率，并分析了其时空演变特征⑤。

2. 滨海旅游规划和管理

马勇和何彪（2005）站在战略的层面，在回顾世界海滨旅游的历史沿革后，在分析我国滨海旅游开发的背景、意义和空间布局结构的基础上，总结滨海旅游开发实践过程中的问题，提出我国滨海旅游开发的战略措施，旨在对我国滨海旅游的开发有所借鉴⑥。刘明和徐磊（2011）运用旅游市场分析的框架，从游客年龄、性别、旅游动机和市场结构方面，总结出沿海城市入境旅游客源市场的一般规律和特征，提出我国滨海旅游潜在客源市场的培育对策和发展思路⑦。

① 骆乐，刘海为，陈卫康.上海滨海旅游可持续发展研究 [J].安徽农业科学，2009, 37 (24)：116-118.
② 刘世栋，高峻.旅游活动对滨海浴场水环境影响研究 [J].中国环境监测，2013 (2)：1-4.
③ 木丹，姜启军.滨海旅游开发对海洋环境的影响及对策研究 [J].海洋开发与管理，2016, 33 (9)：81-85.
④ 杨秀平，翁钢民，李进，侯玉君.滨海城市旅游环境承载力优化研究——以秦皇岛市为例 [J].地理与地理信息科学，2019, 35 (4)：134-140.
⑤ 狄乾斌，赵晓曼，王敏.基于非期望产出的中国滨海旅游生态效率评价——以我国沿海城市为例 [J].海洋通报，2020 (2)：160-168.
⑥ 马勇，何彪.我国海滨旅游开发的战略思考 [J].世界地理研究，2005, 24 (1)：102-107.
⑦ 刘明，徐磊.我国滨海旅游市场分析 [J].经济地理，2011, 31 (2)：317-321.

杜权和王颖（2020）采用规模报酬可变的 BCC-DEA 模型，分析滨海旅游业2005~2016 年的发展效率。分析得出规模效率对滨海旅游业的发展效率具有较大影响，并提出完善滨海旅游资源开发及滨海旅游配套设施、避免滨海旅游项目同质化、开发特色滨海旅游产品、丰富滨海旅游产品体系、加大营销力度、提升滨海旅游品牌等相关建议来促进滨海旅游产业的发展[①]。李淑娟等（2019）对我国 14 个滨海城市的旅游发展质量、旅游发展"质"—"量"的耦合协调度进行定量测算，并分析其时空演化规律，结果表明其旅游发展质量耦合协调度整体水平不高，呈现出"量多质高""量少质高""量少质低""量多质低"四种类型[②]。

3. 旅游合作研究

张月和毛春元（2012）应用 TOPSIS 评价方法研究了江苏省滨海旅游城市的竞争能力，并应用比较的方法分析了江苏省滨海城市存在的不足，在此基础上采取了相应的措施[③]。张经旭（2002）在对广西滨海旅游开发现状、滨海资源优势与特色分析的基础上，发现广西滨海旅游存在的问题，对加快滨海旅游资源开发提出了构想，包括提高开发层次、实现多元立体化发展等[④]。廖国一（2005）探讨了东兴京族海洋文化资源开发问题，指出以海洋文化为特征的京族传统文化与滨海自然风光的结合开发，可以促进中越边境旅游的可持续发展[⑤]。李敏纳、蔡舒、张国俊（2017）通过 SWOT 分析法对广西、广东、福建、海南等地区与东盟形成的环南海地区进行分析后指出，该地区拥有非常丰富的滨海旅游资源和庞大的客源基础，因此提出闽粤桂琼等东南沿海地区与东盟国家的滨海旅游业发展应摒弃故步自封的保守状态，充分利用有利资源，加强相互间的合作，共同促进中国南海地区旅游与东盟滨海旅游的合作共赢[⑥]。喻燕和吴嘉欣（2019）运用综合指数评价模型，对湛江市旅游养老适宜性进行评价，并提出培育旅游养老产业、促进游客社会融合、建设"老年友好城市"、制定绿色发

① 杜权，王颖. 中国滨海旅游业发展效率研究——基于 BCC-DEA 模型 [J]. 海洋开发与管理，2020（7）：87-91.
② 李淑娟，王彤，高宁. 我国滨海城市旅游发展质量演化特征研究 [J]. 经济与管理评论，2019（3）：147-160.
③ 张月，毛春元. 江苏省滨海旅游竞合研究 [J]. 特区经济，2012（3）：148-150.
④ 张经旭. 广西滨海旅游资源可持续开发研究 [J]. 国土与自然资源研究，2002（3）：44-46.
⑤ 廖国一. 东兴京族海洋文化资源开发——环北部湾地区边境旅游研究系列论文之一 [J]. 西南民族大学学报（人文社科版），2005，26（1）：327-311.
⑥ 李敏纳，蔡舒，张国俊. 闽粤桂琼与东盟滨海旅游业合作发展的 SWOT 分析与策略选择 [J]. 改革与战略，2017，33（9）：186-190.

展规划等建议①。丁冬冬等（2020）通过改进系统工程中的集对分析方法，构建指标体系，对我国沿海地区主要省（市）滨海旅游业的生态创新以及其分项要素的总体水平进行综合测度，并运用地理加权回归模型，分析出我国沿海省（市）滨海旅游生态创新的总体水平较低，并呈现出明显的空间差异性②。

国外学者对滨海旅游的研究注重滨海旅游的开发与影响、管理模式的探讨以及旅游目的地的可持续发展等问题，特别是采用构建滨海可持续发展的评价指标体系研究已经成为当今学术界的研究热点，同时，对旅游行为对滨海地区的影响研究也比较多，这些都意味着学术界、政府及社会越来越重视滨海旅游的可持续发展。国内学者更侧重于对滨海旅游资源的评价、开发和管理研究，对滨海旅游相关者的研究也多从政府角度出发，对旅游者以及居民对滨海旅游的感知与态度研究相对较少。国内对滨海旅游的经济、社会及环境影响研究已取得了初步成果，但多是从宏观层面进行的研究，缺乏从微观管理层面上提出针对性强、易操作的管理措施和环保条例，这也是今后需要向国外研究学习和借鉴的地方。

二、关于居民对旅游影响感知的研究

（一）国外居民对旅游影响的感知研究

1997年生物多样性与旅游的柏林声明中，"旅游应该使当地居民受益、加强当地的经济、就业增长和环境的可持续，使当地的资源、农产品和传统技艺得到发展。包括政策和立法都要确保当地居民受益。旅游活动要在生态的特征和大地环境的容量下开展，尽全力保持传统的生活方式和文化"。作为旅游地主体的居民的感知和态度，是评价旅游目的地可持续发展的重要方面。国外学者的研究侧重在居民旅游影响的感知、影响因子和聚类分析上。

凯瑟琳·L等（Kathleen L, et al., 2005）用社会交换理论，对社区居民的旅游影响做了调查，结果表明社区居民对旅游影响有积极的和消极的影响③。大

① 喻燕，吴嘉欣. 滨海城市旅游养老适宜性评价——基于广东省湛江市的实证分析 [J]. 国土资源科技管理，2019，36（5）：1-9.

② 丁冬冬，李飞雪，徐朗，李满春，陈东. 中国滨海旅游生态创新水平测度及其影响因素分析 [J]. 海洋环境科学，2020（2）：268-276.

③ Kathleen L. Andereck, Karin M. Valentine, Richard C. Knopf, Christine A. Vogt. Residents' Perceptions of Community Tourism Impacts [J]. Annals of Tourism Research, 2005, 32 (4): 1056-1076.

臣·C 等（Chancellor C，et al.，2011）提出社区居民对旅游的影响感知与生活质量感知息息相关，因此旅游业的可持续发展有利于社区居民提高生活水平①。威廉姆斯·J 和 R. 劳森（Williams J & R Lawson，2001）用因子分析法分析了其社区居民对旅游发展的态度，结果发现大部分居民支持旅游的发展，社会文化和经济对旅游发展有重要的和积极的影响，旅游的发展能显著提高当地的经济水平②。旺斯克·崔克里斯和塞拉卡亚（HwanSuk Chris Choi，Ercan Sirakaya，2006）采用德尔菲法对社区旅游发展做出了可持续发展评价体系，他们咨询了 38 位专家，经过 3 轮打分，得到了 32 个政治因子、28 个社会文化因子、25 个生态环境因子、24 个经济因子、3 个技术因子和 13 个文化维度因子共 125 个指标，这套指标体系涵盖了社区居民、专家学者、政府决策、旅游规划和非政府组织等多个利益相关者③。旺斯克·崔克里斯和伊恩·默里（Hwansuk Chris Choi & Iain Murray，2010）用结构方程模型分析居民的感知态度对可持续发展的影响，发现长期规划、社区参与和环境保护对可持续发展具有重要的作用，居民作为社区的主人，其感知与态度对旅游可持续发展具有至关重要的意义④。墨菲·P.E（Murphy P E，1985）指出如果居民憎恨旅游，他们对旅游的发展将持消极的态度，所以，社区居民作为旅游可持续发展的人为因素，其旅游感知和态度与可持续发展关系重大，这也是当地旅游成功发展的指示剂⑤。

东道社区因旅游发展而产生的社会变化是旅游研究中逐渐兴起的一个主题。作为社会互动的一种延续，旅游导致的变化可以带来社会经济的进步，同时，在另一个极端，现有的社会不平等可能被加重。为了使经济效益最大化，使当地居民的不满最小化，有必要让人民直接参与到旅游业之中。墨菲·P.E 认为，来自当地的对旅游发展的支持是在旅游目的地创造"友善氛围"的关键因素。研究当地居民的态度和感受依赖于三个层次的旅游影响：①游客—主人互动的类型；②旅游对个人的经济重要性；③当地居民与旅游者之间的接触。互动的

① Chancellor C，Yu C P S，Shu T C. Exploring Quality of Life Perceptions In Rural Midwestern（USA）communities：An Application of the Core-Periphery Concept in a Tourism Development Context［J］. International Journal of Tourism Research，2011，13（5）：496-507.

② Williams J，R Lawson. Community Issues and Resident Opinions of Tourism［J］. Annals of Tourism Research，2001（28）：269-290.

③ HwanSuk Chris Choi，Ercan Sirakaya. Sustainability Indicators for Managing Community Tourism［J］. Tourism Management，2006，27（6）：1274-1289.

④ Hwansuk Chris Choi，Iain Murray. Resident Attitudes Toward Sustainable Community Tourism［J］. Journal of Sustainable Tourism，2010，18（4）：575-594.

⑤ Murphy P E. Tourism：A Community Approach［M］. Lodon：Methucn，1985.

频率、持续时间、强度都是决定着两个群体之间可见接触水平的重要因子。在很多情况下，主人与游客之间的商贸往来比增加他们相互理解的机会更为常见①。

对旅游的态度一般是依据旅游对东道社区居民的重要程度来估量的。完全依靠旅游业谋生的人与偶尔参加旅游节事活动的人，他们对其生活的城市开展旅游的观点是很不相同的。正如墨菲·P.E所指出的，如果得到一些补偿，那么就可以忍耐更多的麻烦和不便②。

（二）国内居民对旅游影响的感知研究

国内学者对居民旅游影响的研究成果较多，主要集中在居民的感知与态度和对原因的分析，对调控影响相应的机制研究不多。陈金华（2010）以台湾海峡西岸旅游型海岛鼓浪屿、湄洲岛为例，结合实地考察与问卷调查，探寻其人地关系和谐发展的路径，结果显示：鼓浪屿与湄洲岛人地关系的发展存在差异性，旅游因素明显推动海岛人地关系发展；旅游型海岛人地关系处于转型时期，需要对海岛居民的生产方式、旅游业发展、生态环境变化进行动态监测和调整③。刘笑明（2013）从居民视角对2011年西安世园会的旅游效应进行分析，结果发现：①居民对世园会旅游的经济、社会文化、环境效应以正面感知为主，负面感知较弱；②居民对相对微观、涉及自身利益的一些选项支持率不高，这源于其参与机会和程度的不均，年龄、文化程度、收入水平、职业是影响居民旅游感知差异的主要因素，并建议重大节事旅游应重视其民生效应，促进旅游的可持续发展④。郭安禧等（2017）以自下向上的溢出理论为基础，通过对山东、安徽、湖南、山西等具有代表性的旅游地区进行数据采集，采用探索性因子分析和验证性因子分析法，提出当旅游业发展带动了当地经济发展、提高了社区居民的生活水平时，居民对旅游的感知度和参与度会大大提高，反之则会对当地旅游业发展产生负面影响⑤。

① Pearce. D. G. , Butler, R. W. Tourism Reseach: Critiques and Challenges [M]. Routledge, London, 1991.
② Murphy P E. Tourism: A Community Approach [M]. Lodon: Methucn, 1985.
③ 陈金华. 基于环境感知的旅游型海岛和谐人地关系研究——以台湾海峡西岸鼓浪屿、湄洲岛为例 [J]. 广东海洋大学学报, 2010, 30 (2): 22-26.
④ 刘笑明. 基于居民感知与态度的西安世园会旅游效应研究 [J]. 西北农林科技大学学报（社会科学版）, 2013, 13 (1): 93-98.
⑤ 郭安禧, 郭英之, 李海军, 孙雪飞. 旅游地社区居民旅游影响感知与生活质量感知关系研究 [J]. 世界地理研究, 2017, 26 (5): 115-127.

表 1-1　国外居民对旅游影响的感知情况

项目	经济影响	社会文化影响	环境影响
正面感知	税收增加；收入增加；生活水平提高；就业机会增加；基础设施条件改善；商业和投资机会增加	社区自豪感；种族和文化认同；休闲游憩机会增加；文化交流和文化学习；社区的基础设施水平提高；对社区和游客的容忍度增加	提高了社区形象；自然环境得以改善；维护了社区生态系统平衡；保护和保存了古建筑等历史遗产
负面感知	外汇漏损；生活成本增加；物资与服务短缺	文化商品化；社区生活紧张；出现赌博、酗酒、犯罪等现象；传统文化和价值观受到冲击	交通拥挤；人口拥挤；破坏野生动物生存栖息环境；污染增加（噪声、空气、垃圾等）

资料来源：《国外旅游地居民旅游感知和态度研究综述》（赵玉宗、李东和、黄明丽，2005）。

金芮合等（2020）基于可持续生计分析框架构建渔民生计资本评价指标体系，以山东省任家台村为例采用熵值法对滨海旅游背景下渔民生计适应模式与影响因素进行分析。结果表明，滨海旅游背景下任家台村渔民的适应模式主要有旅游主导型、渔—旅兼营型、务工主导型、混合兼营型四种类型，并提出应因地制宜，选择合适的旅游开发和经营管理模式发展滨海旅游业①。

总之，我国学者对居民的旅游影响研究仍属于初级阶段，研究区域主要局限在乡村旅游社区，而对海滨型等其他旅游目的地的研究较少。研究方法比较单一，应借鉴其他相关学科的成果，区别出不同旅游目的地居民影响研究的特殊性和差异性，运用高级的定性方法来研究，而不是仅仅停留在基础的数理统计和频数分析上。调研所选取的时间节点没有跨度性，没有对某一目的地进行长期的跟踪和调研，样本的选取上也缺乏对不同生命周期、不同经营模式的目的地的比较研究，同时缺乏对空间上的共时性和时间上的历时性的比较研究。

三、关于游客对旅游影响感知的研究

李永乐、陈远生、张雷（2007）认为，游客的感知与偏好对于文化遗产旅游目的地的发展具有重要的参考作用。通过对游客对娱乐活动、旅游吸引要素、住宿地点和旅游服务的感知与偏好等的分析，发现平遥古城应该加强保护遗产

① 金芮合，赵林，邓薇，王倩. 滨海旅游背景下渔民生计适应模式与影响因素——以山东省任家台村为例 [J]. 资源开发与市场，2020，36（7）：679-683，800.

原真性、深化体验设计、突出地方特色等①。余意峰、保继刚、丁培毅（2010）认为目的地的初游者和重游者代表着两类具有不同旅游经历的目的地游客，并对两者在目的地环境和体验吸引力维度的感知进行了比较分析②。陈金华和何巧华（2010）从游客视觉来分析海岛旅游安全，以具体指导岛屿旅游安全管理。以湄洲岛为例，结合实地考察、深入访谈与问卷调查，对海岛旅游安全现状进行全面分析，结果显示：旅游欺骗、海鲜中毒与交通事故是海岛旅游安全的主要问题，而游客安全防范意识较低、海岛落后的管理体制和救援设施制约着海岛旅游安全的发展③。胡道华和赵黎明（2011）按照游客参与旅游的动态体验过程，从景观质量、服务质量和环境质量三大方面构建了游客感知（Tourists' Feedback Index，TFI）评价的概念模型和含有 11 个测评变量、37 个测评指标的指标体系，提出了定量测评方法，并在武汉木兰山景区进行了实证分析。研究发现，游客感知受旅游体验全过程的影响，随游客人文特征、游览时间、游览内容和环境条件等的不同而不同④。吴承照和王婧（2012）从游客感知的角度对城市空间的旅游意象是如何影响城市旅游结构和发展格局的问题进行了探讨，通过封闭式问卷调查法、认知地图法对上海的都市空间的旅游意象进行了要素分析、测量和评价，并探讨了旅游意象对旅游空间结构的影响，在创造上海的都市形象、提升上海的都市空间价值方面具有现实意义⑤。徐美等（2012）从游客感知出发，提出"旅游意象图"的规划思路，旅游意象图的构建过程可分解为旅游意象点→旅游意象线→旅游意象链→旅游意象面→旅游意象图五个基本步骤，指出可以从资源类旅游意象、产品类旅游意象、市场类旅游意象三个层面确定具体的旅游意象，并分析了旅游意象调研的四大基本方法：传统问卷调查法、绘制心智地图法、旅游意象游戏法和旅游意象访谈法⑥。刘军胜和马耀峰（2017）以北京入境游客为数据基础，构建入境游客对北京旅游供给感知与行为

① 李永乐，陈远生，张雷. 基于游客感知与偏好的文化遗产旅游发展研究——以平遥古城为例 [J]. 改革与战略，2007，23（12）：123-126.

② 余意峰，保继刚，丁培毅. 基于旅游经历的目的地吸引力感知差异研究 [J]. 旅游学刊，2010，25（5）：51-55.

③ 陈金华，何巧华. 基于旅游者感知的海岛旅游安全实证研究 [J]. 中国海洋大学学报（社会科学版），2010（2）：38-43.

④ 胡道华，赵黎明. 基于旅游体验过程的游客感知评价 [J]. 湘潭大学学报（哲学社会科学版），2011，35（2）：80-84.

⑤ 吴承照，王婧. 基于游客感知的上海都市空间旅游意象研究 [J]. 现代城市研究，2012（2）：82-87.

⑥ 徐美，刘春腊，陈建设，刘沛林. 旅游意象图：基于游客感知的旅游景区规划新设想 [J]. 旅游学刊，2012，27（4）：21-27.

态度的关系模型，寻找出入境游客对北京旅游最强烈的感知点及因此产生的行为态度，以此为北京入境旅游可持续发展提供参考意见①。李月调等（2019）基于风险沟通理论和信息整合理论，构建了负面舆论、游客安全感知、旅游形象感知和游客忠诚度之间的融合影响框架，并以新疆作为案例地进行问卷调研和实证分析，建议相关管理部门应精准管控旅游地的负面舆论，并建立以安全体验为导向的全过程服务体系②。

总之，游客感知影响研究相比居民感知研究数量较少，但目前研究在数量上属于上升阶段，说明从旅游者感知角度开展旅游影响研究日益受到学术界和业界的关注和重视。但在问卷调查和模型设定中的问题导向不足，缺乏针对性。已有的研究注重环境、经济的影响，但对当地社会文化等影响的研究很少，今后要加强对游客旅游影响综合分析的研究。

四、关于旅游可持续发展的研究

（一）旅游可持续发展综合评价方法的研究综述

普雷斯科·特艾伦·R（Prescott-Allen，R，1997）研究指出，旅游业可持续发展不能仅从生态可持续的角度研究，而且要从人文可持续的角度进行研究，人文环境与生态系统处于相同地位，不能过分追求生态环境的可持续性而忽略人文系统的可持续性③。科特格（Ko，T G，2005）构建了旅游可持续评估模型，在整体论的基础上将该模型分为三大层次和八个维度，分别为社会文化发展状况、经济发展状况、社会政策发展状况、旅游服务与质量、古建筑的开发保护状况、环境一般感知、环境要素质量、环境政策与管理水平八个维度，然后提出了旅游可持续性评估图示法，从利益相关者的角度测得了旅游目的地综合发展水平④。

① 刘军胜，马耀峰. 入境游客对北京市旅游供给的感知维度及其行为态度差异 [J]. 干旱区资源与环境，2017，31（2）：197-202.

② 李月调，黄倩，张江驰. 负面舆论对游客忠诚度的曲线影响——安全感知和旅游形象感知的中介作用 [J]. 旅游学刊，2019（5）：105-116.

③ Prescott-Allen，R. Barometer of Sustainability：Measuring and Communicating Wellbeing and Sustainable Development [C]. IUCN，An Approach to Assessing Progress Toward Sustainability：Tools and Training Series for Institutions，Field Teams and Collaborating Agencies. Gland：IUCN，1997.

④ Ko，T G. Development of Tourism Sustainability Assessment Preocedure：A Conceptual Approach [J]. Tourism Management，2005，26（3）：431-455.

　　旅游可持续评价中的指标选取有两种最基本的方法：第一种方法是由专家和学者驱动的指标体系，这种方法具有科学性等优点，但往往忽略了社区居民的需求等。第二种方法是将社区居民看作评价的主体，由居民打分的指标体系方法。这种方法把社区居民的感知和利益放在评价体系的第一位，但忽视了一些客观的指标，不利于对当地可持续发展水平的宏观把握。

　　阎友兵和王忠（2007）根据旅游可持续发展理论、旅游系统结构理论以及我国优秀旅游城市评选标准，归纳出国际旅游城市评估体系的 27 个指标[1]。王良健（2001）构建了资源、经济、环境、市场四大因素、34 项因子作为指标的评价指标体系，该指标体系较为完善[2]。黄燕玲等（2009）运用遗传算法确定潜力六因素的指标体系的权重，并对西南民族地区农业旅游地可持续发展能力进行评价和分析[3]。薛纪萍和阎伍玖（2008）构造了五个子系统、45 项评价因子的评价体系，运用 AHP 法进行权重的计算，旨在为我国海岛旅游的健康发展建立科学定量的评价标准[4]。田里（2007）按照影响并约束区域旅游可持续发展因素的层次关系，将区域旅游可持续发展评价指标分为基础、潜力与协调三个体系[5]。中科院牛亚菲（1999）建立的可持续旅游指标体系包含四个层次，即状态层、诊断层、趋势层和目标层评价因子[6]。可持续发展评价法汇总如表 1－2 所示。

表1-2　可持续发展评价法汇总

序号	方法类别		具体方法
1	指标筛选的方法	主观方法	频度统计法、理论分析法、专家咨询法
		客观方法	主成分分析法、因子分析法、灰色关联分析法、Rough 集的属性约简法等
2	指标的标准化（无量纲化）方法		模糊隶属度函数、Z-Score 法、常规无量纲化方法等

　　① 阎友兵，王忠. 国际旅游城市评价指标体系研究 [J]. 湖南财经高等专科学校学报，2007，23（105）：88-91.

　　② 王良健. 旅游可持续发展评价指标体系及评价方法研究 [J]. 旅游学刊，2001（1）：67-70.

　　③ 黄燕玲，罗盛锋，程道品. 基于 GA 优化的农业旅游地可持续发展能力评价——以西南少数民族地区为例 [J]. 旅游学刊，2009（10）：32-37.

　　④ 薛纪萍，阎伍玖. 海岛旅游可持续发展评价指标体系研究 [J]. 资源开发与市场，2008（10）：878-880.

　　⑤ 田里. 区域旅游可持续发展评价体系研究——以云南大理、丽江、西双版纳为例 [J]. 旅游科学，2007（6）：44-52.

　　⑥ 牛亚菲. 可持续发展旅游与生态旅游——理论、方法与实践 [M]. 石家庄：河北科学技术出版社，1999：31.

续表

序号	方法类别	具体方法
3	指标权重确定的方法	层次分析法、德尔菲法、专家咨询法、主成分分析法、因子分析法等
4	综合评价方法、模型	模糊综合评价模型、多维灰色评价模型、功效函数法、功效系数法、递阶多层次综合评价法、线性加权和法、回归分析法、环境库茨列茨曲线模型等

资料来源：据有关资料整理后自制。

目前，尽管对旅游可持续发展指标体系的研究有了很多成果，我国的指标体系主要是根据国内外社会经济统计方法，对经济、社会、环境和资源进行综合评估。但是我国旅游可持续发展指标体系还不成熟，在层次结构、代表性和覆盖面上不强，有的专家学者尽管建立了良好的指标体系，但运用起来有相当的难度，很难进行科学的测算。所以，没有一个被公认的实用又适合各地区的旅游可持续评价指标体系评价方法。过分强调指标体系环境或经济系统的指标体系都是不科学的，指标体系中指标的选取对评价的有效性来说具有重要意义。

（二）滨海旅游的可持续发展研究

从旅游的某些角度来看，对旅游的自然环境影响及相关的可持续发展问题的关注已经明显成为海洋和滨海旅游研究的兴趣点所在。滨海旅游业的可持续发展涉及资源、生态环境、经济、社会文化四个方面的可持续发展。资源是吸引旅游者前来旅游的关键因素，生态环境是旅游目的地可持续发展得以生存的保障和客观条件，经济和社会文化是滨海旅游可持续发展的目的所在。

谭伟福、蒋波、廖铮（2009）分析了北部湾经济区旅游项目对生态质量的作用，并有针对性地提出北部湾经济区滨海生态环境保护的建议[①]。刘洪滨和刘康（2005）认为实现山东滨海旅游业的可持续发展，有待于制定科学的发展目标和战略方向，并提出设立山东滨海旅游政策促进委员会、注重滨海旅游市场调研、建立滨海旅游目的地营销系统、积极开发滨海旅游新产品、建设山东滨海旅游大道、完善旅游开发管理机制等一系列对策措施[②]。陈聪和段文军（2017）以秦

① 谭伟福，蒋波，廖铮.广西北部湾经济区发展规划实施对滨海生态环境的影响分析 [J].广西科学院学报，2009，25（1）：50-53，57.
② 刘洪滨，刘康.国家海滨公园现状及中国的对策 [C].山东省社会科学界联合会议论文集，2005（3）：940-946.

皇岛滨海旅游为研究对象，对秦皇岛滨海旅游的社会、经济、环境、资源及管理五个方面进行分析，并依此提出秦皇岛滨海旅游可持续发展的政策①。

本部分有学者做了定量研究，研究重点是分析一些旅游项目和旅游规划对于景区环境的影响，旨在引起对生态环境的共鸣与共识，搭建共建共管的桥梁。

（三）基于感知的滨海旅游可持续发展

彼得罗西洛·G 等（Petrosillo, G. et al., 2007）对海滨保护区进行研究，从游客旅游感知的角度，如游客在自然保护区的意识、游客对管理的建议、自然吸引物的因子的重要性、娱乐体验的旅游者的满意度和重游的愿望、环境影响的意识几个方面，以提高对海滨旅游业的管理②。通过中国知网和万方数据以及读秀学术搜索，关键词设为"可持续发展+滨海旅游+感知"，时间设置在 1990 年 1 月至 2017 年 12 月，共检索到 65 篇相关文献。康玉玮和陈扬乐（2012）基于游客感知视角，在 Likert5 级量表的基础上运用因子分析、主成分分析等统计分析方法，初步建立了滨海可持续发展评价体系。研究发现：①旅游相关企业、旅游资源、开发成熟度、诚信度四个因子决定了游客对滨海旅游目的地的评价水平；②旅游相关企业、旅游资源、开发成熟度对综合评价的解释度较高，比较重要；③三亚在旅游资源因子上的得分最高；④三亚滨海旅游在餐饮业方面游客评价最低，急需改进③。

总之，国内外从主客感知的角度研究滨海旅游目的地可持续发展已经有一定的发展基础，并且有不少有水平的科研成果问世，但主要局限在论文，专著成果几乎没有。由于当前政府重视滨海旅游的开发和旅游需求的发展，沿海城市滨海旅游开发得如火如荼，如何规避开发中的各种问题和少走弯路，树立旅游地可持续发展的目标尤为重要。

未来相关研究应注重如下论题：①除了旅游者和社区居民外，从政府、企业等旅游利益相关者的角度，运用多学科的理论综合对旅游目的地的感知和利益分配机制研究，重视各利益相关者的博弈。②民族地区居民对旅游影响的感知也是今后应该关注的地方。③借鉴国际先进的研究成果，将多学科的理论运

---

① 陈聪，段文军. 秦皇岛滨海旅游可持续发展研究 [J]. 旅游纵览（下半月），2017（8）：102-103.

② Petrosillo, G. Zurlini, M. E. Corlianò, N. Zaccarelli, M. Dadamo. Tourist Perception of Recreational Environment and Management In A Marine Protected Area [J]. Landscape and Urban Planning, 2007, 79（1）：29-37.

③ 康玉玮，陈扬乐. 基于游客感知的滨海旅游目的地综合评价研究 [J]. 旅游论坛，2012, 5（5）：25-29.

用到旅游目的地可持续发展的研究，构建滨海等不同类型旅游地的评价指标体系。④从多维度、长时间跨度对可持续发展水平进行测度，分析旅游目的地可持续发展的机理和影响因素，对旅游目的地进行调控。

五、关于社区参与的研究

国内学者唐顺铁（1998）将国外的社区参与概念运用到旅游学科，并对旅游地社区参与的具体内容和旅游发展进行了探讨①。刘纬华（2000）指出旅游目的地居民根据自身的能力，在社区组织下可以相应地参与政府决策的制定、经济利益的分配以及旅游规划方面的活动②。郑向敏和刘静（2002）以居民参与活动和范围为标准，把国内旅游目的地社区参与主要分为初级、成熟和积极参与三个阶段，并总结提炼出每个阶段具有代表性的特征③。胡志毅和张兆干（2002）把社区参与分为四个阶段，分别为个别、组织、大众和全面参与，并总结在程度、项目、社会关系以及生态上不同阶段呈现出的典型性特征④。王文才（2010）以湖南一森林公园为研究对象，通过对居民访谈和调研，发现居民具有参与的意识，但学历和文化素质普遍偏低，这会影响其社区参与能力的发挥，因此必须要通过教育培训，增强能力是提高社区参与的关键⑤。赖晓华和滕汉书（2012）选取龙胜平安寨为研究对象，研究基于利益视角的乡村村寨居民参与的现状和问题，并针对问题阐述了相应的对策⑥。周学军和李勇汉（2017）以长江流域渝东北地区的黄金旅游地位为研究对象，利用量表分析等方法对数据进行剖析后发现，该地区社区居民对旅游发展普遍有较为强烈的正面感知，这与当地旅游业促进了地方积极发展、增加了财政收入，同时提高了当地居民的就业机会和生活质量有关；但同样也造成参与旅游发展活动的社区居民正面感知强烈，而没有参与旅游发展活动的社区居民却有负面感知，因此，政府和旅游企业只有增加政策调控，合理分配当地社区居民的参与机会，与社区居民共享利

①　唐顺铁. 旅游目的地的社区化及社区旅游研究［J］. 地理研究，1998（2）：145-149.
②　刘纬华. 关于社区参与旅游发展的若干理论思考［J］. 旅游学刊，2000（1）：47-52.
③　郑向敏，刘静. 论旅游业发展中社区参与的三个层次［J］. 华侨大学学报，2002（4）：12-18.
④　胡志毅，张兆干. 社区参与和旅游业可持续发展［J］. 人文地理，2002（2）：38-41.
⑤　王文才. 社区参与生态旅游管理的意识与能力探讨——以怀化中坡国家森林公园为例［J］. 商业经济，2010（20）：97-100.
⑥　赖晓华，滕汉书. 基于利益视角的社区居民参与生态旅游研究——以广西龙脊梯田景区平安寨为例［J］. 中国商贸，2012（30）：156-158.

益，才能有利于当地旅游业的可持续发展①。

总之，国内对社区参与的研究不够深入，主要是借鉴国外的理论进行研究，但由于国情不同和社区的现实情况，理论的应用具有相对性和适用性。居民参与应涉及多个方面，不应该局限于经济活动领域，一味地追求经济利益，而忽视社会发展所带来的文化、环境生态等效益。在具体行动中，我们应当让社区居民参与逐步涉及政府旅游决策、环境治理等每一个层面，使社区参与达到全面积极的参与阶段。

第三节　研究方法和田野调查选点

一、研究方法

本书主要采用文献分析研究、问卷调查和深度访谈、比较分析法、定量分析法等多种研究方法。同时，本书格外注重定量研究与案例分析两者的相互结合，使研究的问题更为具体和有针对性，而不是流于泛泛而谈。

（一）文献分析研究

首先对国内外关于旅游可持续发展与主客感知的相关文献进行综述与回顾，根据研究的需要对现有的研究成果加以总结归纳与整合；在此基础上提出滨海可持续发展的选题，并借鉴国外的前沿理论和统计方法为本书所用。

（二）问卷调查和深度访谈

本书在对案例地进行深度访谈和对居民和游客发放调查问卷的基础上，获得第一手数据，同时对指标体系的权重设置也由专家打分法而来。本书选取了防城港两个 4A 级以上的滨海旅游点进行问卷调查，以深入了解游客和居民对滨海旅游的感知和态度，并采用 SPSS 和 AHP 的方法进行实证研究。

---

① 周学军，李勇汉．社区居民的扶贫旅游参与意愿研究——基于旅游影响感知、态度的视角 ［J］．技术经济与管理研究，2017（7）：26-30.

（三）比较分析法

笔者通过对江山半岛和京族三岛的相关社区居民和旅游者感知的差异研究，掌握旅游者和居民对旅游发展的满意度、支持度等的一些特征和规律。

（四）定量分析法

充分重视定性分析与定量分析相结合。运用 SPSS 软件实现对问卷的录入和相关的效度分析，运用主成分分析法对主客感知与态度的主成分分析，并应用层次分析方法对滨海地区旅游业可持续发展指标体系进行权重的设定。

二、田野调查选点

笔者以我国广西壮族自治区防城港市两个 4A 级滨海旅游点为实证研究对象，开展本项目的考察、调研和撰写。防城港致力打造国际度假旅游地的核心景区，旅游基础设施、接待设施、娱乐设施日趋完善，建成了万尾金滩海滨浴场和白浪滩海滨浴场。京族文化与民族风情也得到一定程度的开发。但是，随着区内外滨海旅游地竞争的日趋激烈，防城港面临着很大的压力，市场形势严峻。本书研究防城港滨海旅游的可持续发展，对其进行综合评价分析，探讨旅游可持续发展的提升途径与策略，为政府部门制定正确的旅游发展战略提供依据，因此，具有较强的研究价值。

第四节 研究内容与重点难点

一、研究内容

本书从旅游者和居民的角度，运用旅游人类学、民族经济学、可持续发展等相关理论，在问卷调查和实地访谈的基础上，通过因子分析和方差分析对防城港滨海游客和居民的感知与态度进行研究。结合广西民族地区旅游经济发展的特殊性，综合考虑广西滨海民族地区经济发展中的各因素，构建旅游可持续发展评价指标体系，对防城港市滨海旅游可持续发展进行研究。希望将理论与民族地区的特殊性全面地、客观地结合起来，反映滨海地区主客旅游影响的感知与态度，构建出能够科学反映广西民族地区滨海旅游可持续发展的综合评价模型，并对具体对策进行研究。

本书主要从以下五个方面进行研究：

（1）分析感知与可持续发展的相关理论，为定量模型分析奠定理论基础。本书首先基于文献资料分析，立足研究地区的田野调查和实地访谈，以广西滨海旅游为切入点，收集研究所需的一手资料。

（2）分析广西和防城港市滨海旅游的概况，提供研究背景资料。内容包括广西滨海旅游业兴起的背景、广西滨海旅游业的发展现状、环北部湾旅游资源概况与开发现状。

（3）对防城港市滨海旅游游客和居民的感知进行调查和综合分析。游客感知内容包括游客对旅游影响的感知研究和游客总体感受的方差分析；居民感知内容包括居民对旅游影响的感知研究、居民对社区生活的总体满意度分析和社区居民满意度的方差分析。

（4）对滨海旅游可持续发展综合评价指标体系进行分析构建，运用层次分析法对指标体系的权重进行确定，并采用专家打分法和问卷调查法确定指标具体分值和所处的阶段。

（5）进行实证分析，针对防城港市滨海旅游发展的问题，探讨防城港市滨海旅游可持续发展的对策。

二、研究重点和难点

（一）研究的重点

第一，居民和游客对旅游的感知与态度研究，通过对居民和游客感知的调查问卷进行人口统计学分析、因子分析和方差分析，为滨海旅游可持续发展奠定基础。

第二，对滨海旅游可持续发展系统进行分析研究，不仅运用理论分析，还构建了滨海旅游可持续发展的评价模型，应用层次分析法确定权重，运用专家打分法和主客感知的问卷数据相结合进行打分。通过田野调查选取防城港滨海旅游为实证研究对象，以验证模型的可行性，探索滨海旅游可持续发展的途径。

第三，提出海滨旅游可持续发展的对策建议，力图建立一种以居民和游客积极参与为前提的经济、社会、文化、环境可持续发展的旅游体系。

（二）研究的难点

第一，旅游可持续发展评价受多个因素影响，也包含多个层面，难以用一两个指标给出正确全面的评价，评价指标体系需要在参考前人研究成果的基础上，结合防城港地区的特殊性进行设计，而不是简单参考前人的评价指标。

第二，在实证研究过程中，防城港相关数据资料的获取具有一定的难度，尤其是京族三岛和江山半岛所需的统计数据资料较难有效收集，本书将着力从现有公开统计数据和问卷调查中深入挖掘相关数据。

第三，旅游地居民对旅游感知的调查问卷的获取有一定的难度。因为在实地调研中，当地居民讲的是白话，除了语言不通外，当地居民文化程度不高、对外界怀有戒备心也是问卷调查中遇到的现实问题。

第五节　研究思路与本书框架

一、研究思路

研究思路如图 1-1 所示。

二、本书框架

本书针对当前广西滨海旅游可持续发展中出现的问题，从居民和游客感知的视角出发，结合滨海旅游发展的现状，提出滨海旅游可持续发展的评价体系和对策，确立研究的目的。

第一章是绪论，主要内容包括研究背景和意义、相关文献综述、研究方法、研究内容与重点难点、研究思路与框架、研究创新和不足。

第二章是对相关概念的界定和相关理论的阐述。对滨海旅游、旅游感知与可持续发展的关系进行了界定，并对民族经济学、旅游人类学相关理论和可持续发展评价方法进行了阐述，为后续研究铺垫理论基础。

第三章是广西滨海旅游业发展现状。内容包括广西滨海旅游业兴起的背景，广西滨海旅游业的发展现状，环北部湾旅游资源概况与开发现状。其中，广西滨海旅游业兴起的背景包括区位优势、广西与东盟的关系、经济发展水平、中央与广西有关地方政府的政策优势。

第四章是游客对旅游影响的感知与态度分析。具体内容包括分析防城港滨

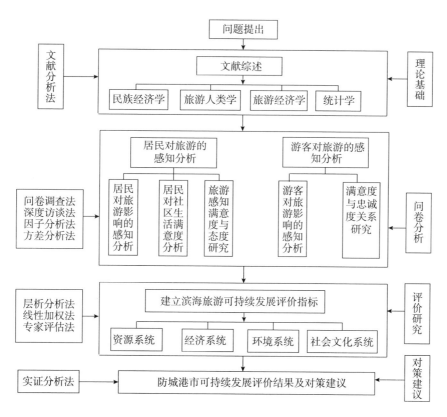

图 1-1　研究思路

资料来源：笔者整理。

海旅游的现状和基础、滨海游客对旅游影响的感知研究和滨海游客的总体感受方差分析。采用因子分析法将游客感知形象的因素进行降维，提取出四个公共因子，即旅游服务与商品感知形象、社会环境感知形象、卫生环境感知形象、自然环境感知形象。

第五章是居民对旅游感知的研究，分析了社区居民对旅游影响的感知研究，社区居民对社区生活总体满意度的分析，居民满意度的方差分析。其中重点阐述了居民参与旅游的情况，尤其是少数民族居民参与旅游的情况。

第六章是旅游业可持续发展的评价。重点构建滨海旅游可持续发展的指标体系，包括资源、经济、环境、社会文化子系统，并通过层次分析法确定权重，为滨海旅游提供客观公正的评价方法。通过专家打分法和问卷调查法进行赋值，对防城港滨海旅游的发展进行系统综合评价，分析所处的阶段和薄弱之处。

第七章是旅游可持续发展的问题和对策。内容包括防城港市社区居民反映的问题、社区居民对滨海旅游发展的建议、滨海旅游业发展问题成因，并从目标、服务质量、保障居民合法权益、宣传促销和旅游合作等方面提出防城港市滨海旅游发展的对策。

第八章是主要结论与研究展望。通过上述的分析研究，归纳出本书的主要结论和研究展望，为后续研究指明方向。

第六节　创新和不足

一、创新点

第一，研究区域的创新。我国学者对于主客影响感知的研究多集中于古镇型、古村落型旅游地，针对海滨旅游地进行感知与态度的研究比较缺乏。

第二，研究视角的创新。笔者运用旅游人类学的方法，从主客感知的视角来研究广西滨海旅游，视角较为新颖。居民与旅游者的旅游感知视角为构建民族地区滨海旅游可持续发展评价选择提供一个普遍使用的研究框架，并进行示范性研究。由于民族地区经济社会发展的特殊性，从通常的产业经济学的角度很难对广西民族地区滨海旅游进行研究，而从旅游人类学的游客、居民的微观层面进行研究，则更具有科学性、动态性和客观性。

第三，本书构建了滨海旅游可持续发展评价模型，并用此模型对防城港滨海旅游进行了评价，分析了可持续发展中存在的问题，提出了防城港市滨海旅游可持续发展的思路，对于广西民族地区滨海旅游发展具有指导意义和参考价值，具有一定的实践创新性。

二、不足之处

第一，虽然构建了海滨旅游可持续发展的评价模型，但缺乏具体海滩的评价模型；第二，缺乏京族三岛、白浪滩附近村民的基于微观数据的实证检验，这主要与本书缺乏基层单位的官方统计数据相关；第三，发放调查问卷的时间不够长，如果能够将研究多做几年，更能够从历时性对比分析中总结防城港市滨海旅游居民和游客感知的规律；第四，缺乏与广西滨海城市北海、钦州的比较研究，没有凸显广西民族地区的滨海旅游特征；第五，在评价过程中，难以避免主观因素的存在，在指标选取、权重确定和评价分析等方面存在主观因素，使得评价模型和结果不够完善。基于以上不足，在以后的研究中将进行修改完善。

第二章
相关概念界定和理论综述

第一节　相关概念

一、滨海旅游相关概念

(一) 滨海旅游的概念

霍尔·C. M 和佩吉·S. J（Hall C M & Page S J，2006）指出滨海旅游的概念包含在海岸、近海水域发生的与旅游度假、休闲相关的游憩活动。如休闲旅游、海滨生态旅游、邮轮旅游、冲浪、休闲渔业、专项水上和水下项目[①]。滨海旅游主要包括三个方面：一是与住宿、餐饮、旅游景点、娱乐设施相关的海滨旅游设施；二是滨海码头、零售业和滨海各类零售及项目供应等的滨海基础设施；三是滨海生态旅游、游船、冲浪、潜水等滨海旅游活动。

海岸旅游与滨海旅游的英文相同，都翻译为"Coastal Tourism"，两者概念相近，都是研究滨海地带的与旅游休闲相关的活动，但两者的差异体现在旅游研究的角度上。滨海旅游是从旅游产业的角度研究滨海地带的旅游，是把滨海旅游业作为海洋产业中重要的经济产业组成部分来进行研究的。而海岸旅游注重旅游对海岸的资源和环境影响，如政府层面对海岸带资源环境中的冲突进行管理时，往往使用海岸旅游的概念。滨海旅游与海洋旅游（Marine Tourism）的概念更为接近，但海洋旅游是根据陆地岸线为分界点的，海洋旅游还包括在海洋环境下的游憩活动，如深海捕鱼与赛艇风帆等。

---

① Hall C M，Page S J. The Geography of Tourism and Recreation：Environment，Place and Space（3rd ed.）[M]. London：Abingdon，Oxon；New York：Routledge，2006：292.

（二）世界滨海旅游的发展历程

1. 现代滨海旅游的兴起

现代滨海旅游开始于 18 世纪初期，世界上最早的海水浴出现于 18 世纪 30 年代英国的滨海小镇布莱顿。海水浴这一习俗之所以能广泛普及开来，应归功于英国医生 R. 拉塞尔（R. Russell）1952 年发表的著名论文《论海水在治疗腺状组织疾病的作用》。现代滨海旅游诞生于 19 世纪中叶。当时，以蒸汽机为特征的第二次产业革命在现代滨海旅游诞生中充当助产师的作用。1871 年，英国开始实行"八月海岸休假日"，掀起现代滨海旅游发展的一股海水浴热潮。之后，这种风尚迅速席卷了西欧和北欧，在欧洲大西洋北岸、波罗的海沿岸开辟了很多的滨海疗养地，呈现一派兴旺景象。此时，欧洲地中海沿岸利用和煦温暖的气候开展的滨海疗养悄然兴起。地中海避寒疗养的出现，标志着世界滨海旅游的兴起。

2. 现代滨海旅游的发展

19 世纪末到 20 世纪初，是现代滨海旅游的发展期。推动这一阶段滨海旅游发展的动力有两点：一是汽车的普及化；二是回归自然观念的出现。这一时期，具有冬暖夏凉的亚热带气候的地中海沿岸成为人们避寒的度假胜地。

3. 现代滨海旅游的繁荣

20 世纪中期，世界滨海旅游进入了繁荣时期。第二次世界大战后，以内燃机为代表的第三次产业革命是现代滨海旅游繁荣的主要动力。这一时期，热带滨海地区以无可比拟的气候优势，大力发展"三S"（阳光、沙滩、海水）旅游，成为滨海旅游胜地。著名的滨海旅游旺地有加勒比海、夏威夷、澳大利亚黄金海岸、墨西哥坎昆、泰国帕塔亚、中国三亚等[①]。

（三）中国滨海旅游资源

中国拥有 3.2 万千米海岸线，6500 多个海岛。其中大陆海岸线 1.8 万千米，岛屿海岸线 1.4 万千米。环大陆海域辽阔，北有渤海、黄海，东有东海，南有南海，地跨温带、亚热带、热带三个气候带，滨海及海岛风光各不相同。沿大陆海岸线有许多优良海湾和港口城市，其中有不少是驰名中外的旅游胜地，自北而南是：大连、秦皇岛、天津、烟台、青岛、连云港、上海、杭州、宁波、温州、厦门、汕头、深圳、广州、珠海、湛江、北海等。而海南岛作为国家的

---

① 黄少辉. 中国海洋旅游产业 [M]. 广州：广东经济出版社，2011.

重大战略部署，在 2020 年初步建成世界一流海岛休闲度假旅游胜地，成为开放之岛、绿色之岛、文明之岛、和谐之岛。

（四）滨海旅游开发的类型

滨海旅游开发的类型有资源客源型、资源型、客源型、初步开发型、待开发型。按照滨海旅游资源特点、区域经济、客源市场、社会文化的差异对滨海旅游开发的类型进行划分，有助于不同滨海旅游景区开发选择不同的发展方向。

滨海旅游区地处海洋和陆地的接合部位，这里旅游活动的边缘效应、极化效应和带动效应明显。由于海滨旅游目的地往往依靠海上交通与周边国家相通，所以这是一个巨大的优势。利用便利的交通，可以大力拓展国际旅游市场，发展对外经贸往来。由于滨海国家和地区充分意识到了滨海旅游业的重要地位和美好前景，在国家政策和产业定位上都将其放在战略地位。目前，由于度假旅游需求的大量增加，对外开放和国际合作向纵深发展，为了在旅游度假大市场占得一席之地，各沿海地区都在大力发展滨海旅游资源。

（五）滨海旅游的开发前景

根据《全国海洋开发规划》提出的设想，到 2020 年海洋产业分为四个层次：第一层包括海洋交通运输业、滨海旅游业、海洋渔业和海洋油气业，第一产业、第二产业、第三产业的比例为 2：3：5。海洋经济处于对外开放前沿，通过沿海对外开放，不仅促进了港口、海运的直接发展，更重要的是要把沿海经济融入世界经济一体化潮流中，通过吸引外资、引进科学技术和先进管理经验，推动沿海经济的发展。

发展海洋旅游，符合当今世界旅游业的发展趋势。人们对海洋的认识不断深化，全球范围内出现了前所未有的海岛海滨旅游热，如美国、日本、西班牙的海洋旅游产业均十分发达。发展海洋旅游产业，有利于进一步深化改革开放。在我国与日本、韩国、新加坡等国的交通要道上有许多海岛及沿海城市，这对国际游客和外商具有很大的吸引力。

二、旅游感知与可持续发展的关系

（一）旅游感知与可持续发展的关联性分析

旅游可持续发展的概念来源于可持续发展的理念，是旅游发展的方向和目标，受到了各国政府和旅游组织的广泛重视，旅游可持续发展的目的是在为游客提供高质量的旅游生态环境的基础上，力求提高社区居民的生活质量，促进经济、社会文化、生态环境等的全面发展。对于旅游地而言，在保证不破坏旅游地社会文化环境等的前提下，强调居民和游客这两个核心利益者的利益，对旅游地可持续发展具有重要的意义。主客旅游感知直接反映了社区居民和旅游者对旅游接待地的满意程度和发展态度，从而决定了主客对接待地旅游发展所持的是积极的还是消极的态度，进而促进当地社会经济的良性发展。

旅游可持续发展是以旅游发展与生态环境和谐共存为基础的，也就是不能破坏当地居民赖以生存的生态环境，同时也应当有利于当地居民获得经济方面的收益，并且要尊重和保持居民的传统文化和宗教信仰等，使当地社区有参与旅游发展的权利，并享受旅游发展带来的各方利益。旅游者作为旅游经济的提供者，对旅游活动的满意程度是对旅游地保持充足持续客源的前提。所以，主客对旅游目的地各方面的感知是评价可持续发展的重要指标之一，也是旅游目的地实现可持续发展目标的价值前提。

具体而言，主客旅游感知同旅游可持续发展一样，都包含了经济、社会、文化以及生态环境四个方面，旅游感知对旅游可持续发展具有反作用。旅游者和当地居民对旅游的感知和态度会影响旅游地的发展，如果居民和游客对旅游发展持积极态度，就会支持当地的旅游发展，并积极参与到当地的旅游发展中；相反，如果旅游地居民和游客对旅游的发展持消极态度，就会产生抵制或者不作为，这种情况持续下去，就会直接影响旅游地发展的可持续性。所以，对于旅游地的可持续发展研究中，主客感知研究就为旅游目的地可持续发展提供了研究的视角，必须把居民和旅游者的感知和态度纳入可持续发展研究的内容之中。

（二）旅游者感知与可持续发展的相关性分析

游客是旅游影响的主观因素，他们可以把握旅游地发展进程和规律。对游客感知与态度行为的研究是旅游可持续发展的价值前提，可以为旅游企业和政府的决策提供重要的依据。旅游者作为旅游的主体之一，对旅游者的满意度和支持度进行感知研究，同时对旅游者对当地的影响进行测度并进行反馈。旅游者作为生态环境的主要承载对象之一，旅游者对环境的态度决定了他的旅游行为，如果旅游者充分认识到了环境保护的重要性和自身的责任，树立了生态旅游的观念，旅游者就会在旅游活动中自觉约束旅游行为，从而保护当地的旅游环境。如果游客对环境现状和修复缺少认识，不约束自身的旅游行为，可能会损害海岸带的生态系统。所以，通过对游客旅游感知和态度的研究，能为当地决策的制定和管理提供参考，对于培育人和自然环境和谐共生发展具有十分重要的意义。

（三）居民感知与旅游可持续发展的相关性分析

旅游的发展和旅游的生命周期阶段的不同，对当地居民的影响也是不同的。每个居民对旅游影响的态度是不一样的。一些居民对本地区由于变化带来的活力及其历史和遗产带来的不断增长的重要性深感自豪；另一些则对此变化深感悲痛，认为本地区的安全、和平和社区感正在遗失，并希望逃离此地。旅游地居民对本地区旅游业所带来的影响的反应不同，可以从以下三个方面说明：第一，认为居住在一个展示进步、显示时尚化或被认为是有吸引力的地方，使得居民对本地区及本地区自我形象的自豪感增强；第二，认为居住在一个逐渐变差、变拥挤、变枯燥的地方，使得居民对本地区及本地区自我形象的自豪感降低，这一现象让他们想逃离此地；第三，对本地区及本地区现状的热爱促使居民抵制那些不好的改变，并寻求限制此种负面的有效措施。

居民对旅游影响的感知研究已发展成为一个成熟的研究领域。居民对旅游的感知可以动态地反映当地居民对旅游业的态度，对于旅游政策和旅游规划的制定具有重要的指导意义。而且，居民对旅游的感知是旅游可持续发展的重要方面，倡导旅游可持续发展，可以相应提高社区居民的福利。

社区是旅游发展对当地影响的主要承受者，虽然可能会带来一定的经济收益，提高生活质量，但经济收益在旅游利益相关者中的分配机制不健全，可能还要承受因旅游而引起的交通拥堵、环境污染、物价上涨等负面影响。在旅游资源开发过程中，当地社区与居民分享的利益往往难以弥补其因此造成的损失。有学者认为，居民的各种旅游影响感知间是相互影响的①，如发现居民经济利益感知同其旅游支持态度间呈现显著的正相关关系。旅游目的地居民作为旅游地的主体，也是旅游消费的对象之一，他们的感知与态度好坏，直接影响着游客对旅游的体验，间接影响着旅游目的地形象的塑造。旅游目的地居民是旅游社会文化的主要载体，所以，只有关注居民对旅游影响的感知，才能把旅游可持续发展落到实处。

---

① 杜忠潮，耿涛. 乡村社区居民对乡村旅游的感知研究［J］. 咸阳师范学院学报，2008，23（6）：66-71.

从我国旅游地的发展来看，我国社区由于经济基础以及自身文化素质的问题，存在着对参与的需求不高，处于参与程度偏低的水平，并且缺乏主动参与的氛围，参与旅游机制很不健全等问题。滨海居民受教育水平不高，渔业和商业是他们收入的主要来源，他们对滨海旅游的开发和利用往往抱着很大的希望。对于旅游地成长期旅游目的地的居民而言，他们对旅游的发展还是持支持态度的，但似乎更关注于就业机会和经济收入的提高，而对当地旅游环境质量的保护并不关心。在旅游的发展进程中，当地居民的经济条件得到改善，旅游开始对他们的生活产主要影响时，他们就会对旅游的态度发生转变，由冷漠或恼怒发展到怨恨。只有坚持旅游可持续发展的原则，才能积极倡导社区参与规划和社会政策的制定，将经济利益合理分配给当地居民，不让居民产生分配不公的感觉。只有建立旅游资源利用利益分享机制，才能使旅游地的社区和居民真正受益，最大程度地提高居民福利。发挥社区居民在决策中的积极作用，反对少数人受益的权力分配。社区旅游开发造成的生态环境、社会治安等问题日趋明显，要承担的区域发展成本加大，需要承担土地、环境污染、经济结构转型、社会成本等。社区旅游一方面享受着旅游开发带来的经济收入和社会福利的增加，另一方面承受着环境恶化后可持续发展能力和生活质量下降的后果。在这种矛盾中，一些居民被迫走出旅游地以寻找新的生存空间和发展机会，这反映出资源开发后居民无奈的选择，与可持续发展理论中代内公平的原则相违背。

（四）主客感知研究对可持续发展具有重大意义

旅游的开发可以为接待社区的社会文化、经济、环境等方面带来积极影响，同时也会带来许多负面影响。旅游接待社区的主客既可能是旅游积极影响的受益者，也可能是负面影响的受害者，任何一项旅游发展计划或发展规划都与当地主客利益息息相关。因此，旅游规划和管理的可行与否、实施可能性大小与当地社区主客的态度密切相关。正如墨菲·P.E 指出，在当地社区主客反对的情况下，旅游业不可能取得成功，"在开发和规划不能与当地的意愿和能力相符的情况下，抵制和仇视的行动将会提高企业的成本，甚至会毁坏旅游业的发展趋势"[1]。

一个旅游地为了实现旅游的繁荣发展，其负面影响必须最小化，它应被当地主客所接受和喜爱。AP.约翰（AP J，1992）指出，对旅游影响关注日益增长的原因在于，主客关于旅游影响的感知和态度是一种重要的规划和政策考虑，

---

[1] Murphy P E. Tourism：A Community Approach［M］. Lodon：Methucn，1985.

这种考虑对旅游发展和市场营销的成功以及现有和未来旅游计划的顺利运作至关重要。在旅游发展的同时，当地的怨恨也在明显上升，在这种情况下，决策制定者通过态度或成本收益调查可以了解受影响的主客是如何被包含在决策制定的程序中的。不论旅游是如何被介绍到社区和在社区中发展的，主客都是能够影响当地旅游业成败的重要角色[①]。他们通过自己参与规划发展、吸引物的运作和通过扩展它们的好客交换以从旅游中获得利益，这样有助于社区福利的提高。另外，主客可以通过反对旅游业或者对旅游倡导者和游客表达敌意的行为来阻碍旅游业发展。

第二节　相关理论

一、民族经济的理论

（一）民族经济的比较优势

民族经济特色的内在活力最终都表现在进入发展竞争过程中的比较优势。民族经济的资源特色禀赋的稀缺性在市场竞争中形成了比较优势，原因在于民族经济的资源特色禀赋本身就具有稀缺性的特性，以这种资源特色禀赋为基础的民族经济所呈现的特色，也是具有稀缺性的。这种稀缺性奠定了民族经济的比较优势基础，其在塑造民族经济的产业特色的同时，实际上也塑造着特色产业的比较优势。

旅游业是民族经济特色最具典型性的产业。地理、人文的多样性是旅游业成为民族经济特色产业的资源基础，开放交流是旅游资源的特色禀赋得以显现的重要条件。而且，随着社会发展对人们生活方式的改变和审美情趣的调整，民族文化在旅游资源中不断被挖掘，旅游业在民族经济发展中的巨大潜力日益清晰地显现出来。旅游业本身附着的浓厚的民族色彩、异族风情一直是旅游业追捧的经营品牌，自然景观与人文景观的相互衬托一直是旅游景点建设的策略

---

① AP J. Residents Perceptions on Tourism Impacts［J］. Annals of Tourism Research，1992（9）：665-690.

和理念。这些都使旅游业在适应社会发展的过程中既传承了民族文化，又显现了新兴活力，成为民族经济中富有特色和活力的产业。

（二）民族经济特色的可持续发展内涵

可持续发展是人类社会实现人与自然和谐发展的目标之一，在国家未来的发展战略中，将把加快民族经济的增长放在更加突出的地位，加快发展的根本路径是加快资源潜力向现实经济利益的转化。但这种方式本身便累积着资源环境与经济发展的矛盾，孕育民族经济的资源环境的根基发生松动，生态系统的脆弱特征随资源开发而凸显出来，民族经济发展的压力也便传递给资源环境及其生态系统。

（三）民族经济可持续发展的内在动力

民族经济可持续发展的内在动力表现在其对可持续发展的天然亲和感，可持续发展对于民族经济更具内在秉性，具有民族文化传统的朴素可持续发展情感。

民族经济可持续发展的内在动力还表现在民族经济的特色本身，即民族经济特色存在对可持续发展的支持。特色不仅支持民族经济对市场竞争的适应性，还支持民族经济对资源环境的适应性[①]。

（四）民族经济的内涵与分类

民族经济的内涵与分类与民族的定义域分类相联系，即民族经济所指的民族是由民族的基本属性所定义的民族，设计类型的区分是以社会发展进程状态为标准的。

民族经济、少数民族经济、少数民族地区经济是三个不同的概念。但民族与经济两个概念又使三个概念建立起内在的联系，即都涉及民族与经济。

民族属于内涵十分宽泛的概念。因为现实的人类社会的每一个角落的每一个人都可以纳入所认同的民族共同体中。民族经济是在民族共同经济生活的基础上形成的一个概念。施政一给民族经济定义为"即凡带有民族特点的经济就是民族经济"[②]。施先生对民族经济的定义是宽容的，体现了较强的包容性。这本身也符合民族与经济这一概念结构比较宽泛的特点。

---

① 王文长．民族视角的经济研究 ［M］．北京：中国经济出版社，2008.
② 施正一．民族经济学教程 ［M］．北京：中央民族大学出版社，2007.

二、旅游人类学理论

（一）社区参与理论

社区参与是指社区居民作为利益相关者的主要群体和当地的主人，参与社区发展和建设，促进社会和谐发展。社区参与旅游发展的内容包括：旅游规划与管理、旅游项目决策、旅游利益的分配权和旅游项目评估等。通过在社区的带领下实现当地居民的直接或间接的参与旅游发展的过程，可以提高居民的满意度和支持度，发挥其参与旅游决策的积极性。国内学者唐顺铁在 20 世纪 90 年代后期探讨了我国旅游目的地如何社区化和社区旅游怎样发展两个问题，第一次将社区参与引到旅游学学科，并在理论层面描述了社区参与旅游社区建设的内容以及在可持续旅游发展中的重要性[①]。

胡志毅和张兆干（2002）从纵向的维度分析，提出了社区参与阶段模型，并将其分为四个阶段，即个别参与、组织参与、大众参与和全面参与，每一个阶段社区参与都在规模、程度、主要内容和相应环境社会关系问题等方面表现出显著的差异。当到达大众参与阶段时，可能出现两种结果：一种是进入全面社区参与阶段，旅游资源和文化环境得以有效保护，实现可持续发展的目标；另一种是进入参与的衰退期，旅游资源和各种社会矛盾突出，社区组织解散。该理论指出了各个发展阶段，居民从单一经济利益的诉求到文化、生态环境、福利水平、综合发展等各方面的诉求。社区参与是一项行动过程，其参与的效果与当地社区的完善、居民文化素质水平、旅游目的地类型、社区居民的话语权等密切相关，是居民责任和收益的统一，更侧重于收益方面。如图 2-1 所示。

（二）利益相关者理论

利益相关者理论的原理是通过对公司利益相关者的控制与协调，应对和规避公司在瞬息万变的外部环境中的各种风险，用内部控制的方式减少和降低公司外部性的发生。该理论极大扩大了利益相关者的内涵和外延，利益相关者不仅包括经营商和消费者两大市场主体的传统观念，还包括社区、政府，甚至生态环境；不仅关注公司发展目标的直接利益者，还包括政治、社会、文化等间接相关因素；不仅关注公司目标和利益相关者影响的双向性，还注重企业的社

---

① 唐顺铁. 旅游目的地的社区化及社区旅游研究［J］. 地理研究，1998，17（2）：3-5.

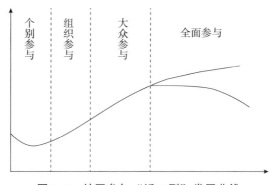

图 2-1 社区参与"近 S 型"发展曲线

会责任，最终实现公司管理的目标。

因为利益相关者理论把能实现目标的所有的影响因素都包括在内，所以它也跟可持续发展关系密切，并被旅游人类学学科借鉴发展，用来研究旅游的现象和影响。旅游作为一个综合复杂的系统，涉及各种旅游利益相关者的利益和博弈，应尽量减少各主体之间的冲突，实现旅游利益在各主体之间的分配，实现"公平与效率"的目标。

三、可持续发展理论

可持续发展的思想最早是从生态学中借鉴得到的，是指生态的可持续，主张要保护自然资源和生态环境，而后被其他学科借鉴，发展成为一个集经济、社会文化和生态环境可持续于一体的综合概念。可持续旅游的概念是于 1990 年加拿大温哥华召开的"全球可持续发展国际大会"提出的，其本质是实现经济目标与社会环境目标发展的统一，其前提是不仅重视旅游发展带来的经济影响，还要考虑其对资源环境、社会文化的综合影响。旅游开发中应注重旅游区的环境问题和社会问题，以保证后代对环境资源选择机会的公平。

具体内容有以下四点：

（1）利用机会的公平性。现代人和未来人都应当公平地分配人类有限的旅游资源。

（2）生态系统的持续性。旅游资源的开发与旅游产业的发展都必须限制在生态环境系统可接受的范围内，尽可能给未来留下可充分选择的余地，尤其要防止开发过程中人为地造成那些不可更新资源的破坏和枯竭。

（3）旅游地的社会与经济发展的协调性。经济的发展要在社会文化的可承载力之内，实现经济发展基础之上的社会发展、居民生活环境质量的改善与提高子孙后代的幸福，并保留当地的个性。

（4）发展战略的共同性。旅游的可持续发展战略是人类共同追求的自然生态环境—社会经济—社会文化复合系统的持续、稳定、健康的发展。

目前，滨海旅游地由于旅游开发的不合理、游客超载造成海岸线和海洋环境被严重破坏、社区居民对旅游持敌视的态度等，这些是我们需要认真思考的问题。倡导广西少数民族地区开展滨海可持续旅游，目的是使该地区不走其他滨海地区先破坏再治理的老路。总之，滨海旅游要树立可持续发展的目标，严格做好旅游规划和管理，尽量保护生态环境质量和民族文化资源，在发展旅游的同时注重经济、社会、环境各方面的协调发展，这是滨海旅游的终极目标。

四、其他支持性理论

国外专家学者在对居民和游客旅游感知的研究中，非常注重理论的创新和研究。国外学者关于旅游影响的相关成果主要有社会交换理论、旅游地生命周期理论和新增长理论。

（一）社会交换理论

社会交换理论是 20 世纪 60 年代在美国兴起并传播到世界各地的，在行为心理学和人类学基础上发展起来的一种社会学理论。它认为人类的所有行为都是一种有价值的物质交换的理性行为，都是为了追求自身利益的最大化，包括人们所形成的社会关系也被看作是一种交换关系。1990 年，社会交换理论由龙（Long，1990）引入旅游研究中，用以研究居民对旅游影响的感知与态度。AP.约翰（1992）通过构建社会交换过程模型来详细探讨了该理论在旅游学中的作用机制和过程，模型由需求满足、交换关系、交换后果、不交换四部分构成。其观点指出，如果居民认为旅游开发可以为当地社区和个人带来的经济、社会、文化的收益要大于所付出的居民成本，居民将支持并积极参与旅游的发展。否则，居民会对旅游持敌对或消极的态度。社会交换理论的实质是把集体或个人的社会过程看作是有价值的物质交换过程，并认为人类的一切行为都是在追求自身利益的最大化。社会交换理论在对旅游利益相关者行为分析和旅游者消费行为的分析方面有较强的适用性，因为在旅游主客之间存在着交换行为，游客用经济利益的付出来交换当地社区居民对游客的服务和好客。如果游客对旅游活动满意，会再次选择重游此地，或者通过口碑效应把旅游地推荐给亲朋好友；如果不满意，就会产生抱怨或者消极情绪，损害旅游地的形象。社会交换理论可以用于研究全体或个体的关系，并用来解释积极和消极的感知与态度，而且在分析居民对旅游影响的满意度方面有其自身的优势（见图 2-2）。

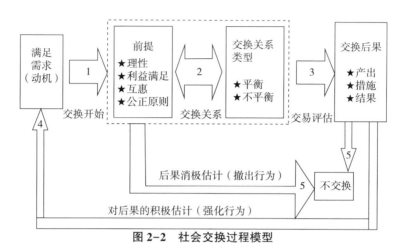

图 2-2　社会交换过程模型

资料来源：AP J. Residents Perceptions on Tourism Impacts［J］. Annals of Tourism Research，1992，19（4）：665-690.

（二）旅游地生命周期理论

旅游地生命周期理论是从地理学学科引用过来的，可以用于对旅游地的规划管理、市场定位、产品营销等方面。众多学者对生命周期进行了研究，其中最具科学性和实用性的研究是 1980 年由加拿大学者 R. W. 巴特勒（R. W. Butler，1980）提出的"S"型生命周期演化模型，该理论指出，旅游目的地的发展变化一般要经过探索期、参与期、发展期、稳定期、停滞期、复苏期和衰落期共 7 个时期①（见图 2-3）。在探索期、参与期、发展期、稳定期，旅游者由自发到有组织的旅游阶段，人数也日趋增加，公共设施也相继完善，但环境容量逐渐趋向饱和，由旅游带来的各种环境问题和社会文化冲突日益严重。在不同的生命周期中，旅游目的地的特征不同，由于主客关系变化、旅游者数量和类型的差异，社区居民对旅游的认识也在不断变化，旅游行为对当地社区产生的旅游影响也随着不同的生命周期阶段发生相应的变化，所以可以利用生命周期理论来

───────────────

① Butler, RW. The Concept of a Tourist Area Cycle of Evolution：Implications for the Management of Resources［J］. Canadian Geographer, 1980, 24（1）：5-12.

分析居民对旅游目的地态度的变化程度。按照巴特勒的观点，旅游地处于的发展时期越高，对旅游业的经济依赖程度越弱，居民对旅游的正面感知越高，而对旅游的负面影响越强，对旅游业的支持度将日益下降。

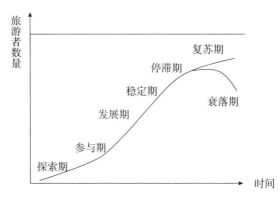

图 2-3　旅游地生命周期理论

旅游目的地处于不同的阶段会表现出不同的特征。①探索期，也称为初始期，游客处于自发的阶段，为旅游服务的专门设施很少，自然和社会环境影响很小。②参与期，游客人数增长，旅游活动由自发转变为有组织的市场行为，居民开始参与提供简单方便的旅游服务，旅游基础设施建设正在改善。③发展期，游客人数骤增，外来投资大量进入，旅游基础设施和服务设施开始完善，旅游宣传促销力度加大，人造旅游景观逐渐取代原有的自然和人文旅游景观，旅游环境和旅游冲突开始显现。④稳定期，游客数量增加，但增长速度下降，对旅游地进行严格的功能分区和布局，为了开拓新的旅游市场，旅游宣传促销更加强劲，居民在感受到旅游业重要性的同时也开始对旅游产生抵触情绪。⑤停滞期，旅游人数达到饱和，达到旅游容量临界值或者超载严重，旅游地形象受损，旅游设施商业化利用严重，大量的社会文化、经济、环境问题突出。⑥复苏期，重振旅游形象，消除旅游负面影响，新的旅游景观逐渐取代旧有的旅游景观，开发利用新的旅游资源，重新启动旅游市场。⑦衰退期，市场衰落导致旅游设施大量消失，旅游地终变成"旅游贫民窟"；另外，如果旅游目的地增加人造景观、开发新的旅游资源，增强了目的地的吸引力，那么就会进入复苏阶段。广西滨海旅游景区可以借助旅游地生命周期理论分析其处于生命周期的哪个阶段、发展现状如何、社区居民对旅游感知与态度的差异，该理论对如何开发新的滨海旅游产品或景区、延长滨海旅游地生命周期方面具有重要的指导作用，有助于广西滨海旅游走可持续发展的道路。

（三）新增长理论

新增长理论的分析角度基于规模报酬递增和不完全竞争，即产品多样性的假定，可以把新增长理论模型分为两类：知识外溢和报酬递增的内生增长模型和内生技术变化增长模型。保罗·罗默（Paul Romer，1986）提出了一个由外部性、产出生产中的报酬递减和新知识生产中的报酬三个要素共同构成的竞争性均衡模型，开辟了知识外溢和报酬递增的内生增长思路的研究[①]。罗伯特·卢卡斯（Robert Lucas，1988）主要讨论了人力资本在整个经济范围内的外部性影响，以及物质资本和人力资本的相互作用关系[②]。内生技术变化模型的主要贡献者有保罗·罗默（Poul Romer，1990）、菲利普·阿吉翁和埃里希·霍依特（Philip Agion & Erich Hoyt，1992）、吉恩·M. 格罗斯曼和埃尔赫南·赫尔普曼（Gene M. Grossman & Elhanan Helpman，2003）。内生增长理论的重要贡献是解释了技术进步的内在机制，分别解释和分析了知识外溢、人力资本积累和技术创新对经济增长的影响[③]。

新增长理论的分析角度是基于报酬递增和不完全竞争的假定，主要结论为：第一，将经济增长的源泉由外生转化为内生，经济系统内生因素中决定经济增长的三大因素是人力资本、专业知识和技术进步；第二，经济增长的动力是技术创新，而高素质人力资本和劳动分工作为重要因素决定着技术创新的程度，为经济持续地增长找到了源泉和动力；第二，它具有重要的政策内涵，政府有责任、有理由进行干预，政府在教育、税收和产业等方面的政策等都可能对一国的经济增长具有长期的影响。

当技术进步达到一个临界点时，将引起生产力发生质的突变。技术可以看作是经济系统的一个中心部分，可以提高投资的收益，尤其是当新兴技术使相应产业部门的生产效率增加时，将导致整个产业的技术体系发生革命，使产业形态发生巨大改变。按照技术的不同方式，可以将内生技术进步模型分为两类，一类是产品种类扩大模型，另一类是产品质量改进模型。

---

① Romer, P. Increasing Returns and Long2 Run Growth［J］. Journal of Political Economy, 1986, 94 (5)．

② Lucas, Ro bert. On the Mechanics of Economic Development［J］. Journal of Monetary Economics, 1988, 22 (1)：3-42.

③ Romer, Paul. Endo Genous Techno logIcal Change［J］. The Journal of Political Economy, 1990, 98 (5)：71-102.

第三章

广西滨海旅游业发展现状

第一节　广西滨海旅游业兴起的背景

一、广西滨海地区的区位优势

区位条件决定着区域参与国际分工和接受资金、技术、信息等生产要素辐射的方便程度。广西是我国唯一与东南亚海陆相交的省区，与东盟既陆地相接，又隔海相望。大陆海岸线长 1595 千米，与广东同是我国海域的国门；陆地上国境线 637 千米，与云南同是南疆陆域的国门。广西面对东南亚，广东有海少陆，云南有陆少海，广西两者皆有，又处于正中，是中国的南大门。其主要的内河港贵港港口年吞吐能力已超过 5500 万吨。

广西是东北亚与东南亚的交汇处，是中国自贸区的核心部位，具有沿海沿边的天然地理优势，既有便捷的陆上交通通往中南半岛，又有海上交通通往东盟国家乃至世界各地。位于亚欧大陆和两大洋的交汇中心，位于太平洋北岸、欧亚大陆的东南端，是太平洋、印度洋与欧亚大陆连接的中心，具有成为全球性海路和陆路交通枢纽中心之一的潜力。随着中国—东盟自贸区的建立，广西凭借得天独厚的区位优势担当起面向东盟开放合作的前沿角色与功能，具有前所未有的历史机遇，战略地位凸显。广西北部湾经济区域是国家层面重点开发的区域之一，位于全国"两横三纵"城市化战略格局中沿海通道纵轴的南端。

广西滨海旅游资源丰富，广泛分布于滨海三市北海、防城港、钦州，聚集于北部湾，在我国大陆海岸的最西端。广西北部湾滨海地区包括北海、钦州两市辖区和防城港市港口区、防城区及东兴市等陆地及近海海域，总面积 1.7 万平方千米。其滨海旅游资源不仅具有现代国际旅游所追求的"阳光、海水、沙滩、绿色"四大要素,而且文化底蕴厚重,有着发展滨海旅游的天然资源优势和市场条件。

二、广西与东盟的关系

首先,中国—东盟自由贸易区的建立使广西成为中国—东盟的旅游集散地。由于交通区位优势与资源优势,广西滨海城市将引领中国—东盟的旅游合作。广西作为中国向东南亚开放的前沿,背靠的是拥有 960 万平方千米国土、14 亿人口的整个中国,面向的是拥有 457 万平方千米面积、5.6 亿人口的东南亚。广西及国内和东南亚都拥有丰富的旅游资源,包括众多风光秀丽的自然景观和独具特色的人文景点、风俗人情。近年来,越来越多的东南亚游客和中国游客把对方作为旅游的目的地。在中国方面,随着中国经济的发展,人们收入增多,休闲时间增加,假日经济日益勃兴,旅游需求不断高涨,出国旅游更是迅速发展。在出国游中,东南亚是人们的首选。尤其是越南,出入方便,手续简单,花钱不多,就可以领略异国风光。

其次,中国—东盟自由贸易区的建立促进了广西的开放发展,使广西成为东盟的重要客源地。由于广西过去经济发展水平不高,人民收入水平低,前往东南亚的游客不多,广西只起到了作为发达地区去东南亚国家的中转站功能。随着中国—东盟自由贸易区(China and ASEAN Free Trade Aream,CAFTA)的建立,中转站广西的经济形势逐步好转,广西也成了东盟一些国家,特别是越南的重要客源地。广西在东盟国家客源地中地位的变化必将引起东盟各国的重视,双边的旅游合作将会更加对等、更加积极地开展。

最后,中国—东盟自由贸易区的建立促进了广西北部湾地区旅游业的发展。长期以来,广西旅游都是处于桂林一家独大的格局,但是,随着中国—东盟自由贸易区的建立,南宁、北海、防城港、钦州等北部湾地区的旅游地日益焕发活力,成为中国前往东盟各国的集散地和海上大通道,而且对当地旅游资源的开发也越来越多,这对于广西建设旅游强省、推动旅游布局的平衡都具有重大的意义。

三、经济发展水平

2016 年,面对复杂严峻的经济形势和改革发展稳定的繁重任务,全区各地各部门认真贯彻落实中央和自治区的决策部署，坚持以科学发展为主题，以加快转变经济发展方式为主线，按照稳中求进的工作总基调，着力稳增长、促转型、扩内需、惠民生，全区经济保持平稳较快发展的良好势头，经济社会发展总体稳中有进。

初步核算，2016 年全区生产总值（GDP）18317.64 亿元，按可比价格计算，比上年增长 7.3%。其中，第一产业增加值 2796.8 亿元，比上年增长 9.02%；第二产业增加值 8273.66 亿元，增长 6.53%，其中工业增加值 6816.64 亿元，增长 10.84%；第三产业增加值 7247.18 亿元，增长 6.37%。三大产业对经济增长的贡献率分别为 7.2%、47.1% 和 45.7%，其中工业贡献率为 38.3%[①]。

依托旅游资源、地理区位、产业基础、生态环境、市场拓展、政策扶持等多方面的优势条件，广西旅游产业的发展前景广阔，广西正由旅游大省逐渐向旅游强省迈进，并为泛北部湾的旅游合作提供了良好的基础保障。广西北部湾经济区的发展规划期为 2006~2020 年，加上各市行政区划的调整和变化，笔者只能找到 2006 年以后的数据，详细数据见表 3-1。

表 3-1　广西北部湾经济情况

年份	广西生产总值（亿元，按当年价格计算）	广西生产总值指数（按可比价格计算，以上年为 100）	广西北部湾经济区地区生产总值（亿元）	广西北部湾经济区地区生产总值指数（上年 = 100）
2000	2080.04	107.9	—	—
2001	2279.34	108.3	—	—
2002	2523.73	110.6	—	—
2003	2821.11	110.2	—	—
2004	3433.50	111.8	—	—
2005	3984.10	113.2	—	—
2006	4746.16	113.6	1418.09	116.0
2007	5835.33	115.3	1764.60	117.7
2008	7038.88	112.9	2156.01	115.6
2009	7784.98	114.0	2492.99	116.0
2010	9604.01	114.3	3042.75	115.6
2011	11764.97	112.3	3770.17	115.4

① 中华人民共和国国家旅游局. 广西旅游统计年鉴 [M]. 北京：中国旅游出版社, 2017.

续表

年份	广西生产总值 （亿元，按当年价格计算）	广西生产总值指数 （按可比价格计算， 以上年为100）	广西北部湾 经济区地区生产 总值（亿元）	广西北部湾经济区 地区生产总值指数 （上年＝100）
2012	13090.04	111.3	4268.59	113.5
2013	14511.70	110.2	6600.52	110.4
2014	15742.62	108.5	7439.95	109.2
2015	16870.04	108.1	7995.88	109.0
2016	18317.64	107.3	8808.1	107.8

资料来源：据《广西统计年鉴》（2001～2017）整理。

四、政策优势

（一）海洋旅游产业政策

2013年1月1日，中国海洋旅游年启动仪式在海南三亚正式启动，国家旅游局将2013年的旅游主题确定为"中国海洋旅游年"，以"美丽中国，海洋旅游"为主题的海洋旅游年活动将全面推动中国海洋旅游新业态发展。而广西在"海洋旅游年"中将充分利用自身的海洋旅游资源开发旅游观光、康体疗养、休闲度假等与"水"有关的旅游产品，并推出北部湾滨海休闲度假之旅、北部湾海上邮轮之旅、北部湾海上跨国之旅等旅游线路。

2017年5月4日，国务院发布的《全国海洋经济发展"十三五"规划》中明确广西北部湾沿岸及海域发展的功能定位是重要的国际区域经济合作区。"十三五"时期的功能定位是构建与东盟地区的国际出海主通道，形成"丝绸之路经济带"与"21世纪海上丝绸之路"的重要门户；建设重点之一是开发多层次的海洋旅游精品、发展以游艇和邮轮为主的海上运动休闲旅游，建立环北部湾面向东盟的区域性滨海跨国旅游区。

（二）区域发展政策

国家西部办在"十一五"总体规划中，明确把北部湾（广西）经济区列为西部三个率先发展的重点地区之一。

《国务院关于进一步促进广西经济社会发展的若干意见》把推动北部湾经济

区建设上升为国家战略，其中发展海洋旅游成为重头。

《广西壮族自治区人民政府关于促进广西北部湾经济区开放的若干政策规定》，明确提出支持鼓励重点发展北部湾旅游业。

《关于加快广西北部湾经济区大旅游发展的实施意见》中，明确提出了加快建设江山半岛滨海度假区、京岛滨海休闲度假区等21个项目，总投资约141亿元，将防城港市建设成"东盟门户，激情港湾"主题形象鲜明，"滨海、门户、生态"三大特色突出的中越边境跨国旅游集散城市、国际滨海旅游城市。

《防城港市建设国际滨海旅游胜地行动方案》提出，要全力打造滨海休闲度假游、中越边境跨国游、民俗风情游等旅游品牌，把防城港市打造成为国际滨海旅游胜地。

2012年7月9日发布的《国务院办公厅关于同意广西东兴、云南瑞丽、内蒙古满洲里重点开发开放实验区建设实施方案的函》将防城港市东兴市的建设和发展提升到了国家政策的战略高度。

2013年7月11日，根据公安部和国家旅游局《关于同意内蒙古黑龙江广西开展边境旅游异地办证工作的通知》，国家已批准防城港市边境旅游异地办证工作正式启动。参加有权经营边境旅游业务组团社的游客可在防城港市东兴市的公安机关出入境管理部门办理中华人民共和国出入境通行证赴越南旅游。

2015年5月，中国商务部、发改委将包括广西防城港在内的12个城市（区域）确立为构建开放型经济新体制综合试点试验地区，要求试点地区积极探索，为"十三五"时期基本形成开放型经济新体制、开创全方位开放新局面打下基础。防城港市利用充足的越南劳工资源，解决了企业的招工问题，正式开启境外边民入境务工试点。

根据2015年《中共中央 国务院关于构建开放型经济新体制的若干意见》，以及2017年7月3日汪洋副总理在国务院召开构建开放型经济新体制综合试点试验中期汇报会上的重要讲话精神，防城港市人民政府制定了在防城区里火、峒中口岸边民互市点、东兴口岸互市点推广边民互市贸易转型升级"东兴模式"经验做法的方案。

上述从国家到地方、从滨海旅游业到其他相关产业，现有政策都强调了发展滨海旅游业的重要意义，并指明了滨海旅游相关产业有机融合发展的途径和方向。从广西区域层次看，临海延边的独特地理环境、种类丰富的旅游资源、各种鼓励政策相继出台不断优化防城港发展滨海旅游的市场环境，让防城港滨海旅游有着巨大的发展潜力。

第一节 广西滨海旅游业的发展现状

一、广西滨海旅游的发展现状

改革开放后，广西滨海旅游得到了初步的发展。2009 年，由于国务院把推动北部湾经济区建设上升为国家战略，其中发展海洋旅游成为重头，北部湾经济区旅游得到迅猛发展，旅游基础设施与接待人数显著提高。2017 年，北海市入境旅游人数 12.09 万人次，同比增长 18.9%；国际旅游（外汇）收入 5571.08 万元，增长 9.52%。接待国内旅客 2473.24 万人次，增长 15.37%，国内旅游收入 284.33 亿元，增长 29.4%。北海市拥有旅行社 56 家，星级饭店 30 家，其中五星级 1 家，四星级 5 家，三星级 18 家，二星级 6 家。2016 年钦州市接待国内旅游人数 1801.21 万人次，国内旅游收入 172.02 亿元。接待入境旅游人数 6.19 万人次，国际旅游外汇收入 2442.90 万美元，旅游总收入 173.64 亿元。2017 年，钦州市共有星级饭店 18 家，其中五星级饭店 1 家，三星级饭店 17 家。2017 年，防城港市各旅游景点接待国内外游客 1568.79 万人次，其中，海外游客 16.86 万人次，较 2015 年分别增长 16.6%、4.7%；旅游总收入 129.23 亿元，其中旅游外汇收入 5809 万美元，较 2015 年分别增长 28.4%、9.9%。防城港市共有星级饭店 31 家，其中四星级 6 家，三星级 25 家。

广西旅游资源种类多、分布广，等级和品位高，特色突出。截至 2016 年 12 月 31 日，广西滨海地区 A 级以上的景区共有 60 个，包括北海市的银滩旅游区、海底世界、海洋之窗和北海涠洲岛国家地质公园鳄鱼山景区，钦州市的三娘湾景区、刘冯故居景区、八寨沟旅游景区、防城港市的上思十万大山国家森林公园景区，东兴市京岛风景名胜区和东兴市屏峰雨林景区等，如表 3-2 所示。

表 3-2 广西滨海地区国家 A 级旅游景区一览表

序号	景区名称	所在地市	等级	评定时间
1	北海银滩旅游区	北海市	AAAA	2001 年 1 月 1 日
2	北海海底世界	北海市	AAAA	2002 年 2 月 20 日

续表

序号	景区名称	所在地市	等级	评定时间
3	北海海洋之窗	北海市	AAAA	2006 年 10 月 23 日
4	北海涠洲岛国家地质公园鳄鱼山景区	北海市	AAAA	2009 年 12 月 30 日
5	北海市嘉和—冠山海景区	北海市	AAAA	2014 年 4 月 29 日
6	北海老城历史文化旅游区	北海市	AAAA	2014 年 12 月 18 日
7	北海金海湾红树林生态旅游区	北海市	AAAA	2015 年 12 月 31 日
8	北海园博园景区	北海市	AAAA	2015 年 12 月 31 日
9	北海汉闾文化园	北海市	AAAA	2016 年 12 月 23 日
10	涠洲岛圣堂景区	北海市	AAAA	2017 年 12 月 26 日
11	北海大江埠民俗风情村	北海市	AAA	2011 年 12 月 2 日
12	北海贝雕博物馆	北海市	AAA	2015 年 12 月 21 日
13	北海南珠博物馆	北海市	AAA	2015 年 12 月 21 日
14	槐园景区	北海市	AAA	2015 年 12 月 21 日
15	合浦县东坡亭景区	北海市	AAA	2016 年 12 月 29 日
16	合浦县古海角景区	北海市	AAA	2016 年 12 月 29 日
17	合浦县观音山生态旅游区	北海市	AAA	2016 年 12 月 29 日
18	合浦县曲樟客家十围城	北海市	AAA	2017 年 11 月 24 日
19	合浦县永安大士阁景区	北海市	AAA	2017 年 11 月 24 日
20	合浦县梦唤滨海体育文化园	北海市	AAA	2017 年 11 月 24 日
21	合浦县东园家酒产业园	北海市	AAA	2017 年 11 月 24 日
22	合浦县四方岭考古遗址景区	北海市	AAA	2017 年 11 月 24 日
23	涠洲岛石螺口景区	北海市	AAA	2017 年 11 月 24 日
24	涠洲岛城仔景区	北海市	AAA	2017 年 11 月 24 日
25	涠洲岛滴水丹屏景区	北海市	AAA	2017 年 11 月 24 日
26	涠洲岛湿地公园景区	北海市	AAA	2017 年 11 月 24 日
27	上思十万大山国家森林公园景区	防城港市	AAAA	2010 年 1 月 19 日
28	防城港东兴市京岛风景名胜区	防城港市	AAAA	2010 年 7 月 9 日
29	东兴市屏峰雨林景区	防城港市	AAAA	2012 年 1 月 9 日
30	防城港市江山半岛白浪滩旅游景区	防城港市	AAAA	2013 年 1 月 29 日
31	防城港市西湾旅游区	防城港市	AAAA	2014 年 12 月 18 日
32	上思县十万大山百鸟乐园景区	防城港市	AAAA	2015 年 12 月 31 日

续表

序号	景区名称	所在地市	等级	评定时间
33	东兴陈公馆景区	防城港市	AAA	2008 年 12 月 29 日
34	防城港市北仑河源头景区	防城港市	AAA	2011 年 12 月 27 日
35	东兴市意景园旅游景区	防城港市	AAA	2012 年 12 月 30 日
36	东兴市百业东兴·红木社区旅游购物景区	防城港市	AAA	2014 年 3 月 14 日
37	东兴市北仑河口景区	防城港市	AAA	2016 年 6 月 2 日
38	防城港火山岛景区	防城港市	AA	2008 年 12 月 29 日
39	钦州三娘湾景区	钦州市	AAAA	2006 年 10 月 23 日
40	钦州刘冯故居景区	钦州市	AAAA	2006 年 10 月 23 日
41	钦州八寨沟旅游景区	钦州市	AAAA	2007 年 11 月 27 日
42	钦州市浦北县五皇山景区	钦州市	AAAA	2014 年 12 月 18 日
43	钦州园博园景区	钦州市	AAAA	2017 年 12 月 26 日
44	钦州市灵山县六峰山风景名胜区	钦州市	AAAA	2017 年 12 月 26 日
45	钦州市浦北县越州天湖景区	钦州市	AAAA	2017 年 12 月 26 日
46	钦州市林湖森林公园	钦州市	AAAA	2017 年 12 月 29 日
47	钦州市大芦古村文化生态旅游区	钦州市	AAAA	2017 年 12 月 29 日
48	钦州龙门群岛海上生态公园	钦州市	AAA	2007 年 12 月 18 日
49	钦州市白石湖景区	钦州市	AAA	2015 年 10 月 30 日
50	钦州市钦北区碗窑梨花谷景区	钦州市	AAA	2015 年 12 月 17 日
51	广西钦州市浦北县公猪脊景区	钦州市	AAA	2015 年 12 月 30 日
52	钦州长融水世界旅游景区	钦州市	AAA	2016 年 7 月 8 日
53	钦州欢乐农庄旅游景区	钦州市	AAA	2016 年 10 月 25 日
54	钦州学院滨海校区景区	钦州市	AAA	2016 年 10 月 25 日
55	钦州市灵山桂味生态园	钦州市	AAA	2017 年 3 月 2 日
56	钦州市那雾山森林公园	钦州市	AAA	2017 年 3 月 27 日
57	中国广西东盟商贸城	钦州市	AAA	2017 年 3 月 30 日
58	钦州市千年古陶城景区	钦州市	AAA	2017 年 11 月 14 日
59	钦州市北部湾坭兴玉陶景区	钦州市	AA	2011 年 12 月 15 日
60	钦州市灵山县锦泉生态旅游度假村	钦州市	AA	2013 年 12 月 25 日

资料来源：据《2018 广西国家 A 级旅游景区一览表》整理。

二、广西旅游业发展现状

(一) 广西旅游业发展现状

刘奇葆在中共广西壮族自治区第九次代表大会上的报告中提出努力建设旅游强省，使旅游业成为重要的支柱产业。全区旅游行业在科学发展观的指导下，服务经济社会发展全局的主动性不断增强，工作重点有了新的突破，工作水平整体有了新的提高。

2009 年底，在全国旅游业增速趋缓的形式下，广西旅游经济发展总体好于全国，国内旅游人数首次突破 1 亿人次，达到 1.18 亿人次。2016 年旅游总收入 4191.36 亿元，增长 28.8%。旅游市场呈稳步增长趋势，2016 年，广西接待国际旅游者 482.52 万人次，比上年增长了 7.2%；国际旅游（外汇）收入 21.64 亿美元，增长 12.9%。接待国内旅客 40419 万人次，增长 20.77%，国内旅游收入 4047.7 亿元，比上年增长 29.06%。星级饭店数由 1995 年的 41 个增长为 2016 年的 473 个，数量为 1995 年的 11 倍。[①] 2011~2016 年广西旅游产业经济情况如表 3-3 所示。

表 3-3 2011~2016 年广西旅游产业经济情况

指 标	2011 年	2012 年	2013 年	2014 年	2015 年	2016 年
入境旅游者人次（万人次）	302.79	350.27	391.54	421.08	450.06	482.52
国内游客人次（万人次）	17257	20778	24264	28565	33661	40419
国际旅游外汇收入（亿美元）	10.52	12.79	15.47	17.28	19.17	21.64
国内旅游收入（亿元）	1209.5	1578.9	1961.3	2495.0	3136.4	4047.7
旅游总收入（亿元）	1277.8	1659.7	2057.1	2601.2	3254.2	4194.4
星级饭店数（个）	443	456	477	466	466	473

资料来源：据《广西旅游统计年鉴》（2012~2017）整理。

(二) 广西防城港市历年旅游情况

"十二五"期间，全市旅游经济持续增长，尤其是滨海旅游产业得到迅速发

① 中华人民共和国国家旅游局. 广西旅游统计年鉴 [M]. 北京：中国旅游出版社，2017.

展。期间累计接待游客 12640.74 万人次，年均增长 19.58%；"十二五"期间旅游总收入累计 10850 亿元，年均增速约 28.36%。2000~2016 年，除了 2003 年受非典的影响，旅游接待人数、旅游收入下降外，防城港市每年的接待旅游人数、国际旅游人数、旅游总收入都在不断地增长。接待旅游总人数和国际旅游人数分别从 2000 年的 123.87 万人次和 2.87 万人次增长到 2016 年的 1585.65 万人次和 16.86 万人次，相比 2015 年接待总人数增长 16.4%。旅游总收入从 2000 年的 1.98 亿元增长到 2016 年的 129.23 亿元，比 2015 年增长了 28.4%。如表 3-4 所示。

表 3-4　广西防城港市 2004~2016 年旅游情况

年份	接待旅游总人数（万人次）	人数比上年增长率（%）	其中国际旅游人数（万人次）	旅游总收入（亿元）	收入比上年增长率（%）	其中国际旅游收入（万美元）
2004	156.22	26.14	3.22	5.32	49.02	484.6
2005	173.38	10.90	3.58	5.65	6.20	544.81
2006	183.23	5.78	4.53	6.64	17.52	705.57
2007	199.3	8.74	5.50	7.45	12.80	915.0
2008	227	13.86	4.34	9.6	28.17	927.67
2009	423.82	86.7	5.73	18.01	87.6	1268.3
2010	557.81	31.5	7.01	29.05	61.3	1695.24
2011	685.89	23.1	10.3	40.43	39.2	2621.6
2012	819.27	19.4	12.74	52.62	30.1	3576.73
2013	979.78	19.6	14.67	64.51	22.6	4383
2014	1183.78	20.8	15.38	79.77	23.7	4906
2015	1361.86	15.0	16.10	100.64	26.2	5285
2016	1585.65	16.4	16.86	129.23	28.4	5809

资料来源：据《广西统计年鉴》（2005~2017）整理。

（三）北部湾滨海城市旅游接待人数和旅游总收入对比

2016 年，防城港市的旅游业增幅较大，从接待国内旅游者人数和旅游总收入上看，虽然超过了同在北部湾的滨海城市钦州，但与北部湾其他城市如南宁、崇左和北海市还有较大差距，而且国内旅游收入比钦州略低。接待入境旅游者和国际旅游收入已经超过了钦州和北海，但入境旅游者人均消费额在环北部湾城市中是最低的，说明防城港旅游效益较其他城市低。由于周边滨海城市北海、钦州的发展速度较快，尽管防城港的开发速度加快，但由于滨海开发的基础较为薄弱，所以在旅游市场上仍略逊于这两个城市的发展，如表3-5所示。

表3-5　2016年环北部湾滨海城市接待人数和旅游总收入对比

对比项目＼城市	防城港市	钦州市	北海市	崇左市	南宁市	桂林市
旅游接待国内游客人数（万人）	1568.79	1801.21	2473.24	1991.54	9499.62	5152.55
接待入境旅游者人次	168593	61916	135536	382914	555424	1287124
入境旅游者平均每人消费额（元）	2288	2620	2729	2405	2777	3364
旅游总收入（亿元）	129.23	173.64	288.04	182.79	918.67	637.3
国际旅游收入（万元）	38570	16221	36992	92097	154268	784966
国内旅游收入（亿元）	125.37	172.02	284.34	173.58	903.24	558.81

资料来源：据《广西统计年鉴》（2017）整理。

（四）环北部湾滨海城市旅游机构数对比

2016年，广西旅游行政管理部门162家，旅行社722家，星级饭店473家，其中五星级12家，四星级88家，三星级276家，三星级以上饭店主要位于南宁和桂林两座城市。2016年，防城港市旅行社由2007年的8家增长至27家，星级饭店由2007年的8家增长为31家，并新建了2家四星级饭店，但至今没有1家五星级饭店，如表3-6所示。

表3-6　2016年环北部湾滨海城市旅游机构数对比　　　　　　单位：家

地区	旅游管理部门	旅行社	星级饭店	五星饭店	四星饭店	三星饭店	二星饭店	一星饭店
广西	162	722	473	12	88	276	97	2
防城港市	5	27	31	0	6	25	0	0
钦州市	7	40	18	1	0	17	0	0
北海市	6	53	48	1	5	18	6	0
南宁市	19	118	48	12	88	276	97	0
崇左市	16	29	42	0	9	18	15	0
桂林市	18	243	67	5	14	37	11	0

资料来源：据《广西统计年鉴》（2017）整理。

第三节　环北部湾旅游资源概况与开发现状

一、广西北部湾城市群旅游资源

旅游资源是指通过适当的开发、管理能够成为旅游产品的自然风景、人文景观，主要包括自然风光和人文风俗。自然风光包括地貌、水文、气候、生物四大类，人文风俗包括人文景物、文化传统、民情风俗、体育娱乐四大类。表3-7对广西北部湾城市群旅游资源进行了分类，从中可以概括出广西北部湾城市群旅游资源的特点。

表3-7　广西北部湾城市旅游资源分类

城市	分类	资源
南宁	自然风光、休闲养生类	大明山、青秀山、龙虎山自然保护区、良凤江国家森林公园、伊岭岩、金伦洞、起凤山、九龙瀑布、凤凰湖、灵水、德天瀑布、广西药用植物园、木龙湖、九曲湾温泉度假、嘉和城温泉谷、花花大世界、明仕田园
	商业游憩类	中山路步行街、万达广场、航洋国际
	历史文化、古迹古镇类	扬美古镇、民族文物苑、广西博物馆、芦圩古镇、六景泥盆系剖面、南宁顶狮山遗址、李明瑞烈士纪念馆
	节事类	东盟博览会、美食节、国际民歌艺术节、茉莉花节
北海	休闲度假、自然奇观类	涠洲岛、英罗红树林、海底彩带、斜阳岛、北海外沙岛、银滩、星岛湖旅游区、白龙珍珠城
	博物馆、历史文物观光类	大土阁、文昌塔、海角亭、东坡亭、普度震宫、古汉墓、北海海底世界、南珠宫、北海海洋之窗
防城港	休闲养生、自然风光类	峒中温泉、十万大山、江山半岛、万尾金滩、大平坡、火山岛、巫头白鹭山、金花茶、西湾跨海大桥、北仑河口自然保护区
	历史文化类	胡志明小道、罗浮天主教
钦州	户外运动、观光类	三娘湾、王岗山、留风山、麻蓝岛、七十二泾
	历史文化类	冯子材故居、刘永福故居、大芦村古宅

资料来源：笔者整理。

（一）资源丰富，分布不均

广西北部湾城市群拥有着丰富的旅游资源。其中，以南宁和北海居多，这两个城市的旅游资源涵盖了自然风光和人文风俗。北海的海洋旅游资源是其旅游发展的优势资源，南宁的旅游资源比较全，包括自然风光、休闲养生、历史文化、古迹古镇、各种壮族文化、民族节事。防城港的旅游资源种类多，互补性强。钦州的旅游资源比较缺乏，但也有较为突出的资源，如钦州的名人故居。

（二）以自然风光为主，民族性突出

广西北部湾城市群四个城市的主要旅游资源都是以自然风光为主，民族性突出。大多数资源可以围绕民族主题进行深度开发。

二、环北部湾旅游资源概况

（一）环北部湾滨海旅游资源概况

环北部湾滨海旅游地区包括广东、广西、海南，其旅游资源特点如表3-8所示。

表3-8　环北部湾滨海旅游资源特点

省区	岛屿个数	大陆海岸线（千米）	旅游资源特点
广东	759	3368	红树林、前海珊瑚礁面积较大；沙滩条件较好，自然景观保存较好
广西	651	1595	以海蚀景观、海积景观、珊瑚礁景观、火山喷发景观为主，海滩观光、红树林等植物资源丰富
海南	231	1823	生物资源丰富，水产基地，气候条件适宜，热带风光旖旎

资料来源：笔者整理。

（二）环北部湾滨海旅游资源开发现状

环北部湾是泛北部湾跨国旅游合作开展时间最早、线路最成熟、业务最宽泛的地区，中越边境旅游和北海的邮轮旅游已经有了相当的知名度，随着旅游业的推进，环北部湾将成为泛北部湾旅游合作的重要品牌。

（1）海南概况。海南岛是我国第二大海岛，位于我国的最南端，是中国陆地面积最小、海洋面积最大的省，是我国唯一一块保持着热带自然风貌的地方，也是一个天然的热带动植物园。热带气候资源是海南岛最大的优势所在，年平均气温在23℃～25℃，全年长夏无冬，海岸线长达1580多千米，其中沙岸占50%～60%，海水温度在18℃～30℃，有"东方夏威夷"的美誉。主要的旅游资源有海岸带景观、热带原始森林、少数民族风光、动植物资源等。发展定位是将其打造成国内外知名度高的热带海岛度假胜地。

三亚是中国唯一的热带滨海城市，境内海岸线长209.1千米，有大小海港19个。主要港口有三亚港、榆林港、南山港、铁路港等。主要海湾有三亚湾、海棠湾、亚龙湾、崖州湾、大东海湾、月亮湾等。有大小岛屿40个，主要岛屿10个。三亚的城市建设注意城市与自然景观环境、生态环境的协调关系，"山、海、河、城"巧妙组合，构成了三亚市区独特的环境特色。三亚市获得了"中国优秀旅游城市""全国生态示范区""国家园林城市""最佳人居环境奖"等国家级荣誉。

（2）湛江概况。湛江位于我国大陆南端、广东省西南部，包括整个雷州半岛。湛江共有30多个岛屿，海岸线绵长曲折，水清浪静，大海与沙滩、岩石、林带构成了美丽的南亚热带海滨风光。湛江主要风景名胜包括湖光岩、霞山海滨游泳场、南三岛旅游度假区、东海岛旅游度假区。东海岛、南三岛均辟有旅游区，幽静旖旎的亚热带海滨风光使其成为国内外游客滨海度假休闲的首选之一。湛江的人文资源与自然资源丰富、品种齐全、特色明显。旅游资源有地质地貌旅游资源、海洋旅游资源、民俗文化旅游资源、人类文化遗址、古建筑旅游资源等。

（3）北海概况。北海市位于广西壮族自治区南端，是我国五个少数民族自治区中唯一的沿海开放海滨城市，全国著名的旅游城市之一，拥有著名的北海银滩和涠洲岛。北海银滩国家旅游度假区是国务院于1992年10月4日批准建立的12个国家级旅游度假区之一，被评为中国35个"王牌景点"中的"最美休憩地"、广西十佳景点之一。银滩"滩长平、沙细白、水温净、浪柔软、无鲨鱼"，具有"天下第一滩"之称。涠洲岛火山地质公园面积为25平方千米，是中国最大最年轻的火山岛，被评为中国最美丽的十大海岛之一。冠头岭国家森林公园森林资源非常丰富，同时还是大批候鸟迁徙停留的栖息地。山口国家红树林生态自然保护区是1990年9月经国务院批准建立的我国首批（5个）国家级海洋类型保护区之一，是我国大陆海岸发育较好、连片较大、结构典型、保存较好的天然红树林分布区。十万大山森林公园是著名电影《英雄虎胆》主要的外景拍摄基地,是集避暑度假、休闲疗养和观光娱乐为一体的山岳型国家级森林公园。其中,冠头岭国家森林公园和山口国家红树林生态自然保护区等景区目前尚未得到充分开发利用,具有较大的旅游开发价值。

（4）钦州概况。钦州市是位于广西南部沿海的地级市,是西南经济协作区最便捷的出海口和广西沿海与广西内地及大西南交通联系的咽喉。滨海旅游资源以七十二泾、麻兰岛、三娘湾为主。七十二泾位于茅尾海南端的龙门一带海域。一百多个大小不一的小岛屿错落密布,将海隔成七十二条水泾,面积约有12平方千米。三娘湾滨海旅游海域水质优良,海产资源非常丰富,是中华白海豚的栖息之地。因此,钦州被誉为"中华白海豚的故乡"。

（5）防城港概况。防城港市经过"十二五"的旅游发展,打造的中越边境跨国游、十万大山生态观光游、京岛民俗风情观光游、江山半岛滨海休闲健身游、现代港口城市观光游、民俗风情猎奇游六条特色旅游线路,不断吸引中外游客前来观光旅游,带动了当地经济的发展。旅游资源与旅游产品的知名度不断提升,在区域内的影响力越来越大,江山半岛省级旅游度假区、京岛民俗风景名胜区（AAAA）、十万大山国家森林公园（AAAA）等一大批景区逐渐成为省内外旅游热点。防城港市政府历年来都很重视旅游的发展,把旅游业作为城市发展的支柱产业之一。

防城港市地处祖国海岸线最南端,集"山、海、边、港、民"于一体,拥有丰富的生态和人文旅游资源。目前,防城港积极招商引资,发展城市建设,坚持政府主导、市场运作,采取所有权、经营权、管理权"三权"分离的景区经营管理模式,积极推进国际滨海旅游胜地建设。全市拥有十万大山国家森林公园、京岛风景名胜区、防城港市西湾旅游区、上思县十万大山百鸟乐园景区、屏风雨林公园、白浪滩景区六个国家级4A级景区,陈公馆景区、意景园旅游景区、百业东兴·红木社区旅游购物景区、北仑河口景区、北仑河源头景区五个国家级3A景区,已打造出了一批像京族哈节、国际龙舟赛、十万大山原始森林旅游节等的旅游文化节庆品牌。

（6）越南概况。越南位于中南半岛东部,陆地面积32.9万平方千米,2016年人口9270.11万人,北、东、东南与中国为邻,西与老挝交界,西南与柬埔寨接壤,南面隔海与马来西亚相望。海岸线长3260千米,有岛屿2000多个,其中面积在10平方千米以上的有20多个,面积较大的岛屿有盖宝岛、吉婆岛、昆仑岛、富国岛等。属热带季风气候区,主要的风景名胜有:在北方,首都河内有还剑湖、西湖、巴亭广场、胡志明陵、文庙、二征夫人庙、三岛单等，海防市有涂山海滨风景区，广宁省有被称为"海上桂林"、列入世界自然遗产名录的下龙湾，老街省有著名的避暑胜地沙巴；在中部，有被列入世界文化遗产名录的古都顺华，列入世界自然遗产名录的风雅洞，以及会安古城、美山占婆文化遗址等；在南方，胡志明市有旧总统府、古芝地道等①。其他地区有芽庄海滩、大叻避暑风景区、滨海旅游胜地头顿等。2016 年越南国内生产总值比上年增长 6.21%，达 4502.7 万亿越南盾（约合 2053 亿美元），人均国内生产总值约为 2215 美元。三次产业的比重是 16.3 : 42.8 : 41.0。

第四节　本章小结

本章是对广西滨海旅游可持续发展的基础性分析，主要内容包括广西滨海旅游业兴起的背景、广西滨海旅游业的发展现状、环北部湾旅游资源概况及开发现状。广西具有沿海沿边的天然地理区位优势，具有成为全球性海路和陆路交通枢纽中心之一的潜力。随着中国—东盟自贸区的建立，广西凭借得天独厚的区位优势和政策优势，以及经济发展的良好势头，担当起面向东盟开放合作的前沿角色与功能，具有前所未有的历史机遇，战略地位凸显。

广西旅游资源种类多、分布广，等级和品位高，特色突出，广泛分布于北海、防城港、钦州，聚集于北部湾。广西滨海地区 A 级以上的景区共有 60 个，其中 4A 级景区有 25 个。广西旅游经济发展总体好于全国，旅游市场、旅游收入和旅游机构数呈稳步增长趋势。广西北部湾城市群旅游资源具有资源丰富、分布不均、以自然风光为主、民族性突出的特点。环北部湾是一个地理经济区域，是泛北部湾跨国旅游合作开展时间最早、线路最成熟、业务最宽泛的地区，随着旅游业的推进，将成为泛北部湾旅游合作的重要品牌。

---

① 吴郭泉，唐善茂，王艳，兰京文.防城港市滨海旅游开发研究 [J]. 经济地理，2004（3）：430-432.

第四章

防城港市滨海旅游的游客感知研究

第一节　防城港旅游概况

一、自然生态条件

防城港市地处广西南部沿海，地跨东经 107°28′～108°36′，北纬 21°36′～22°22′，位于北回归线南部，是西南地区主要的出海通道。1993 年，国务院批准设立防城港市。防城港市辖港口区、防城区、上思县和东兴市（县级），全市总面积 6181 平方千米，总人口 91.24 万人，是我国唯一的沿海沿边港口城市。防城港市拥有防城港、企沙港、茅岭港、江山港、竹山港等大小港口 20 多个，其中，位于祖国大陆海岸线最西端的防城港，是我国西部最大的港口和全国沿海 24 个主要港口之一。全市现有 24 个乡镇，281 个行政村，2010 年全市公路里程 2556 千米，公里密度为 4 公里/百平方千米。

防城港市由于靠近大海和十万大山山脉，属于亚热带海洋气候，年平均气温 22.2 摄氏度，雨量充沛，日照充足。冬季偏北风，气候相对干燥，雨水少，夏季偏南风，气候湿润雨水较多，年度降水量为：市南部 2168.7～2340.7 毫米，市北部 1350～1450 毫米。全年日照时间 1521 个小时。主要特产有肉桂、红姑娘红薯、金花茶、八角、沙虫干、珍珠、天琴等。环境质量综合指数达到良好水平，为二级以上标准。噪声质量指数 2007 年为 52.6 分贝，2016 年为 54.6 分贝，总体变化不大。水体质量指数达到 100%，大气质量指数达到国家二级标准。污水处理达到 90.1%。绿化覆盖率由 2007 年的 22.7% 增加到 2016 年的 30.4%。

防城港市地处中国大陆海岸线西南端，是全国唯一的沿海沿边港口城市。1968年3月22日，一项不让任何媒体透露的工程开工了，这就是著名的"广西3·22工程"，工程的内容是建设一个2000吨级的浮码头和一个500吨级的浮码头，一个船厂和一个油库，同时建设简易公路，这条公路是抗美援越秘密建设的港口及运输通道，以邻邦的抗战领袖命名，被称为"海上胡志明小道"。所以，防城港市具有重要的国防意义和显赫的战略地位。

二、社会文化环境

（一）历史沿革

防城港历史久远，前秦属于百越之地，汉由合浦郡管辖，隋朝为钦州和安海县，唐朝和明朝又划为钦州，清朝1887年设防城县，归属广东省。1951年划入广西，1952年撤市归属防城县，1955年又划归广东地域。1965年防城各族自治县复归广西，1978年改名为防城各族自治县，县政府移至防城镇。

1993年5月23日，经国务院批准，撤销防城各族自治县，设置防城港市，现市辖港口区、防城区、上思县和东兴市（县级市），总面积6181平方千米，其中市区面积338平方千米。全市海岸线长584千米，边境线长达200多千米。1996年，批准设立东兴市，由防城港市管辖。

（二）人口构成与民族

防城港是少数民族聚居的区域，包括汉族在内有壮、瑶、京、侗、苗、仫佬、毛南、回、水、仡佬等24个民族，少数民族人口占全市总人口的48%，其中京族、瑶族、壮族是广西的世居民族。防城港唯一的民族乡是位于南屏的瑶族乡。壮族是防城港市人口最多的少数民族，主要分布在防城区、上思县的大部分乡镇。2016年末，防城港市户籍人口97.2万人，其中男性52.61万人，占54.1%，女性44.59万人，占45.9%。年末常住人口92.9万人，其中城镇常住人口52.36万人（如表4-1所示）。随着"兴边富民"边境大会战、"整村推进"扶贫建设和沿海基础设施大会战的不断实施，各少数民族经济有了很大改善，民族群众生活条件有所提高，各民族关系平等和谐。

表 4-1　2011~2016 年防城港市人口发展情况

指　标	2011 年	2012 年	2013 年	2014 年	2015 年	2016 年
年末总人口 （户籍人口）（万人）	91.39	91.56	93.03	94.24	95.61	97.2
城镇人口（万人）	48.08	46.05	47.66	49.09	50.63	52.36

资料来源：据《2017 年防城港市统计年鉴》整理。

（三）民族风情旅游资源

防城港市的前身是防城各族自治县，是少数民族聚居的区域，壮族、京族和瑶族是防城港的世居民族，京族是防城港独有的少数民族。壮族作为广西的主体民族，主要分布在上思县，"三月三"是壮族最隆重的节日。南屏乡是仅有的民族乡，瑶族的节庆有盘王节、阿波节等。阿波节是大板瑶最隆重的节庆之一，"阿波"有约会、聚会和聚集的意思，也可以说是"情人节"。大板瑶是我国人数最少的一个瑶族分支，是一个跨国而居的民族，洋溢着浓郁的民俗和边关风情。花头瑶分布于上思县十万大山的崇山峻岭之间，保留着古老、淳朴的民族风情，独特的生活习俗及其服饰文化，给人一种神秘莫测的感觉。东兴市江平镇的京族三岛是我国京族唯一聚居的区域，京族是海洋民族，海洋渔业是京族的主要生计来源，民族风情异彩纷呈。哈节是京族最传统的民族节日。

三、基础设施条件

（一）港口

防城港是我国沿海 24 个主要港口之一，是我国西部最大的港口。防城港市的港口除了防城港这个海岸线最西端的港口外，还有企沙港、茅岭港、江山港、竹山港等 20 多个大小港口，中小港口承担着支持服务于防城港经济建设的任务。其中，企沙不仅是商贸港，而且是广西第二大渔港。2016 年全市完成货物吞吐量 10688 万吨，比上年下降 7.1%；集装箱吞吐量完成 26.63 万标准箱，比上年下降 27.8%。2016 年全市港口基础设施累计完成投资 24.67 亿元，20 万吨级进港航道工程航道开挖完成；第二铁路调车场路基、桥涵、排水沟完工，站场轨道铺设完成 90%。

（二）交通

防城港市通过近年来的交通项目建设，已建成星罗棋布、方便快捷的交通网络，距离自治区首府南宁市 143 千米，乘坐高铁到达南宁只需 1 个多小时。全市行政村通沥青（水泥）192 个，占行政村总数的 69%；现有铁路方面，通过南防铁路联通黎钦铁路、湘桂铁路、南昆铁路等，与全国铁路网相联，通往全国各地。同时，铁路已开通了东兴至越南乃至东盟国家的国际旅游线路，处于环北部湾滨海跨国休闲旅游线路"北海—防城港—东兴—芒街—下龙"上。

全年完成公路客运量 860 万人，客运周转量 10.37 亿人次，货运量 3713 万吨，货运周转量 58.06 亿吨千米。全市拥有海运船舶 201 艘，513 万载重吨，完成水路货运量 1374 万吨。防城港毗邻北部湾，海陆距越南海防市 150 海里、距胡志明市 800 海里，是西南、华南走向东南亚的出海出国大通道。

港湾水深浪静，三面环山，犹如内陆湖泊，航道短且不淤积，水域、陆域宽阔，可利用岸线长，建设深水泊位 200 多个。港口交通便利，陆路交通有高速公路和铁路与全国干线联网，海陆与 80 多个国家和地区的 220 多个港口通航。防城港—东兴—海防—河内线由防城港南站引出，从东兴出境后，经越南芒街、海防接入河内站，全长 337 千米，其中中国境内 52 千米，越南境内 285 千米。本线路是我国广西北部湾经济区、广东省、海南省通往越南著名的下龙湾旅游区和越南首都河内最为便捷的铁路通道，是中国广西与越南及东盟间发展边境观光旅游的重要通道。

（三）经济发展概况

2016 年，防城港市保持强劲的发展势头，全年实现生产总值 676.12 亿元，增长 8.9%。按常住人口计算，人均生产总值 73197 元。2016 年财政收入为 75.61 亿元，比 2015 年增长 7.0%。2016 年，财政收入占国民生产总值的比重有所下降，为 11.18%。表 4-2 列出了 2004~2016 年的全社会固定资产投资情况，可以看出，截至 2016 年，全社会固定资产总投资达到 600.14 亿元，比 2015 年增长 9.2%。2016 年社会商品零售总额为 111.89 亿元，比 2015 年增长 10.7%。

居民收入消费方面，截至 2016 年底，城镇居民人均可支配收入和农民人均纯收入分别为 29758 元和 12113 元，与 2015 年相比，**分别**增长 4.7% 和 16.1%。

表 4-2　2004~2016 年广西防城港市主要经济指标情况

年份	国内生产总值（亿元）	财政收入（亿元）	财政收入占GDP（%）	全社会固定资产总投资（亿元）	社会商品零售总额（亿元）	城镇居民人均可支配收入（元）	农村居民人均可支配收入（元）
2004	83.32	6.78	8.14	30.40	20.27	6324	2517
2005	94.77	8.04	8.48	42.96	22.75	7254	2704
2006	119.61	10.59	8.85	68.96	26.05	9113	3172
2007	159.07	15.76	9.91	103.53	30.84	12159	3791
2008	212.18	21.92	10.33	146.05	38.15	14364	4474
2009	243.78	27.39	11.24	254.10	45.33	16067	4930
2010	319.54	35.12	10.99	376.84	51.84	17831	5628
2011	419.84	44.35	10.56	490.75	61.16	19722	6502
2012	457.53	52.38	11.45	550.39	71.30	22203	7539
2013	525.15	59.26	11.28	475.45	81.43	24423	8557
2014	588.94	65.33	11.09	499.91	91.67	26523	9524
2015	620.72	70.64	11.38	549.74	101.03	28433	10429
2016	676.12	75.61	11.18	600.14	111.89	29758	12113

资料来源：据《2017 年防城港市统计年鉴》整理。

如表 4-3 所示，截至 2016 年底，防城港市就业人口为 97.2 万人，从业人口为 68.14 万人。人均生产总值由 2004 年的 10501 元增加到 2016 年的 73197 元。

从产业看，第一产业、第二产业生产总值分别为 80.88 亿元、386.26 亿元，分别增加 6.8%、9.4%，同比依次上涨 0.4 个百分点、回落 1 个百分点。第三产业生产总值为 208.98 亿元，增长 6.8%，同比回落 1.2 个百分点。三次产业结构为 12.0∶53.2∶33.3。第一产业比重继续下降，同比下降 0.1 个百分点；第二产业比重保持上升态势，同比上升 0.2 个百分点；第三产业比重同比回落 0.1 个百分点。

从对经济增长的贡献率来看，第一产业对 GDP 的贡献率为 5.3%，同比提高 1.2 个百分点；第二产业对 GDP 的贡献率为 72.2%，同比下降 0.9 个百分点；第三产业对 GDP 的贡献率为 22.4%，同比下降 0.6 个百分点。三次产业分别拉动经济增长 0.5 个百分点、6.6 个百分点和 2.0 个百分点，其中工业对经济增长的贡献率达 66.4%，同比下降 3.8 个百分点，拉动经济增长 6.0 个百分点。

表 4-3　2004~2016 年广西防城港市主要指标一览表

年份	年末总人口（万人）	从业人数（万人）	GDP（亿元）	生产总值（万元）			人均生产总值（元）
				第一产业	第二产业	第三产业	
2004	79.84	43.68	83.32	216696	273775	342755	10501
2005	79.82	44.84	93.24	226172	360219	361314	11872
2006	82.21	46.44	119.61	258423	510711	426991	14764
2007	83.32	47.94	159.07	298800	762800	529200	19300
2008	84.76	50.65	212.18	360900	1058300	702600	25375
2009	86.92	50.65	243.78	398000	1249300	790500	28047
2010	91.24	55.33	319.54	478400	1648700	1068300	35022
2011	91.39	57.40	419.84	577000	2242700	1378600	45939
2012	91.56	59.43	457.53	616500	2432800	1526000	49971
2013	93.03	61.53	525.15	684500	2960800	1606100	58810
2014	94.24	63.66	588.94	708400	3403600	1777400	65184
2015	95.61	66.26	620.72	757500	3530000	1919800	67972
2016	97.2	68.14	676.12	808800	3862600	2089800	73197

资料来源：据《2017 年防城港市统计年鉴》整理。

四、旅游业发展水平

（一）防城港市旅游资源概况

防城港市是一座新兴的海滨旅游城市，依港而建，因港口而得名。1968 年设立港口，1993 年建市，位于中国大陆海岸线的西南端，是西南地区出海通道的主要出海口，是一座非常有发展潜力的海滨港口城市。"防城港市美景多，上山下海又出国"，这一特色旅游品牌唱响全国。它是我国西部唯一沿海沿边的地级对外开放口岸城市，是西南、华南乃至全国通往东南亚国家的出海出边大通道，也是与东南亚国家自由贸易往来的前沿阵地，被誉为"中国西南门户，华夏边陲明珠"。防城港加快推进中国首部大型海上实景演出"梦幻北部湾"，制定了"发展大旅游，建设国际滨海旅游胜地和打造中国海洋文化名城"的目标。

　　"防城港是个好地方"。防城港具有"天赋异禀"的地理风貌。全市海岸线绵延 584 千米，集海湾、海滩、江湖、岛屿、丘陵、湿地、田园等自然资源于一身，拥有三岛（江山、企沙、渔万半岛）、三湾（东湾、西湾、珍珠湾），以及中国面积最大、最连片的城市红树林。这不是一般意义的海滨，而是价值无量的稀有海湾。防城港不仅拥有"边、海、山"的组合丰富的旅游资源，而且保留有京族、壮族、瑶族等多样的民俗文化资源。防城港市按照打造"国际滨海旅游胜地"和"中国海洋文化名城"的总体要求，明确了十大旅游区发展思路，出台扶持旅游业发展的优惠政策，全面启动旅游文化基础设施和景区景点建设大会战，这无疑给旅游业快速发展注入了新的动力。目前，由于地方政府对旅游业的支持，防城港市加大对旅游的投入，已建成江山半岛、京族三岛、十万大山国家森林公园等 4A 级旅游区，并通过海上交通与越南下龙湾相通，形成了以上山、下海、出国为区域特色的旅游区。

　　防城港市旅游资源的组合度和丰富度都比较高。第一，秀丽的山水资源。位于上思县的十万大山国家森林公园保存着亚热带原始森林，公园内欧式风格的云雾山庄、婆娑的枫叶丛林、青青的草地、流水潺潺的石头河与青山交汇，飞流叠瀑，鸟语花香，四时皆景；具有"漂流之乡"美誉的防城港沿边公路山区一线，野人谷、北仑河源头等漂流景区是游客的乐园；2014 年 1 月，在北京召开的第三届中国旅游产业发展年会上，广西防城港市江山半岛旅游度假区被评为"中国十佳海洋旅游目的地"，成为防城港建市以来首个获得全国十佳的旅游景区。第二，丰富的滨海资源。作为世界上最大水体的海洋以及其附近的滨海地区，尤其是气候温暖的中低纬度地区，防城港市在滨海方面的资源优势得天独厚，拥有结构多样、层次丰富的滨海资源。有白浪滩、金滩、白龙珍珠港、怪石滩、白龙、企沙半岛的沙耙墩和连片的红树林等旅游景区。红树林是我国南方沿海独有的以红树科植物为主组成的海洋木本植物群落，因树皮中富含单宁成分，刮破树皮后，单宁和空气中的氧发生化学反应呈现红色而得名。北仑河口国家级自然保护区里的红树林是我国最大的海湾红树林，面积约 19800 亩，绵延数十里。从远处看，浅海滩涂湿地上，郁郁葱葱的红树林像一幅巨大的绿毯扑在海面上，苍翠的颜色和碧波相衬映，使大海显得格外深蓝。第三，奇异的边关民俗风情。大清国一号界碑（越南与中国的陆路分界点）位于我国海岸线西南端美丽的竹山景区境内；东兴市与越南芒街市由北仑河相隔，距越南下龙湾仅 180 千米；越南位于中南半岛东部，有神秘的异国情调和多彩的自然风光与民风民俗文化，防城港特有的两条陆海边境旅游出国大通道是得天独厚的交通条件，其丰富多彩的旅游资源，构成防城港市"上山、下海、出国"的特色旅游格局。

防城港市拥有两条广西最具特色的边境旅游精品线路。一条是经中国防城港市的东兴口岸前往越南芒街市的陆地旅游线路，另一条是经中国防城港口岸乘高速客轮至越南下龙湾的海上旅游线路。这两条旅游线路是中越跨国旅游最具特色、最有活力的重要旅游线路，以及中越两国经济的发展，以及两国的旅游和文化交流都具有重要的促进作用。

防城港市有较强的边境旅游组接能力。近年来，防城港市旅游产业不断发展壮大，全市拥有旅行社27家，均可经营入境旅游业务。2013年国家旅游局新增许可防城港市经营边境旅游业务的旅行社有12家。目前，全市具有经营边境旅游业务资质的旅行社已达17家，其中有广西国际旅行社、南宁海外国际旅行社等区内组团能力最强的旅行社，还有防城港口岸国旅、虹桥国旅等具有丰富经验、长期经营边境游业务的旅行社，有经考核具备带团出境旅游资格的领队人员200多人和导游队伍100多人，旅行社组团、地接能力等方面不断增强。

防城港也是濒临北部湾的深水良港，中国西部地区的第一大港，连接中国—东盟、服务西部的物流大平台。其与东盟各国通过海上进行沟通，沿边与越南进行广泛的贸易合作。这种独特的区位优势，决定了防城港具有比较浓郁的边关风情。

（二）主要景区景点分布情况

全市共有国家A级旅游景区11家，其中4A级旅游景区6家，3A级4家，2A级1家；乡村旅游点共15家，其中乡村旅游区1家，星级农家乐20家（五星级1家，四星级5家）。如表4-4所示。

表4-4　广西防城港国家A级旅游景区、乡村旅游点及其他景区一览表

名　称	地　址	级　别
上思十万大山国家森林公园景区	上思县国有红旗林场	国家AAAA级旅游景区
防城港东兴市京岛风景名胜区	东兴市江平镇京岛	国家AAAA级旅游景区
东兴市屏峰雨林景区	东兴市马路镇平丰村	国家AAAA级旅游景区
防城港市江山半岛白浪滩旅游景区	防城区江山乡	国家AAAA级旅游景区
防城港市西湾旅游景区	西湾	国家AAAA级旅游景区
上思县百鸟乐园	上思县十万大山国家森林公园旁	国家AAAA级旅游景区

续表

名　称	地　址	级　别
东兴陈公馆景区	东兴市东兴镇永金街旧管委大院	国家 AAA 级旅游景区
防城港市北仑河源头景区	防城区那良镇滩散村	国家 AAA 级旅游景区
北仑河口景区	东兴市竹山	国家 AAA 级旅游景区
东兴市意景园旅游景区	东兴市罗浮转盘边防大队前进 1500 米	国家 AAA 级旅游景区
防城港火山岛景区	港口区光坡镇红沙村六墩岛	国家 AA 级旅游景区
竹山村	东兴市东兴镇	乡村旅游区（四星级）
桂人堂金花茶加工园	防城区河西工业园	广西工业旅游示范点
瑶寨九龙潭漂流景区	防城区那良镇里火村	
野人谷景区	防城区那良镇那楼村	
中越界河（北仑河）漂流景区	防城区那良镇	
峒中温泉	防城区峒中镇峒中温泉	
江山半岛渔家风情园	防城区江山乡	全国农业旅游示范点
皇袍山景区	上思县昌菱林工商公司 4 队	
广西北部湾金花茶珍稀植物示范基地	江山半岛旅游度假区板龙路 1 号	
仙人山公园	港口区兴港大道	
防城港码头	港口区友谊大道	
万鹤山湿地公园	东兴市巫头村	
东兴口岸景区	东兴口岸	
金花茶观赏园	上思县昌菱林工商公司 4 队	全国休闲农业与乡村旅游示范点、广西农业旅游示范点
百香湖景区	上思县那琴乡龙楼村（县城东郊）	广西农业旅游示范点、四星级农家乐
北仑河口景区古榕部落	东兴市竹山村	广西农业旅游示范点
河洲生态旅游村	东兴市东兴镇河洲村	广西农业旅游示范点
东兴七彩贝丘湾农家乐	东兴市江平镇交东村中心区	广西农业旅游示范点、五星级农家乐
平丰生态旅游农家乐	东兴市马路镇平丰村	广西农业旅游示范点
冲敏村生态园	防城区华石镇冲敏村	广西农业旅游示范点、四星级农家乐
东兴古榕度假村	东兴市东兴镇竹山村古榕部落内	四星级农家乐
金湾酒楼	东兴市京岛风景名胜区澫尾村	四星级农家乐
紫荆缘休闲度假村	东兴市京岛风景名胜区澫尾村	四星级农家乐

名　　称	地　　址	级　别
桃花溪山庄	防城区那良镇高林村沿边公路旁	三星级农家乐
古榕渔家乐	东兴市东兴镇竹山村十八组	三星级农家乐
和谐大院	东兴市东兴镇河洲生态旅游村内	三星级农家乐
红石谷农家乐	东兴市马路镇平丰村	三星级农家乐
南山绿园农家乐	东兴市马路镇平丰村	三星级农家乐
扶隆水源山庄	防城区扶隆乡	三星级农家乐
孙氏渔家村餐馆	东兴市东兴镇竹山村十八组	三星级农家乐
天隆泰生态产业园	东兴市	三星级农家乐
古村渔府	港口区企沙镇簕山古渔村	二星级农家乐
揽月居海鲜大排档	港口区企沙镇簕山古渔村	二星级农家乐
品海阁酒楼	港口区企沙镇簕山古渔村	二星级农家乐
红沙蚝排	港口区光坡镇红沙村	二星级农家乐
红沙渔猎部落	港口区光坡镇红沙村	二星级农家乐
醉月堂海鲜大排档	港口区企沙镇簕山古渔村	二星级农家乐

资料来源：笔者整理。

（三）民族风情旅游资源

防城港市民族风情旅游丰富，其中尤以京族风情较为突出。广西京族主要分布在东兴市周边的京族三岛上，以万尾、巫头、山心为主要居住地。京族发源于古代的百越，从越南的北部迁徙而来，在北部湾形成并逐步发展起来，这使得京族文化在时间和空间上不断变化并趋于丰富化，具有明显的海洋性的特点。在长期的生产和生活实践中，京族人民创造了灿烂的民族文化，如"哈节"中的民俗和宗教文化、喃字文化、独弦琴文化等。而"哈节"、独弦琴和竹竿舞也被称作京族文化的"三颗明珠"。

1. 京族的哈节文化

"哈节"是我国京族重要的祭神节日，主要在广西东兴市江平镇的万尾、巫头、山心三村举行，节日以祭祀镇海大王、祈求神灵保佑为主旨。京族哈节又称"唱哈"节，是京族人民最隆重的民族节日，仅次于春节，在京语中即唱歌的意思，"唱哈"变成了京族人民的节日，体现了京族传统文化。相传京族三岛中京族祖先上岛的时间不一样，所以举行"唱哈"节的日期各乡并不相同，举行时间长短也不一样。万尾、巫头两乡是在农历六月初十；山心是在农历的八月初十，历时七天。"唱哈"的场所是在哈亭。

为了更好地保护京族传统文化，2006 年经国务院批准，京族"哈节"被列入第一批国家级非物质文化遗产名录，同年，《广西壮族自治区民族民间传统文化保护条例》正式颁布实行。广西壮族自治区副主席高雄向东兴市授予"国家级非物质文化遗产"牌匾。作为与越南文化一脉相承的中国京族传统"哈节"得到越南民众的鼎力支持。"哈节"每年分别在越南和中国防城港市举行，中越都会互派代表参加这一年一度的盛会。由于政府的主导，哈节在命名和功能上发生了变化，2008 年起哈节被冠以"防城港市京族哈节"的名称，在功能上也由本属京族民间祭祀神灵的节庆活动发展成为政府主导，成为防城港市文化和旅游互动发展的一种创新形式。

2. 京族独弦琴文化

独弦琴起源于骠国（今缅甸境内），流行于东南亚各国，京族的独弦琴已经有四百多年的历史。独弦琴的结构简单，由琴身、琴弦、摇杆等组成。独弦但不独声，在一根弦上可以同时奏出较明显的两个声部。弹奏独弦琴时右手技巧有弹、挑，左手则灵活多变，技巧有推、拉、打、撞、摇等，可以演奏出多种装饰音效果。以前独弦琴是为诗人吟诗伴奏的，现在多为独奏、重奏或为歌舞伴奏。在京族三岛京族群众过节、喜庆丰收或起舞唱歌时喜欢用独弦琴来伴奏。在京族歌舞表演中少不了演奏独弦琴，独弦琴是京族最珍贵、最古老的乐器，是他们的祖先在迁徙时从故乡把独弦琴带来的，所以独弦琴又带有一种异域风情的神秘色彩。

2011 年 6 月，独弦琴艺术被列入国家第三批非物质文化遗产保护名录。苏春发是万尾岛上最好的独弦琴演奏者，也是独弦琴文化的活态传承人，为独弦琴的保护和传承做出了重要的贡献，经常参加国内外各种演出。2008 年苏春发被广西壮族自治区文化厅授予"自治区级非物质文化遗产项目（独弦琴艺术）传承人"的称号。

3. 京族的喃字文化

喃字，京族人又叫"字喃"，是"南国文字"的意思，是一种仿效汉字结构的越语化的方块象形文字。越南与中国毗邻，在与中国长期的经济文化的交流中深受中国文化的熏陶。在 1009~1225 年（越南的李朝）以后，越南人民借用了汉字的构字方法，形成用汉字表音又表意的土俗字，所以人们也称之为"类汉字"。唐朝时喃字迅速传播，被京族人大量使用。在相当长的一个时期里，越南人都在使用喃字，喃字结构复杂，有些喃字与汉字形状相同，读法及意义却不同，哈歌也是用喃语歌唱。它有一字多音、一音多字的特点，使用起来十分不便。我国京族人民是从越南涂山迁移过来的，迁移的时候从越南带来大量的文献书籍，民间的歌本、经书等都是使用字喃记载的，京族长篇叙事歌《宋珍歌》就是用喃字记录的。喃字是了解京族文化的重要工具。

4. 歌舞文化

京族是一个能歌善舞的民族，民间有句话流传说，"京族人天天都在歌里过"，可见京族人民对唱歌的喜爱程度。京族人民在社会生产生活中创作了许多优秀的曲目，配以京族姑娘优美的舞姿堪称一场视听盛宴。京族歌曲曲调有三十多种，内容广泛，按内容分为情歌、海歌、结婚歌、渔歌、风俗歌、山歌、劳动生产歌等。京族的歌舞文化在一年一度的京族"哈节"上体现得淋漓尽致，全村男女老少穿着节日盛装，聚集哈亭内外，举行迎神、祭祖和"唱哈"等活动，热闹非凡。到了京族人又称为"坐蒙"的环节，人们坐下来进行宴席，听"哈妹"唱歌。主唱的"哈妹"站在席间，手持竹片，一边唱一边敲，旁边还有一位"哈妹"和一位"哈哥"伴奏，如此台上一唱一和一伴奏，场面热闹极了。哈节的祭祀舞蹈有"进香舞""跳天灯"和"花棍舞"，京族的舞蹈体现她们对祖先的信仰和崇拜。

5. 京族的海洋文化

京族作为我国五十六个民族中唯一以海为生的民族，其居住区域及族源使民族文化独具特色。俗话说靠山吃山，靠海吃海，京族人民长期居住在海边，世世代代以海为生，可以说京族人的历史是用海书写的，京族人民在海洋的孕育下形成了独特的海洋文化。京族人民与海洋的关系密切，在京族"哈节"上京族人民盛装打扮，敲锣打鼓、成群结队地到海边迎请海神进入哈亭，"哈歌"中能听到很多对海神的歌颂，在京族舞蹈中也可以看到一些模仿捕鱼、拉网的动作，民间传说神话故事中都有一种浓浓的海洋情节。

（四）防城港市旅游产业发展水平

表4-5统计数据显示，2011~2016年防城港旅游经济呈现逐年上升发展态势，不论是国内旅游收入还是旅游外汇收入都逐年递增，旅游总人数和国内接待人数也逐年递增。2016年，防城港市接待旅游总人数为1585.65万人次，比2015年同比增长16.4%。其中海外游客16.86万人次，国内接待人数1568.79万人。2016年的旅游总收入526216亿元，旅游收入增长率由2011年的39.2%

降为 2016 年的 28.4%，其中，2011 年的增长率最高，达 39.2%。2016 年国内旅游收入 125.37 亿元，外汇收入 5809 万美元，外汇收入增长率由 2011 年的 54.6%降为 2016 年的 9.9%，其中，2011 年的增长率最高，达 54.6%。

表 4-5　2011~2016 年防城港市旅游接待情况

指　标	2011 年	2012 年	2013 年	2014 年	2015 年	2016 年
旅游总收入（亿元）	40.43	52.62	64.51	79.77	404307	526216
旅游收入增长率（%）	39.2	30.0	22.6	23.7	26.2	28.4
旅游外汇收入（万美元）	2621.6	3576.73	4383	4906	5285	5809
旅游外汇收入增长率（%）	54.6	36.4	22.5	12.0	7.7	9.9
国内旅游收入（亿元）	38.7	50.3	61.79	76.73	92.4	125.37
旅游总人数（万人次）	685.89	819.27	979.78	1183.78	1361.86	1585.65
国内接待人数（万人）	675.59	806.53	965.11	1168.4	1345.77	1568.79
国外游客人数（万人次）	10.3	12.74	14.67	21.1	16.1	16.86

资料来源：据《2017 年防城港市统计年鉴》整理。

居民收入消费方面，截至 2016 年底，城镇居民人均可支配收入和人均消费支出分别为 29758 元和 19005 元。农村居民人均纯收入和人均生活消费支出分别为 12113 元和 7561 元，与 2015 年相比分别增长 10.2%和 9.8%。国有单位在岗职工平均工资、城镇集体单位在岗职工平均工资和其他单位在岗职工平均工资逐年递增，截至 2010 年底，分别达到 22329 元、20794 元和 19800 元。

旅游产业规模和旅游就业人数方面，旅行社数量由 2011 年的 21 家增长到 2016 年的 27 家，增长 28.6%。饭店数量由 2011 年的 22 家增长至 2016 年的 31 家，数量增长 40.9%。防城港市达到国家 3A 级以上景区（点）的数目也呈递增趋势，截至 2016 年底，3A 级以上的景区发展为 11 个（如表 4-6 所示）。

表 4-6　2011~2016 年防城港市旅游机构和旅游从业人员情况

指　标	2011 年	2012 年	2013 年	2014 年	2015 年	2016 年
旅行社总数（家）	21	27	27	28	27	27
饭店总数（家）	22	24	26	28	31	31
达到国家 3A 级以上景区（点）的数目（个）	7	8	7	9	10	11

资料来源：据《2017 年防城港市统计年鉴》整理。

自 2005 年国家停止防城港市边境旅游业务以来，全市上下坚持开展恢复边境旅游业务的工作。边境跨国旅游已成为广西旅游的精品线路，防城港市成为中越边境旅游最大的游客集散中心。除 2003 年因受"非典""禽流感"影响造成各项指标下降、2005 年因受边境游暂停影响旅游总收入略有下降外，其余年份均呈现增长态势，旅游所带来的经济效益日趋明显，在防城港国民经济中占有越来越重要的地位，对防城港市经济社会发展起到了重要的推动作用。中越边境旅游成为防城港市 2016 年最火爆的旅游项目，2016 年该城市共受理边境旅游 17.51 万人次，边境游收入 1751 万元，同比增长 16.85%；2016 年陆路异地办证边境游 17.5 万人次，同比增长 16.8%；陆路护照办证 78.9 万人次，同比增长 126%。2016 年，防城港市跨境自驾游工作正式常态化开通，并在全国首创开通出境游网上预约办证服务平台。

第二节　调研点基本情况

一、案例地基本情况

（一）京岛度假区金滩景区概况

京岛民俗风情区毗邻金滩，位于东兴市江平镇，社区居民居住在这里。京岛是指京族唯一聚居地的三个小岛，包括巫头、山心、万尾，统称为京族三岛，总面积 20.8 平方千米，万尾村面积最大，将近 14 平方千米，山心村最小，不到 3 平方千米。三个岛原来是分开的，现岛间海滩、海峡早被填平，与内陆连成一片。京族是邻国越南的主体民族，防城港的京族是在五百多年前由越南涂山迁移至京族三岛的，岛上居民过着半渔半农的生活，京族文化气息浓厚，其中最具代表性的是京族的"哈节"。"哈"即京语"唱歌"之意，哈节是京族风俗习惯生活的集体性的表征，也是京族人民最隆重的传统节日，以祭祀神灵、团聚娱乐为主要目的，2006 年被列入国家级非物质文化遗产名录。京族三岛中最大的万尾岛东临珍珠港，南濒北部湾，西与越南隔海相望，位于南疆的海防线上。

岛上林木茂盛，属于亚热带气候，阳光充足，雨量充沛，年平均气温在 22℃左右，一年四季气温变化不大，冬暖夏凉，空气清新。已建成的京岛旅游度假区面积 13.7 平方千米，京岛上树木成林，郁郁葱葱，海边林带有 26700 平方千米，有白鹤栖息于此，京族风情异彩纷呈，滨海旅游资源丰富，旅游服务设施齐全多样，是国家 4A 级旅游度假区。京族三岛的万尾村，有著名的金滩景区，与越南万柱海滩隔海相望，面积约有 25 平方千米。金滩绵延 15 千米，宽阔坦荡，坡度平缓，沙粒细软，在阳光照射下呈现金灿灿的颜色，有"金滩"之美誉。沙滩地面平缓，坡度在 0.5°~1°，沙滩整体呈灰色，沙粒为黄色，以石英为主，其次为钛铁矿，另外还含有一些贝壳碎屑和腐殖质。沙质细而柔软，粒径在 0.005~0.05 毫米之间，纯度高，洁净。金滩的特点是"沙细、浪平、坡缓、水暖"，无污染，水质优良，具备天然的海滨浴场的潜质，可以同时容纳五万人进行海上活动。附近海产丰富，常可见一队队拉网捕鱼的渔民和刚捕获的生猛海鲜。

旅游区域：位于东兴市江平镇，距东兴市区 23 千米，从东兴一级公路—江平转江平—京岛二级公路可达，周边有万鹤山湿地公园、江平古镇、北仑河口国家级自然保护区等景点。景观保存较好，沙滩已全面开发，建成了万尾金滩海滨浴场，延绵 15 千米的沙滩平整洁净。京族文化与民族风情也已得到一定程度的开发。

（二）江山半岛白浪滩景区概况

江山半岛白浪滩位于防城区江山乡，面积为 208 平方千米，海岸线长为 32 千米，是广西最大的半岛，因其形状似龙，当地又称白龙半岛。整个半岛属于丘陵地带，植被茂密，生态环境非常优美，现有人口 1.7 万人。江山半岛海岸线绵长，沿岸有很多的景点，白浪滩就是其中的主景点之一。白浪滩的白沙湾的沙粒白中带黄，颗粒粗细均匀，十分洁净，海水清澈透底；怪石滩崖高岩矗，乱石穿空，由岩石构成的各种怪状栩栩如生；月亮湾沙软海蓝，形如弯月。岛上还有中国唯一的连接两个海湾、历尽千年沧桑的唐代潭蓬古运河，中国华南沿海第一次发现的古代恐龙化石，神秘的远古贝丘遗址，傲视北部湾的白龙古炮台以及始于西汉至今仍盛产南珠的白龙珍珠港。

江山半岛度假区总面积为 63 平方千米，海岸线总长为 32 千米，沙质细软，海不扬波，林带葱郁，鹤舞白沙，是滨海旅游度假的理想场所。

江山半岛度假区位于防城区江山乡，与防城港码头隔海相望，距防城港市中心 10 千米，距钦防高速公路 10 千米，与防东一级公路相通；全岛有环岛道路联通，交通便捷；周边有京岛、北仑河口国家级自然保护区等景点。保护较好，由防城港市江山半岛旅游度假区管理委员会负责管理；景区基础配套设施基本完善，旅游发展初具规模。

2012年，白浪滩景区被评为国家4A级旅游景区，还被列为广西建设5A级景区的重点培育景区。同年，江山半岛旅游度假区被中国生态旅游发展协会授予"中国最美休闲度假旅游胜地"美誉。

经自治区旅游局批准，广西第一个绿道旅游示范点落户防城港市江山半岛旅游度假区。根据初步规划，江山半岛绿道争取于2015年前建成全岛绿道系统，并依托绿道开展低碳旅游示范区建设。

白浪滩景区位于防城区江山乡，白浪滩位于防城区江山半岛东北部，当地村民把白浪滩称为"大平坡"，因其沙滩宽广平坦、坡度很小得名。在蓝天白云之下，涛涛的白浪连绵不断地从海面翻滚而来，层层叠叠，蔚为壮观，因此又名白浪滩。白浪滩滩体呈三角形状，最宽处近3千米，最长5.5千米，称得上是我国最大的海滩之一。白浪滩的沙滩因含钛矿而白中泛黑，是世界上罕见的"黑金沙滩"之一，在白浪滩中有一种"钛沙浴"可以美容养颜。白浪滩不仅是一个可以同时容纳10万~20万人的海滨浴场，而且是一个运动天堂，白浪滩的沙质细腻柔软，沙滩平坦宽阔，潮差带最高相差约几百米，是开展沙滩运动和海滨体育运动的理想场所。当海水退潮时，平坦的沙滩一望无垠，景观别致，可同时供数十万人活动，开展沙滩排球、沙滩足球、沙滩汽车赛、跳伞、摩托艇、沙滩车、滑水等海滨体育项目。白浪滩潮汐滩涂物产丰富，盛产贝类、螃蟹、沙虫等各种海产品，景区内有各种高中低档酒店和美食广场，所以游客来这里可以享受美食天堂的海鲜美味。目前的规划是将其打造成环北部湾最大的滨海体育休闲中心，弥补防城港滨海娱乐设施不足的缺憾。目标是以运动休闲、边关风情、生态体验为特色，以休闲度假、滨海体育运动为主题，打造面向东盟的具有国际水准的滨海旅游区。

接待中心、道路、酒店、餐厅等旅游接待设施和水电路等基础设施已经基本建设好，原来稍微杂乱的简易大排档已经拆除，进入景区大门有约1千米双向8车道柏油路，气派非凡。资源保护较好，有专人清洁沙滩。

二、研究数据的来源及问卷调查过程

（一）预测试

在前期的研究准备阶段，笔者对国内外游客感知的相关文献进行了收集和回顾，对旅游感知的内容以及方面有了基本的认识。为了保证所做问卷的有效性，在问卷设计完成之后，针对问卷的结构、语言表达、题目设置等方面进行了若干次小范围的访谈。作者请防城港市的旅游管理人员、当地居民、国内游客和旅游领域的专家对问卷的问题进行评阅，提出建议，并与景区的管理人员进行访谈，向他们征询对本问卷的意见和建议，从学术角度、现实角度改进问卷。

调研结果表明，问卷中各个计量项目表达清楚，措辞较为准确。但是由于问卷设置部分参考的是外国学者的文献，因此本问卷在翻译时有些问题过于学术化，不易理解，在进行预测试之后，都一一修订了。修订之后的问卷比较合理，研究的内容效度好。

（二）数据来源及调查过程

本书所用的数据来源于三部分：一是实地考察。2015 年 9 月深入案例地进行论文相关资料的收集和整理，同时与政府主管部门等召开了多次小型会议，为本研究收集到了第一手资料。2016 年 10 月又深入广西防城港旅游局、江山半岛管委会进行数据的收集。二是各级政府网站，包括国家旅游局、防城港政府网站公开发布的数据和资料。三是居民和游客感知的数据来源于实地问卷调查。在 2016 年 9 月 19~25 日（中秋节前后），笔者带领 6 名硕士、本科生到金滩和白浪滩进行问卷的发放。由于台风的来袭和滨海旅游的季节性，中秋节后游人寥寥无几，问卷发放被迫停止。游客问卷是对当时在景区游览的客人在中途休息和饭店用餐时，随机选取同一批中的一人作为调查对象。居民问卷是围绕着金滩和白浪滩的核心居民，对当地的商户和村民进行访谈和填写。2016 年 10 月，笔者赴防城港进行问卷的再次发放，游客问卷是对游客随机并分批次选取一两个样本进行访谈和调查，居民问卷是笔者在当地村长的陪同下，到村民家中逐户进行访谈和发放调查问卷，途中经过白龙村小学和京族三岛小学，因此对学校的老师也进行了访谈。问卷的发放时间、地点、数量及有效率如表 4-7 所示。

表 4-7 问卷的数量及有效率

	地点	时间	发放数量（篇）	有效问卷（%）	有效率（%）
居民问卷	京族三岛	2016 年 9 月	100	98	98.0
		2016 年 10 月	80	78	97.5

续表

	地点	时间	发放数量（篇）	有效问卷（%）	有效率（%）
居民问卷	白龙村	2016 年 9 月	35	30	85.7
		2016 年 10 月	72	69	95.8
游客问卷	京族三岛	2016 年 9 月	85	80	94.1
		2016 年 10 月	105	100	95.2
	白龙村	2016 年 9 月	64	61	95.3
		2016 年 10 月	85	81	95.3

资料来源：笔者整理。

　　选取研究的案例应充分考虑案例地的典型性、代表性以及各种特征的差异化，以使研究具有说服力、对比性和示范性。因此，在防城港滨海旅游目的地中选取的研究案例主要考虑以下因素：一是属于国家级 4A 级旅游度假区，以突出其海滨旅游特征及典型性与代表性；二是处于广西少数民族聚居区，以更加突出其滨海旅游地方性与民族性特征；三是传统渔民民族文化与民俗文化结合。据此，本书研究选择广西壮族自治区京族三岛度假区（以下简称"京岛"）和江山半岛白浪滩（以下简称"白浪滩"）两个国家级滨海旅游景区进行考察。

　　旅游者问卷的主要内容包括：个人信息；旅游基本情况；对旅游地的感知情况；对存在问题的认同度。

　　居民问卷的主要内容包括：个人背景与相关问题、居民参与旅游基本情况；旅游影响评估；满意度和态度；对滨海旅游的建议和意见。

第三节　滨海游客对旅游影响的感知研究

　　防城港游客的调查问卷数据采集主要来自金滩和白浪滩两个旅游景点，具体内容分为四个部分：个人信息、防城港滨海旅游基本情况、游客对旅游地的感知、对滨海旅游发展存在问题的认同度。其中第三部分是重点，该部分设定了 25 个游客感知因素指标，来测量防城港滨海旅游的形象，并采用李克特量表进行量化分析。这 25 个影响游客感知的指标选取和指标体系的建立是以游客感知为基础，并通过参阅大量的参考文献，借鉴相关研究和文章中指标选取的方法，而运用到调查问卷的设计中。

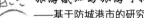
本次调查共发放问卷 330 份，由游客填写后当场回收，最后对回收问卷的样本数据进行筛选，判断个人信息和问题回答是否完整或前后存在矛盾，整理出最终数据结果。原始问卷经过检查筛选后，得到有效问卷 322 份，有效率为 97.6%。调查的游客中，金滩有 180 份，白浪滩有 142 份。

一、人口特征分析

人口特征分析如表 4-8 所示。

表 4-8　被调查者的人口特征统计分析

	项目	人数（人）	占比（%）
性别	男	170	53.0
	女	151	47.0
	未作答	1	
年龄	20 岁及以下	60	18.6
	21~30 岁	174	54.0
	31~40 岁	55	17.1
	41~50 岁	26	8.1
	51 岁及以上	7	2.2
	未作答	0	
学历	初中或以下	34	10.6
	高中/中专/技校	48	14.9
	大专	97	30.1
	本科	118	36.6
	研究生及以上	25	7.8
	未作答	0	
职业	公务员	11	3.4
	科研/技术人员	24	7.5
	经商/商务工作者	44	13.7
	企业/公司职员	76	23.7
	学生	118	36.8
	离退休干部	2	0.6
	农业工作者	7	2.2

续表

	项目	人数（人）	占比（%）
职业	军人	3	0.9
	教师	9	2.8
	无业	16	5.0
	其他	11	3.4
	未作答	1	
家庭月收入（元）	1000 及以下	32	10.0
	1001~2000	42	13.1
	2001~3000	71	22.1
	3001~4000	42	13.1
	4001~5000	36	11.2
	5001~8000	40	12.5
	8000~10000	27	8.4
	10001 及以上	31	9.7
	未作答	1	

资料来源：笔者整理。

（1）客源地。在对游客客源地的调查中，322 份问卷中除 7 份未答外，共有 254 份显示游客籍贯为广西，主要集中在桂林、南宁、东兴、防城港、北海、钦州等地，而省外游客主要分布在湖南、广东、江西、黑龙江、四川、贵州等省份。样本显示，前往防城港的游客主要集中在 21~30 岁这一年龄段，文化程度多为大专和本科，职业多为学生。由此可见，前往防城港的游客多为广西区内居民，或就读于广西区内的学生。

（2）性别。防城港客源构成中，男性游客多于女性游客，约高出 6%，表明虽然男性在社会中的经济地位上处于优势，但女性对出游的影响力正在加强。

（3）年龄。游客年龄分布的主体范围集中在中青年段，21~40 岁这一年龄段占 71.1%，表现出这一年龄段具有较强烈的出游动机和良好的经济条件，在对滨海产品进行开发时，应采取相应的宣传和促销手段以贴近这一类人群的需求。

（4）学历。在全部受访者游客中，高中/中专/技校及以上教育水平的游客占全部游客的 89.4%，大学本科及以上受过高等教育的游客占全部游客的 44.4%。这表明随着全社会教育水平的不断提高，在对防城港滨海度假景区开发时不仅要注重自然资源的开发，也应注重增加文化内涵，才能提高旅游产品的吸引力。

（5）职业。如以城乡为分解来测算游客职业构成，农业工作者仅占2.2%，即便加上其他及无业的数量，比例也仅占全部被访游客的10.6%。公务员、科研/技术人员、经商人士、企业职员、学生、离退休干部、军人、教师等人员所占比例为全部游客的89.4%，其中学生、企业职员和经商所占比例超过70%。以上数据说明：一是企业职员和商务工作者对滨海旅游的需求程度大，这往往是因为受此类游客工作环境和工作背景的影响，企业和公司在开展团队活动或者进行奖励旅游时可以选择滨海旅游，滨海旅游具有较强的休闲性和体验性，可以让员工在旅游活动中放松心情，而滨海体育活动也可以增加员工之间的凝聚力；二是学生闲暇时间较多，成为旅游的主力军之一。

（6）家庭月收入。游客家庭月收入主要集中在2000~8000元，总体收入较为一般。滨海旅游包括很多海滨体育项目体验、渔村农家乐等，这些花费都较高，因此在项目价格的制定时应该考虑当地的物价水平和游客的消费水平，体现价格的合理性。

二、防城港滨海旅游的基本情况分析

防城港滨海旅游的基本情况分析如表4-9所示。

表4-9　防域港滨海旅游基本情况分析

类别	详细分类	百分比（%）	类别	详细分类	百分比（%）
旅游动机	海水质量	12.7	出游方式	家庭成员	24.2
	自然风光	41.9		亲戚朋友	63.8
	放松休闲	68.0		独自一人	3.7
	与亲朋好友欢聚同乐	37.0		旅行社组团	1.0
	远离都市喧嚣和日常生活	14.0		单位组织	1.7
	释放压力，休息放松	37.6		会议考察	0.3
	避暑纳凉，呼吸新鲜空气	14.6		其他	5.4
	欣赏美景，亲近大自然	42.2			
	慕名而来，满足好奇心	12.4			
	其他	1.2			

续表

类别	详细分类	百分比（%）	类别	详细分类	百分比（%）
信息获取途径	旅行社介绍	3.5	旅游吸引物	广阔的大海	82.0
	亲朋好友	68.6		绿色植物或动物	11.5
	电视/广播	8.5		山海景观	6.8
	报纸/杂志	6.6		品尝海鲜	22.7
	旅游宣传册	10.1		海港	4.3
	网络	24.5		沙滩	26.7
	户外广告	4.1		潮流景观	5.9
	其他	6.0		海滨娱乐活动	2.2
搭乘交通工具	旅游团大巴车	9.3		自然保护区	14.0
	出租车	3.8		宁静的地方	24.2
	公交车	34.5		观鸟	2.8
	自驾车	45.4		海堤	0.6
	包车	5.8		潜水	4.7
	其他	1.3		草滩	0.6
旅游花费	100 元以下	14.0		海滨湿地	2.2
	100~299 元	25.2		海上日出/日落	10.9
	300~499 元	29.3		沿海乡村渔村	22.4
	500~999 元	18.7		著名旅游地	3.4
	1000 元以上	12.8		捕捉海产品	6.2
停留时间	半天	17.9		核电站景观	0.6
	1 天	39.2		博物馆	1.6
	2 天	24.8		古迹和遗迹	1.2
	3~4 天	10.3		海岛	5.9
	5 天以上	7.8			

资料来源：笔者整理。

（1）旅游动机（多选）。最初尝试将旅游动机进行分类的是德国学者 R. 格里克斯曼（R. Giucksmann），他在 1935 年发表的著作《一般旅游论》（*General Tourism Theoryx*）中将旅游行为的动机分为心理的、精神的、身体的和经济的四大类。日本心理学家今井省吾指出，现代的旅游动机含有 "消除紧张感的动机" "社会存在的动机" "自我完善的动机"。通过对问卷数据的统计表明，参与滨海旅游的游客对旅游动机的选择如下："海水质量"占 12.7%；"自然风光"占 41.9%；"放松休闲"占 68.0%；"与亲朋好友欢聚同乐"占 37.0%；"远离都市喧嚣和日常生活"占 14.0%；"释放压力，休息放松"占 37.6%；"避暑纳凉，呼吸新鲜空气"占 14.6%；"欣赏美景，亲近大自然"占 42.2%；"慕名而来，满足好奇心"占 12.4%；"其他目的"占 1.2%。由此可见，游客选择滨海旅游大多数是由于该地的自然风光，如阳光、沙滩、海水，并且能够在亲近美景的同时，达到释放压力、放松身心或者与亲朋好友相聚的目的。

（2）出游方式。行为地理学认为，来自同一地区、具有相似经历的个人或群体，容易形成基本相同的地理物象，从而表现出相似的行为方式。因此，选择什么对象结伴出游也很重要，这影响到游客在滨海旅游中对景区旅游形象的感知情况。在调查结果中，选择与亲戚朋友一同出行的占 63.8%，超过总人数的一半，家庭成员同行的占 24.2%，而选择独自一人、旅行社组团、单位组织、会议考察和其他方式的分别占 3.7%、1.0%、1.7%、0.3% 和 5.4%。滨海旅游是一种休闲型的旅游方式，可以释放压力、放松心情，与家人朋友一起，有助于增加彼此之间的感情。

（3）信息获取途径（多选）。旅游地信息的来源通常可以分为旅游者获取的外部信息和内部信息。一般来说，旅游者可以通过个人来源、中立来源和商业来源这三种方式获取外部信息，其中，个人来源是指旅游者从亲朋好友、同事、熟人等的口口相传中得到的信息；中立来源则是政府、旅游组织等非营利性机构派发的旅游手册，或者是他们提供的较为客观的旅游信息；商业来源一般是指通过电视、广播、网络和报纸杂志等的广告宣传，旅行社提供的促销线路推荐等渠道获得的信息。数据显示，游客主要通过亲朋好友（68.6%）了解防城港的滨海旅游资源。其余分别为网络（24.5%）、旅游宣传册（10.1%）、电视/广播（8.5%）、报纸/杂志（6.6%）。通过数据推断，旅游者在获取信息时更倾向于寻求亲朋好友的意见，可见口碑效应对旅游目的地形象的宣传具有极大的影响。因此，旅游区需要不断推出更优质的旅游产品和旅游服务，加强与公共传媒的合作来吸引更多的游客。同时，也不能忽略网络的作用，随着网络的飞速发展，人们通过网络获取信息更为便捷。

（4）搭乘的交通工具。游客主要通过自驾车（45.4%）、公交车（34.5%）的方式前往景区，采用包车和出租车前往的游客仅 9.6%。这一方面说明景区的可进入性较好，有公交直达；另一方面说明游客前往该地滨海旅游资源以自助游为主。

（5）旅游花费。游客人均花费主要集中在 100～999 元（73.2%），其中，100～299 元的占 25.2%，300～499 元的占 29.3%，500～999 元的占 18.7%。而在是否愿意为海上娱乐付款这一问题中，有超过半数的游客选择愿意，其中有 18.0% 的人填写了愿意支付的具体金额，主要集中在 100～500 元。从上述两题中可以看出，来此地旅游的游客具有较大的消费潜力，适宜开展海上娱乐等项目。

（6）停留时间。来此地游览的游客，除 17.9% 的游客是简单的观光游览，在此仅停留半天外，其余游客均选择停留 1 天及以上。其中选择在此地停留 1 天的游客最多，达到 39.2%，有 24.8% 的游客选择在此停留 2 天。此外还有 18.1% 的游客选择在此停留更长时间。该统计结果与游客游览目的的分析结果一致，即以休闲度假为主的游客会选择慢节奏的旅行，在游览目的地停留更长时间。同时这也提示开发商对景区的开发中应注重相关休闲娱乐配套设施的建设。

（7）旅游吸引物（多选）。82% 的游客指出，广阔的大海是防城港最具有吸引的旅游物。此外，特色的沿海村庄（22.4%）、当地宁静的氛围（24.2%）、新鲜的海产品（22.7%）、美丽的沙滩（26.7%）也是吸引游客的主要旅游产品。这说明来当地旅游的游客需要一个类似海边农家乐的旅游产品。

三、旅游者对旅游地感知情况分析

（一）研究方法

参照国外已有文献，运用因子分析、信度分析对游客对旅游地的感知情况进行分析。一是因子分析。通过研究多个指标的内部关系，找出主导所有指标的少数公共因子，然后将每个指标量用线性组合的方式表达公共因子，并通过新的表现方式来说明原始指标与公共因子之间的相互关系，其根本目的是简化观测系统，减少指标维数，用较少的公因子来解释整个样本。在对样本数的要求方面，一般要求样本数不低于 50，且样本数至少是变量的 5 倍。本书研究中游客对旅游地感知的题项为 25 个，至少需要 125 个样本，而我们实际拥有 322 个样本，满足因子分析的要求。二是信度分析。测量量表的可靠性采用的指标是 Cronbach's alpha 系数。该指标是由李·克朗巴哈（Lee Joseph Cronbach）于 1951 年开发出来的，主要用来评价多维度量表的内部一致性，并且已经被证实是量表可靠性的有效指标（Churchill，1979；Gerbing，et al.，1988；Peter，

1979)，也是现有实证研究中使用的最为广泛的检验可靠性指标。

（二）分析过程

1. KMO 检验和 Bartlett 球形检验

对数据进行 KMO 抽样适当性检验和 Bartlett 球形检验，如表 4-10 所示，KMO=0.921，大于 0.60 的推荐标准，Bartlett 的球形检验值=2748.854，在自由度为 300 的条件下和小于 0.001 水平上达到显著，适合进行因子分析。

表 4-10　KMO 和 Bartlett 的检验

取样足够度的 Kaiser-Meyer-Olkin 度量		0.921
Bartlett 的球形检验	近似卡方	2748.854
	df	210
	Sig.	0.000

2. 可靠性检验

量表的可靠性也称内部一致性检验，通常采用的指标是 Cronbach's alpha 系数。该指标主要用来评价多维度量表的内部一致性，并且已经被证实是量表可靠性的有效指标，也被广泛应用在现有的实证研究中。一般认为 α>±0.5 是可以接受的最低标准。如表 4-11 所示，alpha 系数为 0.948，表示此量表信度较好，具有可靠性。

表 4-11　可靠性统计

Cronbach's alpha	项数
0.948	21

3. 因子分析

（1）因子的提取。保留所有特征值大于 1 的公因子，采用主成分分析的提取方法，根据表中解释的总方差（如表 4-12 所示），我们提取出 4 个公因子，他们的初始特征值分别为 5.774、4.359、2.953、2.710。

为了易于对原有因子进行分类，并对公共因子进行命名和解释，因此将原有因子的得分矩阵进行旋转，得出旋转后 4 个公因子共解释原有因子总方差的 75.219%，因子分析效果较为符合理想的要求。

表 4-12　解释的总方差

成分	初始特征值			提取平方和载入			旋转平方和载入		
	合计	方差的%	累积%	合计	方差的%	累积%	合计	方差的%	累积%
1	5.774	27.495	27.495	5.774	27.495	27.495	5.426	25.836	25.836
2	4.359	20.759	48.254	4.359	20.759	48.254	4.083	19.445	45.280
3	2.953	14.061	62.315	2.953	14.061	62.315	3.249	15.470	60.751
4	2.710	12.904	75.219	2.710	12.904	75.219	3.038	14.468	75.219
5	1.365	6.501	81.720						
6	0.775	3.690	85.410						
7	0.616	2.936	88.345						
8	0.510	2.428	90.773						
9	0.392	1.866	92.639						
10	0.337	1.607	94.246						
11	0.296	1.407	95.653						
12	0.209	0.996	96.650						
13	0.185	0.882	97.532						
14	0.126	0.599	98.131						
15	0.103	0.490	98.621						
16	0.091	0.431	99.052						
17	0.078	0.369	99.421						
18	0.055	0.262	99.683						
19	0.030	0.144	99.827						
20	0.020	0.096	99.923						
21	0.016	0.077	100.000						

注：提取方法为主成分分析法。

（2）因子的命名与解释。如表 4-13 所示，将因子矩阵进行正交旋转后，根据各因子在 4 大公因子中的分布情况来判断该因子和提取公因子的相关性，相关系数越大就表明相关性越强。然后，依据负荷量高的因子之间的共同特性来为该公因子命名。为了保证因子分析的准确性，本书仅保留因子负荷量大于 0.4

的因子，删除过后依旧有 21 个因子。从游客感知的角度对各公因子的性质进行命名。

表 4-13 旋转成分矩阵

	成分			
	1	2	3	4
旅游商品特色	0.878			
康体娱乐服务	0.862			
旅游商品品质	0.836			
旅游接待人员素质	0.826			
住宿接待服务	0.797	0.439		
餐饮接待服务	0.759			
民族风情等人文景观保护	0.643			
来本地旅游的交通条件		0.808		
景区内交通便利程度		0.795		
景区服务和治安		0.773		
供电、供水、通信等设施	0.438	0.724		
其他游客的旅游行为		0.630		0.563
当地居民的友好程度		0.613		0.441
景区内环境污染			0.765	
海滨建筑污染			0.728	
景区内环境卫生			0.728	
各项服务及商品价格合理性			0.658	
商贩诚实程度			0.631	
大气、水质和噪声				0.755
高峰期海滨旅游拥挤				0.721
海水等自然风光				0.721

注：①提取方法：主成分分析法；②旋转法：具有 Kaiser 标准化的正交旋转法；③旋转在 12 次迭代后收敛。

（三）因子分析结果

游客对旅游影响感知的因子分析结果如表4-14所示。

表4-14 游客对旅游影响感知的因子分析结果

感知形象因子 （方差贡献率%）	因子	因子载荷值	Cronbach's alpha 系数	特征值
旅游服务与 商品感知形象 （25.836%）	旅游商品特色	0.913	0.871	5.774
	康体娱乐服务	0.902		
	旅游商品品质	0.881		
	旅游接待人员素质	0.857		
	住宿接待服务	0.819		
	餐饮接待服务	0.780		
	民族风情等人文景观保护	0.765		
社会环境 感知形象 （19.445%）	来本地旅游的交通条件	0.889	0.836	4.359
	景区内交通便利程度	0.861		
	景区服务和治安	0.845		
	供电、供水、通信等设施	0.844		
	其他游客的旅游行为	0.841		
	当地居民的友好程度	0.773		
卫生环境 感知形象 （15.470%）	景区内环境污染	0.854	0.794	2.953
	海滨建筑污染	0.777		
	景区内环境卫生	0.774		
	各项服务及商品价格合理性	0.759		
	商贩诚实程度	0.745		
自然环境 感知形象 （14.468%）	大气水质和噪声	0.866	0.700	2.710
	高峰期海滨旅游拥挤	0.864		
	海水等自然风光	0.822		

（1）旅游服务与商品感知形象。该因子主要解释了"旅游商品特色""康体娱乐服务""旅游商品品质""旅游接待人员素质""住宿接待服务""餐饮接待服务""民族风情等人文景观保护"7个因子，因子载荷在0.765~0.913，旋转后的方差贡献率为25.836%，是因子负荷水平最高的一组。

（2）社会环境感知形象。该因子主要解释了"来本地旅游的交通条件""景区内交通便利程度""景区服务和治安""供电、供水、通信等设施""其他游客的旅游行为""当地居民的友好程度"6个因素，因子载荷在0.773~

0.889，旋转后的方差贡献率为19.445%。

（3）卫生环境感知形象。该因子主要解释了"景区内环境污染""海滨建筑污染""景区内环境卫生""各项服务及商品价格""商贩诚实程度"5个因素，因子载荷在0.745~0.854，旋转后的方差贡献率为15.470%。

（4）自然环境感知形象。该因子主要解释了"大气水质和噪声""高峰期海滨旅游拥挤""海水等自然风光"3个因素，因子载荷在0.822~0.866，旋转后的方差贡献率为14.468%。

以上分析已经将21个游客感知形象的因素进行降维，提取出4个公共因子，即旅游服务与商品感知形象、社会环境感知形象、卫生环境感知形象、自然环境感知形象。对各因子进行可靠性检验，各感知形象的Cronbach's alpha系数分别为0.871、0.836、0.794、0.700，数值都较高，表明这4个公因子的可信度较好，将其作为景区旅游形象建设分析的依据具有代表性和有效性。

四、滨海旅游地游客对旅游影响感知的内容

表4-15列出了游客对旅游影响感知的4个维度的平均值，从表中可以看出，自然环境感知和社会环境感知名列前茅，其均值分别为3.54、3.50。一般而言，李克特量表等级评分值在1~2.5表示反对，2.5~3.4表示中立，3.4~5表示赞同。可以看出，游客对防城港滨海旅游区的社会环境及自然环境较为满意，而对当地旅游服务与商品、卫生环境的感知处于中立态度。接下来，将对这4个维度进行具体分析。

表4-15　游客对旅游影响的感知

	均值	标准差	%				
			1	2	3	4	5
旅游服务与商品感知	3.22						
旅游商品特色	3.13	1.030	5.6	19.9	41.0	23.0	10.6
康体娱乐服务	3.11	0.919	4.3	16.5	50.9	20.5	7.8
旅游商品品质	3.20	0.897	2.8	14.3	51.9	21.7	9.3
旅游接待人员素质	3.28	0.895	3.1	12.1	46.9	29.5	8.4
住宿接待服务	3.22	0.875	2.5	14.3	49.4	26.1	7.8
餐饮接待服务	3.28	0.870	1.6	13.7	49.4	26.1	9.3

续表

	均值	标准差	%				
			1	2	3	4	5
民族风情等人文景观保护	3.30	0.910	3.4	11.2	46.6	29.5	9.3
社会环境感知	3.50						
来本地旅游的交通条件	3.48	0.993	3.7	10.2	35.4	35.4	15.2
景区内交通便利程度	3.41	1.041	4.3	14.0	32.6	34.2	14.9
景区服务和治安	3.47	0.876	2.2	8.1	41.6	37.0	11.2
供电、供水、通信等设施	3.48	0.941	3.1	8.4	39.8	34.8	14.0
其他游客的旅游行为	3.46	0.882	3.1	7.1	40.4	39.4	9.9
当地居民的友好程度	3.70	0.912	1.6	6.8	30.7	41.3	19.6
卫生环境感知	3.16						
景区内环境污染	3.10	1.068	7.8	19.9	36.6	26.4	9.3
海滨建筑污染	3.16	1.019	6.2	16.5	42.2	25.2	9.9
景区内环境卫生	3.34	1.029	4.0	16.8	33.5	32.9	12.7
各项服务及商品价格合理性	3.02	0.960	5.6	22.4	41.6	24.8	5.6
商贩诚实程度	3.18	0.921	4.7	13.4	48.4	26.1	7.5
自然环境感知	3.54						
大气水质和噪声	3.48	0.938	2.8	9.6	37.9	36.3	13.4
高峰期海滨旅游拥挤	3.39	0.993	4.0	11.2	41.0	29.8	14.0
海水等自然风光	3.75	0.973	2.2	8.4	24.5	41.9	23.0

注：数字 1 表示非常反对，2 表示反对，3 表示中立，4 表示赞同，5 表示非常赞同。

（1）旅游服务与商品感知。从表 4-15 中可以看出，游客对防城港旅游产品的感知处于一个中立的态度。我们发现，七个选项的均值在 3.2 左右，选择中立的比例基本位于 40%～50%，最高值"民族风情等人文景观保护"为 3.30，最低值"康体娱乐服务"为 3.11，差别不大。

结合防城港具体情况进行分析，防城港地处中国大陆海岸线西南端，位于广西壮族自治区南部，与越南广宁省芒街市隔河相望，拥有广阔的海滩和奇异的跨国风情。同时，该市居住着包括汉族在内的壮、瑶、京等 21 个民族，其中京族是当地独有的民族，其作为一支海上民族，有着独具特色的风俗，我们所调研的金滩，就位于京族三岛之一的万尾岛。调查问卷显示，游客并没有对当地的旅游服务与商品显示出满意的态度，在旅游商品特色这一选项中，标准差达到1.030，游客感知差异较大，这说明：①当地的民族风情没有得到很好的开发；②旅游产品特色不突出；③旅游服务设施不够完善。因此，景区一方面应该深度挖掘特色京族文化，结合京族的"唱哈节"等开展一系列的主题活动，扩大影响力；另一方面应该提高住宿、餐饮的服务接待质量，同时，引进当地特色食物，也可以联动当地居民开发特色餐饮，如京族的"蛋家餐"，这样既能吸引游客，也能树立景区特色旅游的形象，提高当地社区景区的收入，促进经济增长。

（2）社会环境感知。表4-15显示，游客对滨海旅游地的社会环境感知较好，在6个选题的打分中，超过50%的游客选择了满意以上的分数。其中"当地居民的友好程度"这一选项获得了60.9%的满意度，这说明当地居民对旅游者的到来表示欢迎，愿意积极参与旅游业的开发。"来本地旅游的交通条件""景区内交通便利程度"这两个选项的标准差较大，分别达到0.993、1.041，感知维度的差异较大。从前面游客到达景区交通方式的分析我们发现，有45.4%的游客通过自驾车的方式到达，34.5%的游客通过公交车的方式到达，其余游客则通过包车等方式到达，这在某种程度造成该认知差异的存在。但另外，也告诫开发商，应该进一步完善景区内部交通，发展外部交通，方便游客到达，毕竟景区的可进入性会直接影响游客的决策，同时，不便利的交通条件会对海滨景区旅游形象的建设和传播造成负面影响。

（3）卫生环境感知。该维度是这4个维度中满意度最低的一个。从对该维度的5个题项分析，我们发现游客对"各项服务及商品价格合理性"的满意度最低，有28%的游客选择了非常不满意和不满意，其平均分值为3.02。在前面游客职业的分析中，我们得知景区36.8%的游客为学生，学生是处于一个特殊层级的旅游者，他们没有过多的经济收入，消费能力较低，但是受宣传的影响大，闲暇时间多，是景区的主要客源，为提高游客的满意度，景区在服务项目价格的设置中应考虑游客的承受力，不可盲目地设高价。此外，"景区内环境污染""海滨建筑污染"这两个题项满意度较低，分值仅为3.10、3.16，这说明景区在开发的同时，也应注意环境的保护。考虑到游客前往滨海度假区主要源于"当地特色的沿海村庄""当地宁静的氛围""新鲜的海产品""美丽的沙滩"，景区开发应从打造生态沿海村庄为主，为游客创造一个干净、宁静的海滩旅游度假区。

（4）自然环境感知。从表4-15中可知，该维度是4个维度中满意度最高的一个维度。3个题项中，"高峰期海滨旅游拥挤"这一题项的分值稍微偏低，但达到了基本满意的状态，其余"大气水质和噪声""海水等自然风光"的分值均达到不错的水平，分别为3.48、3.75。这说明游客对当地的自然风光、大气、海水等都较为满意。在标准差分析上，三个题项的标准差值都较高，游客感知差异明显，景区应重视起来，控制高峰期的客流量，同时注意环境的保护。

第四节　滨海游客总体感受的方差分析

将游客的人口、行为特征和游客对滨海旅游的总体感受进行交叉分析，分析各自所占比例情况及均值，从而获得人口、行为特征对滨海游客总体感受的影响程度。

一、性别与游客滨海旅游总体感受的交叉分析

分析结果如表4-16所示，在调研的322位游客中，有170位男性游客，152位女性游客，不同性别的游客对滨海旅游的总体感受基本相同，各百分比相差均不大。男性中显示频率最高的为"满意"，有77人，占男性比例的45.3%，女性中显示频率最高的为"一般"，有61人，占女性比例的40.1%。男女中所占比例最低的均为"非常不满意"，其中男性5人，女性3人，分别占双方总比例的2.9%、2.0%。从均值来看，女性均值略高于男性，仅高出0.06。由此可知，性别对游客总体感受的影响不明显。

表4-16　性别与总体感受的交叉分析

项目		变量	总体印象					N	均值
			非常不满意	不满意	一般	满意	非常满意		
性别	男	人数（人）	5	8	63	77	17	170	3.55
		在性别中所占比例（%）	2.9	4.7	37.1	45.3	10.0		
		在满意度中所占比例（%）	62.5	57.1	50.8	56.2	43.6		

续表

项目	变量		总体印象					N	均值
			非常不满意	不满意	一般	满意	非常满意		
性别	女	人数（人）	3	6	61	60	22	152	3.61
		在性别中所占比例（%）	2.0	3.9	40.1	39.5	14.5		
		在满意度中所占比例（%）	37.5	42.9	49.2	43.8	56.4		

二、年龄与游客滨海旅游总体感受的交叉分析

分析结果如表4-17所示，游客年龄最集中的为"21~30岁"这一群体，该群体中有55.7%的人对滨海旅游总体感到"满意"或"非常满意"。横向来看，满意率最低的群体为"31~40岁"有10.9%的游客对滨海旅游总体感到"不满意"或"非常不满意"；满意率最高的群体为"50岁以上"，有71.4%的游客认为"满意"或"非常满意"；其余两个群体"20岁及以下"和"41~50岁"的满意度类似，均为50%。纵向来看，满意度最高的群体为"21~30岁"，占感知为"满意"的有56.9%，"非常满意"的有48.7%。从均值来看，均值最高的为"50岁以上"群体，均值为3.86，其余群体均值相差不大。由此可见，老年人的满意度稍微高于中、青年群体。但鉴于老年人群体所占比例较小，因此，该结论还有待进一步的分析。

表4-17　年龄与总体感受的交叉分析

项目	变量		总体印象					N	均值
			非常不满意	不满意	一般	满意	非常满意		
年龄	20岁及以下	人数（人）	1	4	25	20	10	60	3.57
		在年龄中所占比例（%）	1.7	6.7	41.7	33.3	16.7		
		在满意度中所占比例（%）	12.5	28.6	20.2	14.6	25.6		
	21~30岁	人数（人）	5	5	67	78	19	174	3.58
		在年龄中所占比例（%）	2.9	2.9	38.5	44.8	10.9		
		在满意度中所占比例（%）	62.5	35.7	54.0	56.9	48.7		

续表

项目		变量	总体印象					N	均值
			非常不满意	不满意	一般	满意	非常满意		
年龄	31~40岁	人数（人）	1	5	18	25	6	55	3.55
		在年龄中所占比例（%）	1.8	9.1	32.7	45.5	10.9		
		在满意度中所占比例（%）	12.5	35.7	14.5	18.2	15.4		
	41~50岁	人数（人）	1	0	12	10	3	26	3.54
		在年龄中所占比例（%）	3.8	0	46.2	38.5	11.5		
		在满意度中所占比例（%）	12.5	0	9.7	7.3	7.7		
	50岁以上	人数（人）	0	0	2	4	1	7	3.86
		在年龄中所占比例（%）	0	0	28.6	57.1	14.3		
		在满意度中所占比例（%）	0	0	1.6	2.9	2.6		

三、学历与游客滨海旅游总体感受的交叉分析

分析结果如表4-18所示，不同学历的游客对滨海旅游总体感受各不相同。在322位游客中，初中或以下学历的有34人，其中超过50%的游客感到"满意"或"非常满意"，被选频次最高的为"满意"，占44.1%；高中/中专/技校学历的有48人，分别有39.6%、8.3%的印象为"满意""非常满意"，被选频次最高的为"一般"，占41.7%，略高于"满意"，没有选择"非常不满意"的；专科学历的有97人，约60%的游客感到"满意"或"非常满意"，被选频次最高的为"满意"，占45.4%；本科学历的有118人，是游客中人数最多的群体，分别有38.1%、14.4%的感到"满意""非常满意"，被选频次最高的为"一般"，占39.0%，略高于"满意"，选择"非常不满意"的有6人，占该群体的5.1%，是给出差评最多的群体；研究生或以上学历的有25人，没"非常不满意"及"非常满意"印象，被选频次最高的为"满意"，占56.0%。从均值来看，满意度最高的为专科学历的群体，均值为3.70，仅高出满意度最低群体高中/中专/技校0.24。由上述分析可知，虽然各群体的感知存在差异，但总体上都偏向满意，学历对游客感知所造成的差异不明显。

表4-18　学历与总体感受的交叉分析

项目		变量	总体印象					N	均值
			非常不满意	不满意	一般	满意	非常满意		
学历	初中或以下	人数（人）	1	2	12	15	4	34	3.56
		在学历中所占比例（%）	2.9	5.9	35.3	44.1	11.8		
		在满意度中所占比例（%）	12.5	14.3	9.7	10.9	10.3		
	高中/中专/技校	人数（人）	0	5	20	19	4	48	3.46
		在学历中所占比例（%）	0	10.4	41.7	39.6	8.3		
		在满意度中所占比例（%）	0	35.7	16.1	13.9	10.3		
	专科	人数（人）	1	2	36	44	14	97	3.70
		在学历中所占比例（%）	1.0	2.1	37.1	45.4	14.4		
		在满意度中所占比例（%）	12.5	14.3	29.0	32.1	35.9		
	本科	人数（人）	6	4	46	45	17	118	3.53
		在学历中所占比例（%）	5.1	3.4	39.0	38.1	14.4		
		在满意度中所占比例（%）	75.0	28.6	37.1	32.8	43.6		
	研究生或以上	人数（人）	0	1	10	14	0	25	3.52
		在学历中所占比例（%）	0	4.0	40.0	56.0	0		
		在满意度中所占比例（%）	0	7.1	8.1	10.2	0		

四、职业与游客滨海旅游总体感受的交叉分析

分析结果如表4-19所示，"学生"为本次调查中职业分布最多的群体，共有118人，其中有45.8%的人对滨海旅游感到"满意"或"非常满意"；其次为"企业/公司职员"，共76人，其中64.5%的游客印象为"满意"或"非常满意"。从频率和百分比来看，满意度最高的为"军人"，分别有33.3%、66.7%的游客选择"满意""非常满意"；满意度最低的为"无职业者"，有13.3%的游客选择"不满意"。从均值来看，满意度最高的为军人，均值为4.67，远高于其他职业；其次为"教师"，均值为3.89；满意度最低的为"无职业者"，均值为3.33；排名前4的为"军人""教师""科研/技术人员""企业/公司职员"；排名后4的为"无职业者""其他""学生""离退休人员"。由此可知，职业对游客的感知造成影响，其中企业、单位工作人员对滨海旅游感知满意度较高，非在职工作人员感知满意度较低。

表 4-19 职业与总体感受的交叉分析

项目	变量		总体印象					N	均值
			非常不满意	不满意	一般	满意	非常满意		
职业	公务员	人数（人）	0	1	4	4	2	11	3.64
		在职业中所占比例（%）	0	9.1	36.4	36.4	18.2		
		在满意度中所占比例（%）	0	7.1	3.3	2.9	5.1		
	科研/技术人员	人数（人）	1	0	5	13	5	24	3.88
		在职业中所占比例（%）	4.2	0	20.8	54.2	20.8		
		在满意度中所占比例（%）	12.5	0	4.1	9.5	12.8		
	经商/商务工作者	人数（人）	0	2	19	19	4	44	3.57
		在职业中所占比例（%）	0	4.5	43.2	43.2	9.1		
		在满意度中所占比例（%）	0	14.3	15.4	13.9	10.3		
	企业/公司职员	人数（人）	2	2	23	42	7	76	3.66
		在职业中所占比例（%）	2.6	2.6	30.3	55.3	9.2		
		在满意度中所占比例（%）	25.0	14.3	18.7	30.7	17.9		
	学生	人数（人）	4	7	53	39	15	118	3.46
		在职业中所占比例（%）	3.4	5.9	44.9	33.1	12.7		
		在满意度中所占比例（%）	50.0	50.0	43.1	28.5	38.5		
	离退休人员	人数（人）	0	0	1	1	0	2	3.50
		在职业中所占比例（%）	0	0	50.0	50.0	0		
		在满意度中所占比例（%）	0	0	0.8	0.7	0		
	农业工作者	人数（人）	0	0	3	4	0	7	3.57
		在职业中所占比例（%）	0	0	42.9	57.1	0		
		在满意度中所占比例（%）	0	0	2.4	2.9	0		
	军人	人数（人）	0	0	0	1	2	3	4.67
		在职业中所占比例（%）	0	0	0	33.3	66.7		
		在满意度中所占比例（%）	0	0	0	0.7	5.1		
	教师	人数（人）	0	0	3	4	2	9	3.89
		在职业中所占比例（%）	0	0	33.3	44.4	22.2		
		在满意度中所占比例（%）	0	0	2.4	2.9	5.1		
	无职业者	人数（人）	0	2	8	3	2	15	3.33
		在职业中所占比例（%）	0	13.3	53.3	20.0	13.3		
		在满意度中所占比例（%）	0	14.3	6.5	2.2	5.1		

续表

项目		变量	总体印象					N	均值
			非常不满意	不满意	一般	满意	非常满意		
职业	其他	人数（人）	1	0	4	6	0	11	3.36
		在职业中所占比例（%）	9.1	0	36.4	54.5	0		
		在满意度中所占比例（%）	12.5	0	3.3	4.4	0		

五、游览目的与游客滨海旅游总体感受的交叉分析

分析结果如表 4-20 所示，游客去滨海旅游最大的目的是"放松休闲"，有 218 位游客选择该选项，满意度为 59.3%，也是游览目的中满意度最高的选项；其次为"欣赏海滨风光，亲近大自然"，有 136 位游客选择该选项，满意度为 53.7%。从均值来看，满意度最高的为"与亲朋好友欢聚同乐"，均值为 3.69，因该目的而选择滨海旅游的游客有 119 人，其中满意度为 58%；其次为"放松休闲"，均值为 3.64；满意度最低的为"其他"，均值为 3.25；其次为"海水质量"，均值为 3.41，选择该游览目的的游客为 41 人，满意度为 43.9%。由上述分析可知，游客前往滨海旅游，主要是为了"放松休闲""欣赏美景""自然风光"，因此在旅游开发过程中，当地海滩景区应该努力营造一个轻松氛围，保持原生态的、自然的风光景色，以提高游客的满意度。而鉴于对"海水质量"的满意度小于 50%，景区应该加大环保力度，加强对海水、沙滩的保护。

表 4-20　游览目的与总体感受的交叉分析

项目		变量	总体印象					N	均值
			非常不满意	不满意	一般	满意	非常满意		
游览目的	海水质量	人数（人）	0	4	19	15	3	41	3.41
		在目的中所占比例（%）	0	9.8	46.3	36.6	7.3		
		在满意度中所占比例（%）	0	28.6	15.3	10.9	7.7		
	自然风光	人数（人）	5	6	54	59	11	135	3.48
		在目的中所占比例（%）	3.7	4.4	40.0	43.7	8.1		
		在满意度中所占比例（%）	62.5	42.9	43.5	43.1	28.2		

续表

项目		变量	总体印象					N	均值
			非常不满意	不满意	一般	满意	非常满意		
游览目的	放松休闲	人数（人）	4	11	74	101	29	218	3.64
		在目的中所占比例（%）	1.8	5.0	33.8	46.1	13.2		
		在满意度中所占比例（%）	50.0	78.6	59.7	73.7	74.4		
	亲朋欢聚	人数（人）	1	2	47	52	17	119	3.69
		在目的中所占比例（%）	0.8	1.7	39.5	43.7	14.3		
		在满意度中所占比例（%）	12.5	14.3	37.9	38.0	43.6		
	远离都市	人数（人）	1	1	19	22	3	46	3.54
		在目的中所占比例（%）	2.2	2.2	41.3	47.8	6.5		
		在满意度中所占比例（%）	12.5	7.1	15.3	16.1	7.7		
	释放压力	人数（人）	2	4	51	47	17	121	3.60
		在目的中所占比例（%）	1.7	3.3	42.1	38.8	14.0		
		在满意度中所占比例（%）	25.0	28.6	41.1	34.3	43.6		
	避暑纳凉	人数（人）	3	1	15	23	5	47	3.55
		在目的中所占比例（%）	6.4	2.1	31.9	48.9	10.6		
		在满意度中所占比例（%）	37.5	7.1	12.1	16.8	12.8		
	欣赏美景	人数（人）	6	7	50	56	17	136	3.52
		在目的中所占比例（%）	4.4	5.1	36.8	41.2	12.5		
		在满意度中所占比例（%）	75.0	50.0	40.3	40.9	43.6		
	慕名而来	人数（人）	0	1	24	11	4	40	3.45
		在目的中所占比例（%）	0	2.5	60.0	27.5	10.0		
		在满意度中所占比例（%）	0	7.1	19.4	8.0	10.3		
	其他	人数（人）	0	1	1	2	0	4	3.25
		在目的中所占比例（%）	0	25.0	25.0	50.0	0		
		在满意度中所占比例（%）	0	7.1	0.8	1.5	0		

六、乘坐交通工具与游客滨海旅游总体感受的交叉分析

分析结果如表4-21所示，选择"自驾车"的游客最多，有144人，其中感知满意度为56.3%；其次为乘坐"公交车"的，分别有42.7%、12.7%的游客

感知为"满意""非常满意",满意度为 55.4%。满意度最高的为"其他"群体,满意度为 75%,不满意度为 0;满意度最低的为"出租车"群体,满意度为 41.7%,不满意度为 25%。从均值来看,满意度最高的为"其他"群体,均值为 3.75;其次为"公交车"群体,均值为 3.63;满意最低的为"出租车"群体,均值 3.08;其次为"旅游团大巴车"群体,均值为 3.41。综上所述,乘坐不同的交通工具给游客的总体感受带来了差异。

表 4-21 乘坐交通工具与总体感受的交叉分析

项目		变量	总体印象					N	均值
			非常不满意	不满意	一般	满意	非常满意		
乘坐交通工具	旅游团大巴车	人数(人)	1	2	14	8	4	29	3.41
		在交通工具中所占比例(%)	3.4	6.9	48.3	27.6	13.8		
		在满意度中所占比例(%)	12.5	14.3	11.4	6.0	10.3		
	出租车	人数(人)	1	2	4	5	0	12	3.08
		在交通工具中所占比例(%)	8.3	16.7	33.3	41.7	0		
		在满意度中所占比例(%)	12.5	14.3	3.3	3.8	0		
	公交车	人数(人)	1	4	44	47	14	110	3.63
		在交通工具中所占比例(%)	0.9	3.6	40.0	42.7	12.7		
		在满意度中所占比例(%)	12.5	28.6	35.8	35.3	35.9		
	自驾车	人数	5	4	54	61	20	144	3.60
		在交通工具中所占比例(%)	3.5	2.8	37.5	42.4	13.9		
		在满意度中所占比例(%)	62.5	28.6	43.9	45.9	51.3		
	包车	人数(人)	0	2	6	9	1	18	3.50
		在交通工具中所占比例(%)	0	11.1	33.3	50.0	5.6		
		在满意度中所占比例(%)	0	14.3	4.9	6.8	2.6		
	其他	人数	0	0	1	3	0	4	3.75
		在交通工具中所占比例(%)	0	0	25.0	75.0	0		
		在满意度中所占比例(%)	0	0	0.8	2.3	0		

第五节　滨海旅游游客感知、满意度与忠诚度关系研究

一、理论模型

本书以游客感知、满意度、忠诚度作为研究主线，遵循游客感知质量—感知价值—满意度—忠诚度的锁链规律。虽然这个锁链规律在许多研究中得到了验证，但是本书主要研究的是滨海旅游地的可持续发展问题，因此本书在这个锁链规律中更加强调游客的感知，而且探究游客感知的范围也更广，不仅包括了以往学者研究的服务与商品感知、卫生环境感知等，更包括了对当地自然环境、社会环境的感知。据此构建了本书的理论模型，如图4-1所示。

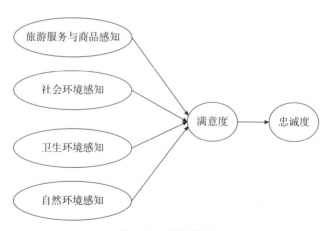

图4-1　理论模型

由本书的理论模型可见，共有两个内生结构变量，分别是满意度和忠诚度。游客满意度是一个较为综合的概念，主要用来了解游客在体验金滩及白浪滩之后的感受、是否满意此次旅游体验。为了测量游客的满意度，本书设计了两个题项，分别是"对海滨旅游的总体感受""在本景区的旅游经历"。选项按照满意程度进行了划分，按照李克特量表分为五个等级。忠诚度的测量量表主要参考了国内外采用最多的两个题项，分别是"您非常愿意向他人推荐本景区""您

再次选择滨海旅游时会首先考虑本景区"。选项的划分也是按照李克特量表的格式分为五个等级。笔者认为满意度在一定程度上决定了游客的忠诚度，这是因为只有当游客在旅游目的地有过满意的旅游体验后，才会有可能推荐该旅游目的地给他人，也会在今后旅游时想到该旅游目的地。

该理论模型中还有四个外生结构变量，分别是旅游服务与商品感知、社会环境感知、卫生环境感知、自然环境感知。

旅游拥有六大要素，分别是吃、住、行、游、购、娱。游客来到旅游目的地，必然接触到其中的各项服务，滨海旅游目的地也不例外。因此，旅游服务与商品感知正是为了了解游客对这些服务及商品的感受如何。如果游客在旅游过程中可以拥有良好的服务体验，并且购买到了质优价廉的商品，必然会产生满意感，进而提升对该旅游目的地的满意度。所以，本书将旅游服务与商品感知作为满意度的外生结构变量之一。

社会环境感知主要是指游客对旅游目的地的交通、供水、供电等基础设施状况的感受，也包括对旅游地中当地居民的友好程度感受等。笔者认为旅游地的可进入性高，游客更容易到达，而完善的基础设施可以使得游客在旅游中更加便捷，而当地居民的友好态度则会使游客在旅游中不会感到排斥，进而充分享受旅游活动。因此，社会环境也会对游客满意度产生影响。

卫生环境感知是指游客对景区、海滨建筑的污染状况感受。虽然滨海旅游地以海洋作为主要吸引物，但是滨海旅游地内的景区及滨海建筑也是吸引物，是当地重要的旅游资源之一。

自然环境感知是指游客对旅游地自然、生态环境的感受。自然环境也是滨海旅游地的主要吸引物，是当地最为重要的旅游资源。因此，自然环境也是影响游客满意度的主要因素之一。

二、本章研究假设

在以往的研究中，许多学者的研究结论均验证了满意度会影响忠诚度。然而本书的研究目的、研究对象与以往学者所研究的是不同的，所以对满意度的测量也是不同的，因此结论可能会存在差异。游客忠诚度对滨海旅游地的可持续发展起到很大的作用。只有游客忠诚于旅游地，才会在自己下次旅游时或他人旅游时选择、推荐该旅游地，才会使该旅游地得到可持续发展。笔者认为，对于滨海旅游地的忠诚度，游客满意度也是非常重要的影响因素。满意度是游客对滨海旅游地的总体感受，只有当游客对滨海旅游地非常满意时，才会有可能在下次旅游时想到该旅游地，才会有可能在他人旅游时推荐该旅游地。因此提出假设 H4-1。

H4-1：游客满意度对忠诚度有正向影响。

不论是滨海旅游地还是其他类型的旅游地，旅游服务与商品都是影响游客体验的重要方面，是游客可以直接体验且接触到的。旅游服务的好坏将会在一定程度上决定游客对此次旅游的态度。如游客在体验到了滨海的旅游风光后，却在就餐时遇到了服务态度恶劣的服务人员，那么此次旅游的心情也会大打折扣。所以提出假设 H4-2。

H4-2：游客对旅游服务与商品感知与满意度之间存在相关关系。

许多旅游地拥有非常丰富的旅游资源，但是可进入性差、基础设施落后，因而严重地影响了该旅游地的发展。特别是基础设施方面，如果一个旅游地缺水、缺电，将会影响游客的饮水及用电需要，纵使拥有丰富的旅游资源，旅游地也不会有大量游客前来。据此提出假设 H4-3。

H4-3：游客对社会环境感知与满意度之间存在相关关系。

我国许多旅游地只重视经济收入，对旅游地、景区内的卫生环境没有足够的认识，造成了一些旅游地卫生环境状况恶劣。游客在旅游时，不仅会去景区，也会在旅游地内经过。因此，景区、旅游地内的卫生环境状况是游客经常接触到的。如果当地卫生环境恶劣，那么游客的体验会有所降低，满意度进而也会降低。所以提出假设 H4-4。

H4-4：游客对卫生环境感知与满意度之间存在相关关系。

滨海旅游地最为重要的旅游吸引物便是当地的自然环境。游客来到滨海旅游地就是为了亲近大海，如果当地的海洋污染严重，将会直接导致游客的不满意。所以提出假设 H4-5。

H4-5：游客对自然环境感知与满意度之间存在相关关系。

三、实证分析

以前文中调查问卷的数据为研究基础，在对本章研究模型进行验证前，首先需要对模型中各个变量进行相关分析。相关分析主要是为了了解各个变量之间是否存在相关性、是正相关还是负相关、相关程度如何。进行相关分析，可以为构建理论模型打好基础。

本书采用 SPSS 13.0 对主要研究变量进行相关分析。首先对各变量数据进行直方图分析，发现这些变量均符合正态分布，因此采用 Pearson 法进行相关分析。具体分析结果如表 4-22 所示。

表 4-22　满意度与影响因素的相关分析

项目	满意度	旅游服务与商品感知	社会环境感知	卫生环境感知	自然环境感知
满意度	1	—	—	—	—
旅游服务与商品感知	0.567***	1	—	—	—
社会环境感知	0.586***	0.685***	1	—	—
卫生环境感知	0.511***	0.673***	0.637***	1	—
自然环境感知	0.476***	0.511***	0.529***	0.591***	1

注：*** 表示在 0.001 的水平上显著。

由表 4-22 可知，旅游服务与商品感知、社会环境感知、卫生环境感知、自然环境感知与满意度之间均存在正向的相关关系，而且各因素与满意度之间的相关系数分别为 0.567、0.586、0.511、0.476，且均在 0.01 的水平下显著。由表 4-23 可知，满意度与忠诚度之间也存在正向的相关关系，相关系数为 0.591，也在 0.01 的水平下显著。

表 4-23　满意度与忠诚度的相关分析

项目	满意度	忠诚度
满意度	1	
忠诚度	0.591***	1

注：*** 表示在 0.001 的水平上显著。

虽然相关分析的结果已经验证了这些因素与满意度、满意度与忠诚度之间存在正向相关关系，但相关分析不能明确各变量之间的逻辑关系。为了探明各变量在结构上的逻辑关系，本书将采用结构方程模型对各变量之间的关系进行进一步的检验。

对于本章所提出的假设，本书将采用结构方程模型分析法进行验证。通过将有效问卷的数据放入理论模型中，可以得到图 4-2。

由图 4-2 可知，旅游服务与商品感知对游客满意度的路径系数为 0.19，社

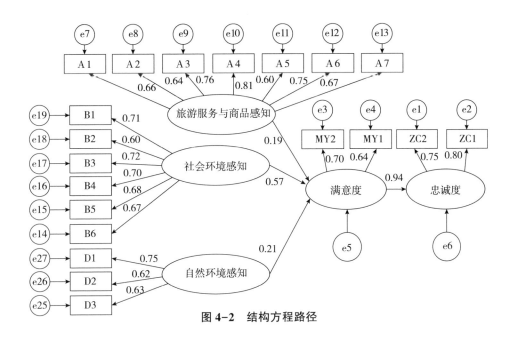

图 4-2　结构方程路径

会环境感知对游客满意度的路径系数为 0.57，自然环境感知对游客满意度的路径系数为 0.21，满意度对游客忠诚度的路径系数为 0.94。潜变量与测量变量间的路径系数（载荷系数）均在 0.5 以上。接着探究本模型的拟合程度，本书将该理论模型的相关数据与标准进行了整理，如表 4-24 所示。

表 4-24　模型拟合度

评价指标	CMIN/DF	RMR	GFI	PGFI	NFI	IFI	CFI	RMSEA
标准	(1, 3)	<0.05	>0.9	>0.5	>0.9	>0.9	>0.9	<0.08
结果	2.926	0.046	0.869	0.675	0.85	0.896	0.895	0.077

由表 4-24 可知，本章的理论模型的相关指标基本符合或者十分接近相关的标准。因此，本章提出的理论模型拟合优度较好。

由于模型整体拟合程度较好，接下来将通过该模型的路径系数对假设进行验证。从基本适配指标来看，所有的路径系数估计值的标准差均为正数。C.R. 值是一个 Z 统计量，它是参数估计与其标准差之比构成的，AMOS 给出 C.R. 的统计检验相伴概率 P，C.R. 值的临界值为 1.96。由表 4-25 可知，本章理论模型中所有路径的 C.R. 值均超过了 1.96 这个临界值。但是旅游服务与商品感知对游客满意度的 P 值为 0.054，超过了 0.05，因此拒绝假设 H4-2。其余假设由于 P 值均小于 0.05，因此假设均成立。

表 4-25　模型路径系数

潜变量	路径	测变量	Estimate	S. E.	C. R.	P	Label
满意度	←	旅游服务与商品感知	0.189	0.098	1.930	0.054	0.194
满意度	←	社会环境的感知	0.616	0.128	4.815	***	0.572
满意度	←	自然环境的感知	0.220	0.090	2.427	0.015	0.206
忠诚度	←	满意度	1.050	0.094	11.157	***	0.938
ZC2	←	忠诚度	1.000	—	—	—	0.749
ZC1	←	忠诚度	1.078	0.082	13.150	***	0.802
MY2	←	满意度	1.000	—	—	—	0.704
MY1	←	满意度	0.825	0.080	10.328	***	0.635
A1	←	旅游服务与商品感知	1.000	—	—	—	0.656
A2	←	旅游服务与商品感知	0.871	0.086	10.146	***	0.640
A3	←	旅游服务与商品感知	1.006	0.086	11.684	***	0.758
A4	←	旅游服务与商品感知	1.075	0.087	12.338	***	0.812
A5	←	旅游服务与商品感知	0.776	0.081	9.574	***	0.599
A6	←	旅游服务与商品感知	0.968	0.083	11.612	***	0.752
A7	←	旅游服务与商品感知	0.901	0.086	10.533	***	0.669
B6	←	社会环境的感知	1.000	—	—	—	0.667
B5	←	社会环境的感知	0.994	0.092	10.778	***	0.685
B4	←	社会环境的感知	1.091	0.099	11.044	***	0.705
B3	←	社会环境的感知	1.034	0.092	11.221	***	0.718
B2	←	社会环境的感知	1.027	0.107	9.589	***	0.600
B1	←	社会环境的感知	1.152	0.104	11.057	***	0.706
D3	←	自然环境的感知	1.000	—	—	—	0.633
D2	←	自然环境的感知	0.995	0.117	8.512	***	0.618
D1	←	自然环境的感知	1.143	0.120	9.487	***	0.751

注：***表示在 0.001 的水平上显著。
资料来源：笔者整理。

四、结果分析

通过结构方程分析法对本章提出的理论模型进行了验证，发现社会环境感知、自然环境感知与游客满意度均存在显著的正向相关关系，满意度也与游客忠诚度存在显著的正向相关关系。而旅游服务与商品感知则与游客满意度之间不存在显著的相关关系。

对于旅游服务与商品感知与游客满意度之间不存在显著的相关关系，笔者认为这可能是金滩、白浪滩的旅游发展还不成熟造成的。当前，防城港市旅游业以滨海旅游为主，特别是金滩、白浪滩。但是除了这两个较为知名的景点外，并无其他知名景点，因此没有形成规模效应，整体吸引力不强，所以到防城港的游客基本不会过夜。另外，虽然金滩、白浪滩近些年发展快速，但是各项旅游服务的配套设施还十分缺乏。以上两个原因直接造成许多游客并没有、也没有机会体验到相关的旅游服务，所以造成了旅游服务与商品感知与游客满意度没有显著的相关关系。

本书中的社会环境是指旅游地与景区的交通、治安、当地居民的态度等。本章的研究结论为现实社会环境对游客满意度是有正向相关关系的。笔者认为对于游客而言，交通、治安状况的好坏在一定程度决定了此次游览的心情。如一些滨海景区面积很大，但是景区内却没有便捷的交通，游客只能步行前往景点，这对于游客而言已经不是享受旅游带来的休闲了。虽然滨海旅游地的主要景区在海边，但是依然有不少的当地居民住在景区附近，一些居民成为了服务人员，或自己经营小生意，游客或多或少会与当地居民有所接触。而这些接触也使游客对当地有了更为深刻的认识。如果居民态度友好，可以为游客指明道路、汽车站方位等，游客也会对当地居民产生好感，从而增加满意度。

笔者认为，防城港作为广西著名的滨海城市，拥有丰富的滨海旅游资源。金滩、白浪滩是防城港市最为著名、发展较早的景点。大海、沙滩是金滩、白浪滩最吸引游客的吸引物。而绝大多数的游客来到防城港的金滩、白浪滩旅游，正是为了欣赏大海的广阔、沙滩的柔软感受、无忧无虑的生活等。因此，滨海旅游地的海洋水质、滨海风景成为了游客极为关注的重点。本章的研究结果也显示，滨海旅游地自然环境的感知可以提高游客的满意度。所以，滨海旅游地在今后的旅游发展中必须以保护当地海洋、滨海地区环境为主要任务，这样才可以为游客持续提供良好的自然生态环境，进而提升游客的满意度。

本书的研究结果验证了在滨海旅游地中，满意度对游客忠诚度是有显著正向影响的。忠诚度对于旅游地而言是至关重要的，这关系到旅游地的可持续发展问题。因为这决定了旅游地是否拥有较好的口碑，能否通过游客宣传进而吸引更多游客的前来。而本章的研究也显示满意度对游客忠诚度有着显著的正向关系。因此，为了促进滨海旅游地的可持续发展，需要提高游客的满意度。通过实证分析，滨海旅游地的社会环境、自然环境是显著的影响满意度的因素。所以滨海旅游地在今后的发展中必须保护当地的自然、生态环境，同时旅游地的交通等基础设施还需要进一步完善。此外，虽然本次研究中旅游服务与商品感知与满意度相关关系不显著，但是这并不意味着滨海旅游地在今后的发展中可以不重视旅游服务。相反，应该更加重视起来，在此次调研中笔者发现，金滩与白浪滩的相关旅游服务缺失严重，仅仅提供很基础的旅游产品，这是难以支撑起当地旅游业可持续发展的。旅游业属于服务业中的一种，许多旅游活动需要良好的服务支撑。我国许多滨海旅游地目前还处于旅游发展的初级阶段，今后应在旅游服务方面着力加强。

第六节　本章小结

本章从自然生态条件、社会文化环境、基础设施条件、经济发展概况和旅游业发展水平等方面，分析了防城港市滨海旅游的基础条件和发展现状，得出防城港具有重要的国防意义和显赫的战略地位，经济发展保持强劲的发展势头，旅游资源的组合度和丰富度比较高，拥有秀丽的山水资源、丰富的滨海资源和奇异的边关民俗风情。

游客对旅游影响的感知与态度分析的具体内容包括：分析了防城港滨海旅游的现状和基础，滨海游客对旅游影响的感知研究、滨海游客的总体感受方差分析。对防城港滨海游客对旅游影响的感知研究，采用因子分析法将游客感知形象的因素进行降维，提取出四个公因子，即旅游服务与商品感知形象、社会环境感知形象、卫生环境感知形象、自然环境感知形象。从整体上看，游客对当地滨海旅游的感知都呈现出积极作用。社会环境感知、自然环境感知都在3.40以上，表明游客对当地这两方面都较为满意。对旅游服务与商品环境感知、卫生环境感知表现出中立的态度，说明景区应该重视这两方面的建设。总体上，游客对旅游地的满意度和忠诚度较高，这主要是通过"对海滨旅游的总体感受""在本景区旅游经历""您再次选择滨海旅游时会首先考虑本景区""您非常愿意向他人推荐本景区"四个问题的回答来体现的，其均值分别达到了3.57、3.53、3.59、3.32，除最后一项，其余都处于满意的状态，说明景区应该加强服务、卫生环境建设，提高游客的忠诚度和满意度。

对滨海游客总体感受的方差分析的研究发现：性别对游客总体感受的影响不明显；老年人的满意度稍微高于中、青年群体；虽然各群体的感知存在差异，但总体上都偏向满意，学历对游客感知所造成的差异不明显；职业对游客的感知造成影响，其中企业、单位工作人员对滨海旅游感知满意度较高，非在职工作人员感知满意度较低；游客前往滨海旅游主要是为了"放松休闲""欣赏美景""自然风光"；乘坐不同的交通工具给游客的总体感受带来了差异。

第五章

防城港市滨海旅游的社区参与及
居民旅游感知研究

第一节　防城港市滨海旅游居民感知研究

防城港居民的调查问卷的数据主要来自金滩和白浪滩两个旅游景点,具体内容分为六个部分:个人背景项目、居民参与旅游基本情况、居民对旅游地的影响评估、满意度和态度、存在问题、对滨海旅游发展的建议。其中居民对旅游的影响评估设定了26个居民感知指标,用李克特量表来量化居民的感知程度,这26个影响居民感知的指标的选取和指标体系的建立是以居民感知作为基础。本次调查共发放问卷275份,经过整理后,得到有效问卷265份,有效率为96.36%。其中,金滩占176份,白浪滩占99份。

一、人口特征分析

265位被调查居民的人口特征分析如表5-1所示。从表5-1中我们可以发现,被调查者中男女比例基本持平;年龄主要集中在25~44岁,他们有一定的社会阅历,能够更准确感知旅游给当地社区带来的影响;文化程度不高,这一方面说明当地的文明化程度还较低,另一方面也增加了调查的难度;在本地居住的时间都比较长,约70%的被调查居民超过10年,多为当地几代在此居住的村民;职业差异比较大,对各行业的村民都进行了调研。

表5-1　被调查者的人口特征统计分析

	项目	人数（人）	百分比（％）
性别	男	137	53.0
	女	128	47.0

续表

	项目	人数（人）	百分比（%）
年龄（岁）	14 及以下	57	21.8
	15~24	42	16.0
	25~44	132	50.4
	45~64	28	10.7
	65 及以上	3	1.1
	未作答	3	
文化程度	大专及以上	26	10.1
	中专及高中	52	20.2
	初中	66	25.6
	小学	106	41.1
	小学以下	8	3.1
	未作答	8	
本地居住时间	5 年及以下	47	18.5
	5~10 年	29	11.4
	11~20 年	119	46.9
	21~30 年	29	11.4
	30 年及以上	30	11.8
	未作答	11	
职业	农民	43	16.3
	工人	31	11.7
	专业技术人员	16	6.1
	职员	19	7.2
	教育工作者	7	2.7
	政府工作人员	5	1.9
	企事业管理人员	6	2.3
	学生	54	20.5
	服务及售货人员	65	24.6
	退休人员	2	0.8
	军人	0	0
	其他	16	6.1
	未作答	2	

续表

项目	人数（人）	百分比（%）
3	32	12.5
4	103	40.2
5	73	28.5
6	28	10.9
7	11	4.3
8	2	0.8
9	1	0.4
10	5	2.0
11	1	0.4
未作答	10	

是否为景区搬迁户	是	37	14.4
	否	220	85.6
	未作答	9	

是否为外来商户	是	63	26.6
	否	174	73.4
	未作答	29	

是否从事旅游相关行业	是	97	37.0
	否	165	62.0
	未作答	4	

注：百分比为选项占该问题数的实际应答数的比重。

二、居民参与情况分析

（一）居民参与情况

由表 5-2 可知，在所调研的 265 位居民中，有 202 位居民的家庭有参与到旅游经营中，其中经营活动最多的为旅游商品买卖，比例达到 42.6%。在调研中，我们发现当地很多居民在海滩贩卖贝壳、珍珠手链等旅游纪念品，当地居民解释这样小成本的买卖风险较小，而在旅游高峰期利润也较为可观。其次是餐饮业，比例为 23.9%，多为一些快餐店。其余旅游经营活动如住宿业、娱乐、旅游交通、观光农园、围网捕鱼、旅游中介等所占比例均不超过 8%。在旅游收

家庭人口数

入方面，家庭年均收入超过 1 万元的有 115 位，其中超过 3 万元的有 53 位。旅游收入占家庭收入的 21%～50% 这一群体的数量最多，即小部分的依赖旅游为其经济来源，占 46.5%，25.8% 的家庭以旅游收入为家庭的主要收入。

表 5-2　居民参与旅游情况分析

	项目	人数（人）	百分比（%）
家庭是否从事旅游经营	是	202	76.2
	否	63	23.8
	未作答	0	
家庭主要从事哪些经营活动	住宿	13	6.6
	餐饮	47	23.9
	旅游商品买卖	84	42.6
	娱乐	14	7.1
	旅游交通	6	3.0
	观光农园	11	5.6
	围网捕鱼	13	6.6
	旅游中介	9	4.6
	未作答	68	
年均旅游收入（元）	1000 以下	11	5.4
	1000～3000	27	13.4
	3001～5000	34	16.8
	5001～10000	15	7.4
	10001～20000	29	14.4
	20001～30000	33	16.3
	30000 以上	53	26.2
	未作答	63	
家庭旅游收入占家庭经济收入的比重（%）	10 以下	35	17.3
	10～20	21	10.4
	21～50	94	46.5
	51～80	29	14.4
	80 以上	23	11.4
	未作答	63	

注：百分比为选项占该问题数的实际应答数的比重。

（二）旅游参与情况与社区满意度交叉分析

表5-3解释了参与旅游业的居民与不参与旅游业的居民对社区生活的满意程度。从频数和百分比来看，参与旅游业的居民满意度为48.5%，不参与旅游业的居民满意度为38.1%，低于参与旅游业的居民；参与旅游业居民的不满意度为19.8%，不参与旅游业居民的不满意度28.6%，高于参与旅游业的居民。从均值来看，参与居民的均值为3.36，高于不参与居民的均值。综合上述分析可知，是否参与旅游业对居民社区生活的满意度感知存在差异。

表5-3　居民是否参与旅游业与满意度的交叉分析

项目		变量	总体印象					N	均值
			非常不满意	不满意	一般	满意	非常满意		
家庭是否参与旅游经营	是	人数（人）	19	21	64	65	33	202	3.36
		占回答为"是"的比例（%）	9.4	10.4	31.7	32.2	16.3		
		在满意度中所占比例（%）	65.5	72.4	75.3	81.3	78.6		
	否	人数（人）	10	8	21	15	9	63	3.08
		占回答为"否"的比例（%）	15.9	12.7	33.3	23.8	14.3		
		在满意度中所占比例（%）	34.5	27.6	24.7	18.8	21.4		

表5-4解释了不同旅游收入家庭居民对社区生活的满意程度。从频数和百分比可知，横向来看，年均旅游收入在3000元以下的居民，满意度均未达到20%，其中1000元以下群体的满意度仅为9.1%，1001～3000元群体的满意度为14.8%；年均旅游收入超过5000元的居民，满意度在60%左右，其中满意度值最高的为5001～10000元这一群体，达到66.7%；其次为10001～20000元这一群体，满意度为62.1%；年均旅游收入30000元以上、20001～30000元的群体紧随其后，满意度值分别为60.3%、57.6%。纵向来看，满意度最高的为30000元以上群体，在感知为"满意"这一项中，居民数量占30.3%，"非常满意"这一项中，居民数量占36.4%；满意度最低的为1000元以下群体，仅1.5%的居民表示"满意"。从均值来看，满意度最高的依旧为30000元以上群体，均值达3.72，最低为1000元以下群体，而且从表格中所列数值不难发现，居民的社区满意度随着家庭收入的增加而递增。综上分析可知，家庭旅游收入的不同对居民的社区满意度感知存在显著差异，收入高的家庭满意度高，收入低的家庭满意度低。

表 5-4　旅游收入与满意度的交叉分析

项目		变量	总体印象					N	均值
			非常不满意	不满意	一般	满意	非常满意		
旅游收入	1000 元及以下	人数（人）	3	4	3	1	0	11	2.18
		在收入中所占比例（%）	27.3	36.4	27.3	9.1	0		
		在满意度中所占比例（%）	15.8	20.0	4.7	1.5	0		
	1001~3000 元	人数（人）	6	3	14	3	1	27	2.63
		在收入中所占比例（%）	22.2	11.1	51.9	11.1	3.7		
		在满意度中所占比例（%）	31.6	15.0	21.9	4.5	3.0		
	3001~5000 元	人数（人）	4	5	10	11	4	34	3.18
		在收入中所占比例（%）	11.8	14.7	29.4	32.4	11.8		
		在满意度中所占比例（%）	21.1	25.0	15.6	16.7	12.1		
	5001~10000 元	人数（人）	1	1	3	9	1	15	3.53
		在收入中所占比例（%）	6.7	6.7	20.0	60.0	6.7		
		在满意度中所占比例（%）	5.3	5.0	4.7	13.6	3.0		
	10001~20000 元	人数（人）	1	2	8	12	6	29	3.69
		在收入中所占比例（%）	3.4	6.9	27.6	41.4	20.7		
		在满意度中所占比例（%）	5.3	10.0	12.5	18.2	18.2		
	20001~30000 元	人数（人）	2	3	9	10	9	33	3.64
		在收入中所占比例（%）	6.1	9.1	27.3	30.3	27.3		
		在满意度中所占比例（%）	10.5	15.0	14.1	15.2	27.3		
	30000 元以上	人数（人）	2	2	17	20	12	53	3.72
		在收入中所占比例（%）	3.8	3.8	32.1	37.7	22.6		
		在满意度中所占比例（%）	10.5	10.0	26.6	30.3	36.4		

三、旅游地居民对旅游影响的感知分析

（一）研究方法

参照国外已有文献，运用因子分析、信度分析法对游客对旅游地的感知情况进行分析。①因子分析。通过研究多个指标的关系，发现可以代表所有指标的公共因子，并通过新的表现方式来说明原始指标与公共因子之间的相互关系，其根本目的是简化观测系统，减少指标维数，用较少的公因子来解释整个样本。在样本数量方面，一般要求样本数不低于 50，且样本数至少是变量的 5 倍。本书研究中游客对旅游地感知的题项为 22 个，至少需要 110 个样本，而我们实际拥有 265 个样本，满足因子分析的要求。②信度分析。采用的是 Cronbach's alpha 系数，用来评价量表的可靠性和一致性，是目前使用最广的检验可靠性指标。

（二）分析过程

1. KMO 检验和巴特利特球形检验

对数据进行 KMO 抽样适当性检验和 Bartlett 球形检验（如表 5-5 所示）：KMO=0.842，大于 0.60 的推荐标准，Bartlett 的球形检验值=1563.337，在自由度为 231 的条件下和小于 0.001 水平上达到显著，适合进行因子分析。

表 5-5　KMO 和 Bartlett 的检验

取样足够度的 Kaiser-Meyer-Olkin 度量		0.842
Bartlett 的球形检验	近似卡方	1563.337
	df	231
	Sig.	0.000

2. 可靠性检验

测量量表的可靠性也称内部一致性检验，通常采用的指标是 Cronbach's alpha 系数。本书在测试量表中，alpha 系数为 0.749，表示此量表信度较好，具有可靠性（见表 5-6）。

表 5-6　可靠性统计

Cronbach's alpha	项数
0.749	22

3. 因子分析

（1）因子的提取。保留所有特征值大于 1 的公因子，采用主成分分析的提取方法，根据表 5-7 中解释的总方差，提取出 6 个公因子，他们的初始特征值分别为 5.226、3.413、2.678、1.856、1.459、1.257。

对所有因子进行分类，并对公因子进行命名，将所有因子的得分矩阵进行旋转，得出旋转后 6 个公因子共解释原有因子总方差的 72.218%，因子分析效果符合理想的要求。

表 5-7　因子解释的总方差

成分	初始特征值			提取平方和载入			旋转平方和载入		
	合计	方差的 %	累计%	合计	方差的 %	累计 %	合计	方差的 %	累计 %
1	5.226	23.753	23.753	5.226	23.753	23.753	3.969	18.039	18.039
2	3.413	15.513	39.266	3.413	15.513	39.266	3.126	14.208	32.247
3	2.678	12.173	51.439	2.678	12.173	51.439	2.675	12.161	44.408
4	1.856	8.436	59.875	1.856	8.436	59.875	2.293	10.425	54.833
5	1.459	6.631	66.506	1.459	6.631	66.506	2.036	9.256	64.089
6	1.257	5.712	72.218	1.257	5.712	72.218	1.788	8.129	72.218
7	0.977	4.443	76.661						
8	0.915	4.159	80.820						
9	0.729	3.314	84.134						
10	0.718	3.264	87.398						
11	0.503	2.284	89.683						
12	0.401	1.823	91.506						
13	0.369	1.676	93.181						
14	0.300	1.366	94.547						
15	0.269	1.223	95.770						
16	0.246	1.116	96.887						
17	0.201	0.912	97.799						
18	0.175	0.794	98.593						
19	0.139	0.631	99.224						
20	0.099	0.449	99.672						
21	0.064	0.291	99.963						
22	0.008	0.037	100.000						

（2）因子的命名与解释。将因子矩阵进行正交旋转后，根据各因子在 6 大

公因子中的分布情况来判断该因子和提取公因子的相关性，相关系数越大就表明相关性越强。然后，依据负荷量高的因子之间的共同特性来为该公因子命名。为了保证因子分析的准确性，本文仅保留因子负荷量大于 0.4 的作为保留题项的衡量标准，删除后依旧有 22 个因子。从居民感知的角度对各公因子的性质进行命名。

（3）因子分析结果。居民对旅游影响感知的因子分析结果如表 5-8 所示。

表 5-8　居民对旅游影响的因子分析结果

感知形象因子 （方差贡献率%）	因子	因子载荷值	Cronbach's alpha 系数	特征值
经济利益 （18.039%）	使本地居民的生活水平提高	0.854	0.768	5.226
	促进了本地经济的发展	0.850		
	促进了道路和其他公共设施的改善	0.721		
	社区参与和管理程度	0.657		
	使您的个人收入增加	0.653		
社会利益 （14.208%）	废弃物处理能力	0.960	0.776	3.413
	使本地村民更加殷勤好客	0.956		
	促进了民族文化的保护	0.928		
	本地自然环境得到保护	0.915		
	居民环保意识增强	0.887		
	改善了当地的村容村貌	0.604		
环境利益 （12.161%）	有利于本地传统文化的发掘和发展	0.881	0.773	2.678
	旅游增加了投资机会	0.774		
	改善了地方形象和知名度	0.728		
经济成本 （10.425%）	造成当地商品服务价格增加	0.780	0.657	1.856
	造成了生活费用的增加	0.777		
	传统民族文化开发商业化	0.593		
	旅游收益在本地村民中分配不公	0.534		
环境成本 （9.256%）	造成了滨海和乡村的环境破坏	0.733	0.543	1.459
	使本地传统文化受到冲击	0.582		
社会成本 （8.129%）	交通和人口过度拥挤	0.714	0.421	1.257
	使本地犯罪和不良现象增加	0.512		

1）旅游经济利益感知因子。该因子主要解释了"使本地居民的生活水平提高""促进了本地经济的发展""促进了道路和其他公共设施的改善""社区参与和管理程度""使您的个人收入增加"5个因素，这些因素均反映出积极的感知内容，并且与当地经济发展高度相关。因子负荷介于0.653~0.854，旋转后的方差贡献率为18.039%，是因子负荷水平最高的一组。

2）旅游社会利益感知因子。该因子主要解释了"废弃物处理能力""使本地村民更加殷勤好客""促进了民族文化的保护""本地自然环境得到保护""居民环保意识增强""改善了当地的村容村貌"6个因素，这些因素均反映出积极的感知内容，并与当地社会进步高度相关。因子负荷介于0.604~0.960，旋转后的方差贡献率为14.208%。

3）旅游环境利益感知因子。该因子主要解释了"有利于本地传统文化的发掘和发展""旅游增加了投资机会""提高了地方形象和知名度"3个因素，这些因素均反映出积极的感知内容，并且与当地的环境发展息息相关。因子负荷介于0.728~0.881，旋转后的方差贡献率为12.161%。

4）旅游经济成本感知因子。该因子主要解释了"造成当地商品服务价格增加""造成了生活费用的增加""传统民族文化开发商业化""旅游收益在本地村民中分配不公"4个因素，这4个因素均反映出消极的感知内容，并与当地经济利益相冲突。因子负荷介于0.534~0.780，旋转后的方差贡献率为10.425%。

5）旅游环境成本感知因子。该因子主要解释了"造成了滨海和乡村的环境破坏""使本地传统文化受到冲击"2个因素，均反映出消极的感知内容，并与当地环境利益背道而驰。因子负荷介于0.582~0.733，旋转后的方差贡献率9.256%。

6）旅游社会成本感知因子。该因子主要解释了"交通和人口过度拥挤""本地犯罪和不良现象增加"2个因素，均与当地社会利益相悖。因子负荷介于0.512~0.714，旋转后的方差贡献率为8.129%。

（4）旅游地居民对旅游感知的内容。表5-9提供了居民对旅游影响感知的6个维度的平均值，可以看出，排名靠前的有旅游经济利益、旅游环境利益、旅游社会利益，它们的均值分别为3.58、3.58、3.50。一般而言，李克特量表等级评分在1~2.5表示反对，在2.5~3.4表示中立，3.4~5表示赞同。从上述值可以看出，居民对旅游所带来的经济利益、环境利益、社会利益均持赞同态度，与此同时，对旅游所引发的消极影响开始初见端倪，首先是对经济成本的感知（3.11），但对社会成本（2.84）和环境成本（2.73）这两项则普遍没有感知。

接下来将从旅游经济影响、社会影响、环境影响三方面来展开分析。

表 5-9　滨海居民对旅游影响的感知

项目	均值	标准差	所占比例（%）				
			1	2	3	4	5
经济利益	3.58						
使本地居民的生活水平提高	3.68	1.143	5.6	11.3	18.8	38.3	25.9
促进了本地经济的发展	3.67	1.120	4.5	10.5	25.6	32.0	27.4
促进公共设施的改善	3.81	1.077	3.4	9.0	21.8	35.0	30.8
社区参与和管理程度	3.33	1.138	8.3	11.7	35.7	27.4	16.9
个人收入增加	3.42	1.094	5.3	15.0	28.2	35.0	16.5
社会利益	3.50						
废弃物处理能力	3.33	1.171	9.8	11.3	31.2	31.2	16.5
使本地村民更加殷勤好客	3.66	1.122	6.0	7.9	25.9	34.6	25.6
促进了民族文化的保护	3.56	1.246	9.8	9.0	22.9	31.6	26.7
本地自然环境得到保护	3.43	1.073	6.0	12.4	28.9	38.0	14.7
居民环保意识增强	3.43	1.121	7.9	11.7	25.2	40.2	15.0
提高了当地的村容村貌	3.61	1.128	6.4	12.0	16.2	45.1	20.3
环境利益	3.58						
有利于本地传统文化发展	3.53	1.179	7.1	11.7	25.9	31.6	23.7
旅游增加了投资机会	3.45	1.207	8.6	12.8	25.2	32.0	21.4
提高了地方形象和知名度	3.75	1.085	5.6	6.8	20.3	41.7	25.6
经济成本	3.11						
当地商品服务价格增加	3.16	1.241	13.2	14.7	30.8	25.6	15.8
造成了生活费用的增加	3.23	1.280	13.9	12.4	29.7	25.2	18.8
传统民族文化开发商业化	3.01	1.101	11.3	15.8	43.6	19.2	10.2
旅游收益分配不公	3.05	1.193	12.8	18.8	31.2	25.6	11.7
环境成本	2.73						
造成了滨海环境破坏	2.68	1.219	20.7	26.3	24.1	22.2	6.8
使本地传统文化受到冲击	2.77	1.208	16.9	25.6	31.6	15.4	10.5
社会成本	2.84						
交通和人口过度拥挤	3.01	1.196	12.8	20.3	32.0	22.9	12.0
使本地犯罪和不良现象增加	2.67	1.116	18.4	26.7	31.6	15.8	7.5

续表

项目	均值	标准差	所占比例（%）				
			1	2	3	4	5
旅游态度	3.72						
支持旅游发展	3.73	1.068	3.4	11.7	18.4	41.4	25.2
正确选择	3.71	1.127	5.6	8.6	21.8	36.5	27.4

注：数字1表示非常反对，2表示反对，3表示中立，4表示同意，5表示非常同意。

1）旅游经济影响的感知。从表5-9可以看出，居民对旅游所带来的影响方面的感知都比较一致，在正面影响中的5个选项中，4个都选择了赞成，其余1个处于中立且稍微偏向赞成；在负面影响的4个选项中，均表示中立，这说明居民对负面影响的感知还比较弱。

第一，滨海旅游业的发展促进了当地经济的发展，使居民的个人收入增加，提高了当地人民的生活水平，促进了道路和其他公共设施的改善，同时，居民也在一定程度上参与当地社区管理。调查中，对"促进了本地经济的发展"持"同意""非常同意"的达到32.0%、27.4%，持"非常反对"的仅4.5%；对"社区参与和管理"持"同意""非常同意"的达到27.4%、16.9%，持"非常反对"的占8.3%。数据显示，有38.3%、25.9%的居民"同意"或"非常同意"旅游"使本地居民的生活水平提高"，这体现了旅游确实给当地居民带来了好处，虽然这样的好处是有限的，但是当地居民真切地感受到了这一点。随着2008年1月《广西北部湾经济区发展规划》的批准实施，广西旅游业的发展遇到了新的机遇，防城港作为北部湾经济区的战略发展区之一，村民对此给予了极高的预期和热情，但现有的经济收益和村民所预期的经济期望值尚有一定的距离，有5.3%、15%的居民直接指出"非常反对"和"反对"旅游"使您的个人收入增加"。

第二，村民对旅游所带来负面的经济影响感知还比较弱，感知平均值为3.11。主要表现在旅游引发的物价上涨方面。有25.6%、15.8%的村民"同意"和"非常同意"旅游业发展"造成当地商品、服务价格的上涨"（均值3.16），有25.2%、18.8%的村民"同意"和"非常同意"旅游业发展"造成了生活费用的上涨"（均值3.23）。而在"传统民族文化开发商业化、庸俗化""旅游收益在本地村民中分配不公"2项中，村民多数还没有感知，只有不超过40%的村民持"同意""非常同意"的态度，这一方面是由于当地少数民族文化并没有得到充分的开发，各种负面现象并没有出现，同时37.3%的村民对"旅游收益在本地村民中分配不公"持"同意"或"非常同意"的态度，也从侧面说明要考虑当地村民的利益，妥善处理当地村民间的矛盾和冲突，让村民从旅游开发中获得利润，从而成为旅游开发的积极参与者。

2）旅行社会影响的感知。居民对旅游开发的社会影响的感知，主要包括社会文化收益和居民精神面貌两个方面，感知均值在 3.33~3.66，平均值为 3.50，赞成率均在 50% 以上，正面影响认可度高；对于旅游发展给居民所带来的负面影响，即社会成本，平均值为 2.84，两个题项均值分别为 2.67、3.01，都为中立态度，所以，可以看出旅游对当地居民的生产生活、道德标准、文化生态等产生了较为深刻的影响，尤其表现在居民的精神面貌方面。

在社会收益方面：旅游发展促进了当地少数民族文化的保护，使得居民更加珍惜少数民族地方特色文化和原有的生活方式；在"促进了民族文化的保护"这一题项中，赞成率达到 58.3%。事实上，当地最具特色的少数民族——京族，也是越南的主体民族，其先民大约在 16 世纪初从越南的涂山陆续迁徙到中国，与汉族、壮族等各族人民在防城港东兴开发建立了三个岛屿，而金滩就位于三岛之一的万尾岛。新中国成立前，主要从事浅海捕捞的渔业，比较贫穷落后；新中国成立后，随着沿海地区更为优惠的开放政策，《广西北部湾经济区发展规划》的批准实施，使当地的民间文化艺术得到了广泛的发展传播，"唱哈"、竹竿舞、独弦琴被誉为京族文化"三宝"，也逐渐吸引了越来越多的游客前来。

在居民精神面貌方面：旅游发展拓宽了居民的视野，使居民的精神面貌焕然一新。在过去，当地居民从事着浅海捕鱼的工作，在当地"翁村"的压迫下，生活条件极为困苦，随着改革开放的浪潮，旅游得到开发，当地村民的生活水平逐渐上升，生活环境也得到改善。在"提高了当地的村容村貌"这一选题中，65.4% 的村民持同意的态度。从旅游业的发展得到益处后，村民也逐渐认识到环境保护的重要性，明白优良的环境才是吸引游客的关键，"本地自然环境得到有效保护""居民环保意识增强"这两个题项的均值均为 3.43，超过 50% 的村民持同意的态度。大量游客的蜂拥而至，或多或少会给当地带来垃圾，在"废气物处理能力"这一题项中，均值虽然只 3.33，但属于中立偏向赞成，因此政府在旅游开发时，应加强对废弃物的处理，使之不影响居民的日常生活。与此同时，在不断与游客的接触过程中，村民逐渐发现了提高经济收益的途径，不少村民积极地投入到旅游经营活动中，在旅游服务市场中个人能力不断攀升，经营技能也得到了提升，逐渐明白顾客至上的道理，对待游客更加亲切，因此在"使本地村民更加殷勤好客"这一题项中，大多数村民对此有着较高的认可，均值为 3.66，同意比例达到 60.2%。

在社会成本方面：统计分析，在"旅游使本地犯罪和不良现象增加"这一题项中，均值仅为 2.67，45.1% 的村民持"非常反对"或"反对"的意见，说明居民不认可旅游造成当地犯罪等不良影响的发生，对社会负面影响的感知不敏感，属于中立偏反对。而对于旅游者带来的"交通和人口过度拥挤"问题，居民也未有感知，均值为 3.01，处于中立的态度。

3）旅游环境影响。在抽样调查的基础上，将居民对旅游环境的感知进行了统计分析，得出了相关的均值、标准差和同意率，我们从中发现，与之前经济、社会感知相类似，居民对旅游所带来的环境收益感知明显，而对旅游所带来的环境成本感知较弱。

从表 5-9 中，我们发现居民对旅游所带来环境的感知收益的 3 个题项均表示同意，均值分别为 3.53、3.45、3.75，其中"提高了地方形象和知名度"均值为 3.75，为 22 个选项中均值最高的一个，同意率达到 67.3%。而在负面影响的 2 个选项中，均值分别为 2.68、2.77，对负面感知不强烈。

居民环境正面感知可以从以下两个方面来看：①人文环境。旅游发展促进了当地环境的发展，提升了海滨村落的地方形象和知名度。村民对此的认可度较高，均值为 3.75。同时，旅游业的发展，也使当地传统文化得到了传播和发展，越来越多的人开始了解中国唯一一个滨海少数民族——京族的文化，因此在"有利于本地传统文化发展"这一选项中，同意率达到 55.3%，均值为 3.53。②生活环境。旅游所带来的环境收益主要表现在新增加的投资收益，促进了当地基础设施的建设，新的投资带来新的就业，因此在"旅游增加了投资机会"这一选项中，村民的认可度也较高，均值为 3.45。然而值得注意的是这一选项的标准差比较大，为 1.207，说明当地村民对此的认知差异比较大，在比例上我们也可以发现，有 21.4% 的村民持"非常反对"或"反对"的态度。

旅游对环境的负面影响主要表现在自然环境方面和文化环境方面。①自然环境方面。由于近年来滨海旅游热潮的兴起，黄金周游客超载对滨海海岸线环境造成了很大的破坏，但村民对此的感知并不显著，有 47% 的村民持"非常反对"或"反对"的态度。②生活方面。主要表现在外来人口的增多、文化的融合给当地传统文化所带来的冲击，均值为 2.77，持中立的态度。值得指出的是，虽然居民对负面影响的感知不明显，但是标准差都比较大，这也说明，居民对此的认知存在较大的差异。前文的调查结果显示，由于被调查居民大部分文化程度较低，所以居民对旅游给环境带来的负面影响的认知较为缓慢。

第二节　滨海居民对社区生活的总体满意度分析

一、总体满意度分析

调查问卷显示，被调查的居民中有 15.8% 居民对社区生活整体状况表示"非常满意"，30.1% 的居民认为"满意"，有 32.3% 的村民感觉"一般"，认为"不满意"和"非常不满意"的居民均为 10.9%，问卷总体得分为 3.29。

把对社区整体状况感到"非常满意"或"满意"的居民归为高满意群体类型，将那些对社区整体状况感到"不满意"或"非常不满意"的居民归为低满意群体类型，则有 45.9% 的村民属于高满意度类型，有 10.9% 的村民属于低满意度群体类型；另外 38.2% 的村民满意度感知一般。在使用李克特量表进行简化后，得出滨海村落居民对社区总体满意度为 3.29，处于"满意"和"一般"之间，可以认为当地村民对社区的总体满意度趋向于正面评价。

进一步考察两个村落的发展状况，发现差别较大。白浪滩居民总体满意度达到 3.57（标准差为 1.034），金滩为 3.13（标准差为 1.234）。两个村落之间的差别与当地旅游发展水平、旅游经营模式、旅游利益分配等方面高度相关。

二、滨海居民对社区生活各组成要素的满意度分析

在居民日常生活满意度的研究中，结合滨海村落社区生活的实际，将影响滨海村落居民社区满意度的众多因素归纳为以下几个方面：物价水平、就业机会、卫生状况、休闲条件、购物方便程度、医疗服务、环境立法现状、经济收入、居住条件、自然环境、村容村貌、文体设施、基础设施、环境监督和管理水平、环境保护规划。调查中，采用李克特量表，将各项因素分为 5 个等级，请当地居民进行相应的评价。

（一）纵向分析

两个村落居民整体上对社区满意度的统计分析结果如表 5-10 所示。整体来

看，村民对社区满意度的感知并不明显，且对各个项目的感知情况相差不大。在 15 项因素中，居民对当地的自然环境、本地的村内环境卫生状况、本村的村容村貌、政府的环境监督和管理水平、公共休闲条件 5 项的评价相对较高，对文体设施状况、当地的物价水平、个人经济收入 3 项的评价相对较低。其中，有四成以上的居民对当地的自然环境、环境卫生、村容村貌、环境监管水平、公共休闲条件感到"满意"或"非常满意"，其比例分别为 51.5%、50.4%、49.6%、43.6%、42.1%，较少的居民（14%～23%）对此持"非常不满意"或"不满意"的态度，而这 5 项评价的平均值也处于中立偏向满意的状态，其均值分别为 3.46、3.35、3.34、3.29、3.26。另外，有接近三成的村民对文体设施状况、当地的物价水平、个人经济收入三项持"不满意""非常不满意"的态度，比例依次为 35%、28.2%、24.5%，而有接近四成的村民表示中立。由此可以看出，滨海村落个人经济收入与当地物价水平不成正比，有待进一步的调控，此外，文体设施条件、社区医疗等方面还存在问题，需要进一步的改善和提高。从上述分析，可以看出，当地居民虽然对各项指标的感知有差异，但是并不显著。

表 5-10　滨海村落居民对社区生活各组成部分的满意度分析

项目	均值	标准差	N
当地的物价水平	3.07	1.145	265
您个人获得的就业机会	3.24	1.073	265
本地的村内环境卫生状况	3.35	1.092	265
公共休闲条件	3.26	1.193	265
日常生活购物方便程度	3.17	1.138	265
社会医疗服务和看病方便程度	3.14	1.131	265
环境立法现状	3.15	1.091	265
您个人的经济收入水平	3.10	1.110	265
您个人的住房条件	3.20	1.022	265
当地的自然环境	3.46	1.035	265
本村的村容村貌	3.34	1.056	265
文体设施状况	2.96	1.251	265
当地基础设施状况	3.19	1.243	265
政府的环境监督和管理水平	3.29	1.110	265
环境保护规划现状	3.24	1.101	265

(二) 横向比较

两个村落居民各自对社区满意度数据分析结果如表 5-11 所示,可以明显看出,两个村落居民社区满意度存在较大差异。在所有的社区生活因素中,均显示出金滩居民社区满意程度要低于白浪滩居民。在 15 项因素中,白浪滩居民对社区因素中的 6 项表示了满意,其满意程度依次为当地的自然环境、本地的村内环境卫生状况、本地的村容村貌、当地基础设施状况、当地的物价水平、环境立法现状 (满意度均值分别为 3.80、3.73、3.70、3.51、3.45、3.43),而金滩居民对这些因素的满意度并不高,基本处于 3.0 左右。事实上金滩居民对所列出的这 15 项因素,满意度最高的均值也仅为 3.26,处于中立的水平,分别为当地的自然环境和政府对环境监督和管理水平。数据显示,在余下的 9 项因素中,白浪滩居民除了对文体设施状况的满意度较低,均值仅为 2.96 外,其余 8 项均在 3.20~3.39,满意度处于中立偏赞成的状况,这 8 项分别为您个人获得的就业机会 (3.39)、公共休闲条件 (3.39)、日常生活购物方便程度 (3.21)、社会医疗服务和看病方便程度 (3.30)、您个人的经济收入水平 (3.22)、您个人的住房条件 (3.34)、政府的环境监督和管理水平 (3.32)、环境保护规划现状 (3.36)。金滩居民对余下的 9 项因素均表示中立的态度,其中满意度最高的为公共休闲条件,均值为 3.19,另外 8 项分别为您个人获得的就业机会 (3.16)、日常生活购物方便程度 (3.15)、社会医疗服务和看病方便程度 (3.04)、您个人的经济收入水平 (3.04)、您个人的住房条件 (3.12)、本村的村容村貌 (3.14)、文体设施状况 (2.96)、环境保护规划现状 (3.18)。

在对标准差进行比较时,发现金滩各项因素的标准差均大于白浪滩,说明在满意度认知差异上,金滩的分异程度大于白浪滩 (见表 5-11)。

表 5-11 两个村落居民对社区生活各组成部分满意度的比较分析

项目	金滩			白浪滩		
	样本量	均值	标准差	样本量	均值	标准差
当地的物价水平	176	2.86	1.173	99	3.45	0.993
您个人获得的就业机会	176	3.16	1.081	99	3.39	1.050
本地的村内环境卫生状况	176	3.13	1.149	99	3.73	0.864
公共休闲条件	176	3.19	1.301	99	3.39	0.966

项目	金滩			白浪滩		
	样本量	均值	标准差	样本量	均值	标准差
日常生活购物方便程度	176	3.15	1.229	99	3.21	0.962
社会医疗服务和看病方便程度	176	3.04	1.173	99	3.30	1.037
环境立法现状	176	2.99	1.187	99	3.43	0.830
您个人的经济收入水平	176	3.04	1.196	99	3.22	0.931
您个人的住房条件	176	3.12	1.089	99	3.34	0.881
当地的自然环境	176	3.26	1.074	99	3.80	0.866
本村的村容村貌	176	3.14	1.114	99	3.70	0.835
文体设施状况	176	2.96	1.329	99	2.96	1.104
当地基础设施状况	176	3.01	1.323	99	3.51	1.016
政府的环境监督和管理水平	176	3.26	1.128	99	3.32	1.081
环境保护规划现状	176	3.18	1.168	99	3.36	0.964
总体满意度	176	3.13	1.234	99	3.57	1.034

三、居民社区生活满意度的影响因素分析

居民对社区的满意度评价存在着差异。本节研究居民评价高的因素对总体满意度的影响程度，他们之间是如何相互影响的以及彼此之间的相关程度如何。

（一）相关分析

对收集问卷的数据进行相关性分析，以了解这些因素的评价值与居民总体满意度之间的相关性和影响程度，并将结果按照与居民总体满意度之间的相关程度进行排序，如表5-12所示，表中相关系数表示社区居民对该因素的评价与其对社区总体满意度评价之间的影响程度。

表5-12 居民社区生活各构成因素与总体满意度之间的相关关系

项目	相关系数	显著水平
就业机会	0.396**	0.000
物价水平	0.372**	0.000
基础设施状况	0.365**	0.000

续表

项目	相关系数	显著水平
政府的环境监督和管理水平	0.362**	0.000
经济收入水平	0.320**	0.000
村内环境卫生状况	0.314**	0.000
村容村貌	0.296**	0.000
自然环境	0.283**	0.000
日常生活购物方便程度	0.235**	0.000
环境立法现状	0.227**	0.000
环境保护规划现状	0.189**	0.002
住房条件	0.185**	0.002
社会医疗服务和看病方便程度	0.162**	0.008
文体设施状况	0.133**	0.030
公共休闲条件	0.120**	0.050

注：＊＊表示在置信度（双侧）为 0.01 时，相关性是显著的。

表 5-12 显示，有 15 项因素与居民满意度之间为正相关，除文体设施状况和公共休闲条件外，其余均通过了检验（P<0.01）。其中，与居民社区总体满意度相关程度最大的前 6 项因素分别为就业机会、物价水平、基础设施状况、政府的环境监督和管理水平、经济收入水平、村内环境卫生状况，即这 6 项因素是影响滨海居民社区总体满意度的最重要因素。对比表 5-10 可以发现，对满意度影响最大的 6 项因素中，居民评价较高的有 3 项，分别为环境卫生状况（位于总体评价第 2 位）、政府的环境监督和管理水平（位于总体评价第 4 位）、就业机会（位于总体评价第 6 位），而对经济收入水平、物价水平这两项，居民的评价值较低（分别位于总体评价的第 13、第 14 位），对基础设施的评价则较为一般（排名第 9 位）。相关程度排名最低的 6 项因素分别为：环境立法现状（0.227）、环境保护规划现状（0.189）、住房条件（0.185）、社会医疗服务和看病方便程度（0.162）、文体设施状况（0.133）、公共休闲条件（0.120），对这 6 项的评价值分别为 3.15、3.24、3.20、3.14、2.96、3.26，分别位于总体评价的第 11 位、第 6 位、第 8 位、第 12 位、第 15 位、第 5 位。而相关程度居中的 3 项：当地的自然环境、本地的村容村貌、日常生活购物方便程度则分别位于满意度总体评价中的第 1 位、第 3 位、第 10 位。因此，从相关程度排名较高的水平上看，居民对社区整体环境各构成因素的评价与对社区总体满意度的

评价呈现出一定的倒置现象，即居民评价高的因素与总体满意度的相关性高；而从相关程度较低的水平及中间水平上看，居民对社区整体环境各构成因素的评价与社区总体满意度的评价呈现出较大的一致性，即居民评价低的因素对社区总体满意度的评价影响较低。

（二）矩阵分析

在这一部分，我们利用居民对社区整体环境各构成因素的评价值和对社区总体满意度的相关系数，构建滨海村落居民社区满意度评价矩阵如图 5-1 所示，其中横坐标表示相关系数，纵坐标表示评价值，以最接近各自平均值的整点作为交叉点，分别为 0.23、3.2。在交叉点的基础上，根据相应的数值，可以划出四个象限。

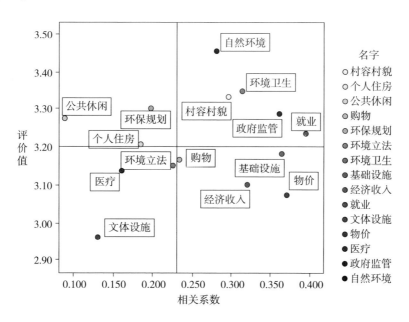

图 5-1　滨海村落居民社区满意度评价矩阵

（1）位于第一象限（右上角）的是那些居民评价值较高，且对社区总体满意度影响较大的因素，主要包括自然环境、环境卫生、村容村貌、政府监管、就业 5 个因素，它们是当地社区工作需要进行保持和维护的因素。这 5 项因素对居民社区总体满意度影响的相关系数分别为 0.283、0.314、0.296、0.362、0.396，居民对其评价值分别为 3.46、3.35、3.34、3.29、3.24。笔者所调研的金滩和白浪滩海水清澈、沙滩宽广、沿堤遍植林木，水质和空气质量优良，适宜人类居住，因此当地居民对所居地自然环境较为满意。旅游景区的开发包括村容村貌、环境卫生等项目的建设。白浪滩位于江山半岛度假区的核心部分，被评为国家 4A 级旅游景区，有"中国夏威夷"的美誉，近年来随着江山半岛度假区建设的不断深入，政府加大了投资力度，逐步完善了当地的交通，修建了环岛公路，使当地村容村貌焕然一新。同时，污水处理等系统的修建，当地居民自身意识的提高，使社区的环境卫生状况一直保持宜居水平。金滩位于万尾岛，岛上风平浪静，多次帆板比赛的承办给当地带来了一定的知名度，由此金滩也被定为了自治区级旅游景点，这里聚集着迷人的风景和独特的京族风情，为进一步吸引游客，岸边修筑了十里环岛堤坝，遍植树木，漫步其中，鸟语花香，当地村庄呈现一派欣欣向荣的景象。村民对政府的介入给予了肯定，指出由于政府的介入，岛上企业废弃物废水的排放都有了严格的指标控制，监管力度强，保护了当地的居住环境。此外，旅游业的发展也增加了当地的就业机会。在开放式问答中，半数的村民都指出旅游业的发展给他们带来了更多的就业机会，但他们同时也强调，就业所带来的经济收入并不多，这也解释了就业在该象限所处的位置，就业对村民生活满意度的影响高，评价值超过平均水平。

（2）位于第二象限（左上角）的是那些实际状况不错，但是对社区总体满意度影响较低的因素，主要包括公共休闲、环保规划、个人住房 3 个因素，居民对这 3 项的评价值分别为 3.26、3.24、3.20，居民对社区总体满意度评价影响因素相关系数分别为 0.120、0.189、0.185。白浪滩所在的江山半岛作为广西区最大的半岛，是东兴试验区国际贸易区的地理核心，随着近年来的开发，公共基础设施不断完善，已建成西海岸二级公路及部分景区道路，目前正在筹划环岛东路的扩建，同时在供水、排污方面，供水管网、垃圾中转站等也已竣工，污水处理厂等环保项目也正在筹建当中。由此可见，环保规划思想贯彻了整个度假区建设的始终。白浪滩位于江山半岛的东南部，作为江山半岛度假区的核心景区，共享度假区的资源。金滩位于万尾岛上，是广西继北海银滩之后的又一滨海旅游热点，目前已被定为自治区级 4A 级旅游景点，在 2000 年就已承办过中国帆板公开赛、亚洲帆板巡回赛和全国帆板锦标赛，2012 中国·金滩沿边开发开放合作论坛在广西东兴举行。鉴于此，居民对社区的公共休闲、环保规划的评价值都不错，较好地反映了当地的实际情况。保持住房问题一直都是目前的一个热点问题，由于景区居民多为世居居民，民风淳朴，居住的多为祖辈流传的房子，部分居民在旅游开发中，发现了商机，修建了新的楼房，但整体上他们延续着祖辈的习俗，靠海而居，对住房的要求不高，因此较容易获得满意。值得指出的是，在第二象限的三个因子中，评价值和相关系数存在负相关的关系。我们可以用双因素理论中的激励因素来进行解释，当居民一直享受着这样的资源，就会产生一种习惯，认为这是很自然的事情，从而这个因素对人们总体生活满意度的影响就会减小，但是当这些资源不存在时人们会感到不满。该象限的"公共休闲""环保规划"因素在某一程度上就是这种体现。

（3）位于第三象限（左下角）的是那些实际情况不佳，但居民感知微弱或不重视，对居民社会生活满意度影响相对较小的因素，主要有环境立法、医疗、文体设施3个因素，这些都是在开发过程中可以暂时搁置或缓期处理的因素。这3项因素对社区总体满意度影响的相关系数分别为0.227、0.162、0.133，居民对其评价值分别为3.15、3.14、2.96。对于文体设施之类的文化娱乐因素，因为村民生活的方式与城市居民有很大的差别，他们对此需求不大，所以该项目对当地社区居民的满意度影响较低，而同时也正因为开发商也发现当地居民对此需求不高，并没有广泛地修建娱乐场所，仅在游客聚集区修建了一些，居民基本不享用此资源，所以评价值也较低。对于环境立法，在调研过程中当地居民确实也有反映随着旅游开发的逐步深入，自然环境确实没有当初的好，可是随着新兴科技、新鲜事物的涌入，以及经济的刺激，居民的焦点很快被其他因素所吸引，因此虽然环境质量有所下降是由于政府没有加强环保立法，但是源于文化程度的局限，较少居民具有可持续发展的意识，认为此项因素与自己生活并无过多关联，故而对生活满意度的影响也较低。对于医疗设备，当地居民也给予了较低的评价，在调查过程中我们发现，社区都配有医疗点，但条件都较为简陋，仅能处理一些生活中较为常见的病痛，居民自己也指出由于现在交通发达，如有较大疾病，前往市区医院也很方便，而平日里也都较少患病，故此在生活中对此考虑较少。笔者认为，虽然该项评价值和相关系数都较低，但随着我国社会保障制度的不断完善，农村医保范围的不断扩大，游客数量的攀升，在旅游开发过程中，应重视卫生院和医疗服务中心的修建，在更多村民享受农村医疗保险的实惠的同时，为过往的游客提供方便的卫生医疗服务条件。

（4）位于第四象限（右下角）的是那些实际情况较差、居民评价值较低，但对社区生活满意度影响较大的因素，包括购物、基础设施、经济收入、物价这4个因素，这些都是居民社区生活中急需改善的因素。这4项因素对居民社区总体满意度影响的相关系数分别为0.235、0.365、0.320、0.372，居民对其评价值分别为 3.17、3.19、3.10、3.07。在与村民进行访谈的过程中，很多村民指出旅游发展最重视的是当地基础设施的建设。虽然随着旅游的推进式发展，当地的基础设施比以前好了很多，交通便捷了，水电系统网络这些大方向的基础设施都完工了，但在一些小设施方面的建设还有待提高。有不少居民提到了海边路灯的修建，指出夜晚海边一片漆黑，既不方便游客在海滩游乐，也不方便村民的出行。在调研过程中，我们发现当地小型商贩较多，但商务网点基本不见踪迹，甚至也有游客提出当地风景确实不错，但购物太不方便，一些日常洗漱用品也没有正规的商店可以购买，在家庭小商店购买会买到假货。而村民也指出，如果要购买一些日常生活用品，他们都需要进城购买，给生活造成了不便。经济收入和物价水平往往被村民同时提及。访谈中村民指出，他们认为旅游发展能够给当地带来的好处是促进当地经济的发展，提高自己的经济收入。但是随着经济收入的提高，物价节节攀升，有时是物价的增长速度远远高于经济收入的增长速度。而当地村民一般为大家庭，子女较多，生活成本的提高，给他们造成了较大的压力。村民提出，希望在旅游开发的过程中，能够选举代表，参与到旅游决策中，为他们谋取生活的基本保障。鉴于该象限的 4 个因素对滨海村落的发展至关重要，目前已给当地造成一定程度的负面影响，应引起重视。

第三节　社区居民满意度的方差分析

本书将居民的人口特征和居民对社区生活的总体满意度进行交叉分析，分析各自所占比例及均值，从而分析人口特征对居民社区生活满意度的影响。

一、性别与居民总体满意度的交叉分析

表 5-13 的数据显示，在调研的 265 位居民中，有 137 位男性居民，128 位女性居民，依据频数与百分比，发现不同性别的居民对社区生活的满意度基本相同，各百分比相差均不大。男性中显示频率最高的为"满意"，有 46 人，占男性比例的 33.6%，女性中显示频率最高的为"一般"，有 50 人，占女性比例的 39.1%。选项占比中，男性选择最少的为"不满意"，比例为 8.8%，女性选

择最少的为"非常不满意"，比例为 7.8%。从均值来看，男性均值略高于女性，仅高出 0.05。由此可知，性别对居民社区满意度的影响不明显。

表 5-13　性别与满意度的交叉分析

项目		变量	总体印象					N	均值
			非常不满意	不满意	一般	满意	非常满意		
性别	男	人数（人）	19	12	35	46	25	137	3.34
		在性别中所占比例（%）	13.9	8.8	25.5	33.6	18.2		
		在满意度中所占比例（%）	65.5	41.4	41.2	57.5	59.5		
	女	人数（人）	10	17	50	34	17	128	3.29
		在性别中所占比例（%）	7.8	13.3	39.1	26.6	13.3		
		在满意度中所占比例（%）	34.5	58.6	58.8	42.5	40.5		

二、民族与居民总体满意的交叉分析

所调研的 265 位居民为京族、壮族以及汉族人。从表 5-14 的数据中可以看出，不同民族的居民满意度存在差异。从频数和百分比来看，满意度最高的是汉族，满意度超过 50%，本土民族京族为满意度最低的民族，仅为 32.2%，这一结果出乎意料。京族作为我国唯一的以海滨渔业为主的少数民族，也是唯一海洋民族，长期以来他们从事着浅海捕捞的渔业，在封建租佃剥削制度的压迫下，生活清苦，直到改革开放，沿海地区优惠政策，当地贫困的面貌才得以迅速改变。如今，当地的京族同胞已经从单纯的渔业生产向工、农、林、渔业并举的产业化方向发展。作为当地的本土民族，一般而言，他们会对生养自己的地方有着强烈的故土情节，而北部湾经济区的发展，也给当地带来了更多的投资和就业机会，但数据却显示该民族满意度较低，对此我们对各民族满意度值的标准差进行了分析，其中京族的标准偏差为 1.321，汉族为 1.111，壮族为 1.020，由此可见，京族居民间的满意度感知差异较大。而在与村民的交谈过程中，有村民指出所在村落村干部存在严重的土地主思想，利用职务之便，欺压当地群众，谋取私利。从均值来看，满意度值最高的为壮族，均值为 3.47，京族依旧为最低。综上分析可知，不同民族对满意度的感知存在差异。

表 5-14 民族与满意度的交叉分析

项目	变量		总体印象					N	均值
			非常不满意	不满意	一般	满意	非常满意		
民族	京族	人数（人）	19	12	30	16	13	90	2.92
		在民族中所占比例（%）	21.1	13.3	33.3	17.8	14.4		
		在满意度中所占比例（%）	59.4	41.4	36.1	19.8	31.7		
	汉族	人数（人）	13	13	48	57	25	156	3.33
		在民族中所占比例（%）	8.3	8.3	30.6	36.9	15.9		
		在满意度中所占比例（%）	40.6	44.8	57.8	71.6	61.0		
	壮族	人数（人）	0	4	5	7	3	19	3.47
		在民族中所占比例（%）	0	21.1	26.3	36.8	15.8		
		在满意度中所占比例（%）	0	13.8	6.0	8.6	7.3		

三、年龄与居民总体满意度的交叉分析

表 5-15 数据显示，调研居民年龄主要集中在 25~44 岁，因为该阶段居民在当地生活时间较长，且具有一定的文化程度和社会经验，能够更好地完成问卷。从频数和百分比的分析结果发现，14 岁以下群体对社区满意度最低，在参与调研的 57 人中，仅 24.5% 的居民感知为"满意"或"非常满意"，而有 42.2% 的居民感知为"不满意"或"非常不满意"；65 岁以上群体的满意度最高，调研的 3 位老人，都选择了"满意"；其次为 45~64 岁群体，满意度为 78.6%。与 14 岁以下这一群体类似，15~24 岁这一群体的满意度也较低，仅为 33.3%。从均值来看，满意度最高的为 65 岁以上群体，均值为 4.00；其次为 45~64 岁群体，均值为 3.82，该数据反映出年龄越大，满意度越高。在调研过程中，通过与当地居民的交流，笔者感知到老年人对生养自己的家乡存在着热爱之情，而接触新兴文化较多的年轻人，对外面的世界充满了好奇和向往，这一情形与分析结果一致。综上所述，不同年龄层对当地社区满意度的感知差异大。

表 5-15　年龄与满意度的交叉分析

项目		变量	总体印象					N	均值
			非常不满意	不满意	一般	满意	非常满意		
年龄	14 岁以下	人数（人）	12	12	19	8	6	57	2.72
		在年龄中所占比例（%）	21.1	21.1	33.3	14.0	10.5		
		在满意度中所占比例（%）	42.9	41.4	22.6	10.1	14.3		
	15~24 岁	人数（人）	0	6	22	8	6	42	3.33
		在年龄中所占比例（%）	0	14.3	52.4	19.0	14.3		
		在满意度中所占比例（%）	0	20.7	26.2	10.1	14.3		
	25~44 岁	人数（人）	15	9	40	43	25	132	3.41
		在年龄中所占比例（%）	11.4	6.8	30.3	32.6	18.9		
		在满意度中所占比例（%）	53.6	31.0	47.6	54.4	59.5		
	45~64 岁	人数（人）	1	2	3	17	5	28	3.82
		在年龄中所占比例（%）	3.6	7.1	10.7	60.7	17.9		
		在满意度中所占比例（%）	3.6	6.9	3.6	21.5	11.9		
	65 岁以上	人数（人）	0	0	0	3	0	3	4.00
		在年龄中所占比例（%）	0	0	0	100.0	0		
		在满意度中所占比例（%）	0	0	0	3.8	0		

四、学历与居民总体满意度的交叉分析

表 5-16 数据显示，依据频数和百分比，不同学历的居民对社区满意度存在差异。在 265 位居民中，大专及以上学历的有 28 人，其中超过 60% 的指出他们对社区生活感到"满意"或"非常满意"，被选频次最高的为"满意"，占 35.7%；中专及高中学历的有 53 人，分别有 28.3%、18.9% 的居民对社区生活感到"满意"或"非常满意"，被选频次最高的为"一般"，占 39.6%；初中学历的有 69 人，约有 60% 的印象为"满意"或"非常满意"，被选频次最高的为"满意"，占 42.0%；小学学历的有 107 人，是调查居民中最多的一个群体，分别有 19.61%、12.1% 的居民对当地社区生活"满意"或"非常满意"，被选频次最高的为"一般"，占 29.9%，该群体也是满意度最低的一个群体，有 38.3% 的居民指出对社区生活"不满意"或"非常不满意"，超过了感知满意的居民；小学以下学历的有 8 人，无"非常不满意""不满意"及"非常满意"印象，

旅游感知与旅游可持续发展
——基于防城港市的研究

被选频次最高的为"满意"，占 62.5%。从均值来看，满意度最高的是学历为大专及以上的群体，均值为 3.75；其次是学历为小学以下的群体，均值为 3.63；满意度最低的为小学学历群体，均值为 2.86。由上述分析可知，学历对居民社区满意度造成明显的差异。

表 5-16　学历与满意度的交叉分析

项目		变量	总体印象					N	均值
			非常不满意	不满意	一般	满意	非常满意		
学历	大专及以上	人数（人）	1	1	9	10	7	28	3.75
		在学历中所占比例（%）	3.6	3.6	32.1	35.7	25.0		
		在满意度中所占比例（%）	3.4	3.4	10.6	12.5	16.7		
	中专及高中	人数（人）	5	2	21	15	10	53	3.43
		在学历中所占比例（%）	9.4	3.8	39.6	28.3	18.9		
		在满意度中所占比例（%）	17.2	6.9	24.7	18.8	23.8		
	初中	人数（人）	2	6	20	29	12	69	3.62
		在学历中所占比例（%）	2.9	8.7	29.0	42.0	17.4		
		在满意度中所占比例（%）	6.9	20.7	23.5	36.3	28.6		
	小学	人数（人）	21	20	32	21	13	107	2.86
		在学历中所占比例（%）	19.6	18.7	29.9	19.6	12.1		
		在满意度中所占比例（%）	72.4	69.0	37.6	26.3	31.0		
	小学以下	人数（人）	0	0	3	5	0	8	3.63
		在学历中所占比例（%）	0	0	37.5	62.5	0		
		在满意度中所占比例（%）	0	0	3.5	6.3	0		

五、职业与居民总体满意度的交叉分析

表 5-17 数据显示，调查居民中职业分布最多的群体为"服务及售货人员"，共有 65 人，其中 41.5% 的居民对当地社区生活表示"满意"或"非常满意"；第二大职业分布群体为"学生"，共 54 人，满意度为 27.8%，低于不满意度 33.4%。从频数和百分比来看，满意度最高的为"教育工作者"，满意度为 85.8%，持"满意"与"非常满意的"各占 42.9%；满意度最低的为"政府工作人员"，在所调研的 5 人当中，没有持满意观点的，60% 持"非常不满意"，

40%持"一般"。从均值来看，满意度最高的为"教育工作者"，均值为4.29，其次为"退休人员"，均值为4.00；满意度最低的为"政府工作人员"，均值为1.80，其次为"学生"，均值为2.94。在对上述年龄的分析中我们发现，随着年龄的增加，居民的社区满意度呈现递增趋势，在职业分析中满意度最高的为"退休人员"，而退休人员年龄一般都超过55岁；满意度较低的群体为"政府工作人员"及"学生"，政府工作人员多受工作环境及待遇问题影响，学生作为一个特殊的群体，年龄多集中在22岁之前，他们在不断成长的过程中，对新鲜事物的好奇和外面世界的向往，造成了对现有生活的不满，由此可见，该职业分析结果与年龄分析结果在相当程度上达成一致。综上研究所知，职业给当地居民社区满意度带来了感知差异。

表5-17　职业与满意度的交叉分析

项目		变量	总体印象					N	均值
			非常不满意	不满意	一般	满意	非常满意		
职业	农民	人数（人）	4	4	11	17	7	43	3.44
		在职业中所占比例（%）	9.3	9.3	25.6	39.5	16.3		
		在满意度中所占比例（%）	13.8	13.8	12.9	21.3	16.7		
	工人	人数（人）	1	2	10	13	5	31	3.61
		在职业中所占比例（%）	3.2	6.5	32.3	41.9	16.1		
		在满意度中所占比例（%）	3.4	6.9	11.8	16.3	11.9		
	专业技术人员	人数（人）	1	3	3	7	2	16	3.38
		在职业中所占比例（%）	6.3	18.8	18.8	43.8	12.5		
		在满意度中所占比例（%）	3.4	10.3	3.5	8.8	4.8		
	职员	人数（人）	3	1	5	4	6	20	3.50
		在职业中所占比例（%）	15.0	5.0	25.0	25.0	30.0		
		在满意度中所占比例（%）	10.3	3.4	5.9	6.3	14.3		
	教育工作者	人数（人）	0	0	1	3	3	7	4.29
		在职业中所占比例（%）	0	0	14.3	42.9	42.9		
		在满意度中所占比例（%）	0	0	1.2	3.8	7.1		
	政府工作人员	人数（人）	3	0	2	0	0	5	1.80
		在职业中所占比例（%）	60.0	0	40.0	0	0		
		在满意度中所占比例（%）	10.3	0	2.4	0	0		

续表

项目		变量	总体印象					N	均值
			非常不满意	不满意	一般	满意	非常满意		
职业	企事业管理人员	人数（人）	0	1	1	2	2	6	3.83
		在职业中所占比例（%）	0	16.7	16.7	33.3	33.3		
		在满意度中所占比例（%）	0	3.4	1.2	2.5	4.8		
	学生	人数（人）	7	11	21	8	7	54	2.94
		在职业中所占比例（%）	13.0	20.4	38.9	14.8	13.0		
		在满意度中所占比例（%）	24.1	37.9	24.7	10.0	16.7		
	服务及售货人员	人数（人）	9	6	23	19	8	65	3.17
		在职业中所占比例（%）	13.8	9.2	35.4	29.2	12.3		
		在满意度中所占比例（%）	31.0	20.7	27.1	23.8	19.0		
	退休人员	人数（人）	0	0	0	2	0	2	4.00
		在职业中所占比例（%）	0	0	0	100.0	0		
		在满意度中所占比例（%）	0	0	0	2.5	0		
	其他	人数（人）	1	1	8	4	2	16	3.31
		在职业中所占比例（%）	6.3	6.3	50.0	25.0	12.5		
		在满意度中所占比例（%）	3.4	3.4	9.4	5.0	4.8		

六、家庭年收入与居民总体满意度的交叉分析

表 5-18 数据显示，从均值上可以发现，家庭年收入的差异对居民社区总体满意度的感知影响较大。令人出乎意料的是，年收入 3000 元以下的家庭，社区生活满意度均值居然最高，均值为 3.63，满意度为 56.3%。出现该结果的原因，一方面可能是居民在填写时错把年收入看成月收入；另一方面也可能是居民处于自给自足的模式，对生活的需求不高，尽管物质贫乏，但精神丰富，具体原因还需要做进一步的研究分析。除去该值，我们可以发现，基本上居民的满意度随着家庭收入的增加而增加，满意度最高的为家庭年收入超过 5 万元的居民，满意度为 63.4%，均值为 3.62；最低的为年收入 3001～5000 元的家庭，满意度仅为 22.7%，均值为 2.86。由此可知，家庭年收入对居民社区满意度的影响较大，家庭年收入越高的居民，社区满意度越高。

表 5-18　家庭年收入与满意度的交叉分析

项目		变量	总体印象					N	均值
			非常不满意	不满意	一般	满意	非常满意		
家庭年收入（元）	3000元以下	人数（人）	0	1	6	7	2	16	3.63
		在职业中所占比例（%）	0	6.3	37.5	43.8	12.5		
		在满意度中所占比例（%）	0	3.4	7.1	8.8	4.8		
	3001~5000	人数（人）	2	5	10	4	1	22	2.86
		在职业中所占比例（%）	9.1	22.7	45.5	18.2	4.5		
		在满意度中所占比例（%）	6.9	17.2	11.8	5.0	2.4		
	5001~10000	人数（人）	5	6	12	9	2	34	2.91
		在职业中所占比例（%）	14.7	17.6	35.3	26.5	5.9		
		在满意度中所占比例（%）	17.2	20.7	14.1	11.3	4.8		
	10001~20000	人数（人）	9	10	15	18	5	57	3.00
		在职业中所占比例（%）	15.8	17.5	26.3	31.6	8.8		
		在满意度中所占比例（%）	31.0	34.5	17.6	22.5	11.9		
	20001~30000	人数（人）	2	2	13	8	7	32	3.50
		在职业中所占比例（%）	6.3	6.3	40.6	25.0	21.9		
		在满意度中所占比例（%）	6.9	6.9	15.3	10.0	16.7		
	30001~50000	人数（人）	4	2	17	12	9	44	3.45
		在职业中所占比例（%）	9.1	4.5	38.6	27.3	20.5		
		在满意度中所占比例（%）	13.8	6.9	20.0	15.0	21.4		
	50000元以上	人数（人）	7	3	12	22	16	60	3.62
		在职业中所占比例（%）	11.7	5.0	20.0	36.7	26.7		
		在满意度中所占比例（%）	24.1	10.3	14.1	27.5	38.1		

第四节　居民旅游感知、满意度与态度研究

　　居民是旅游地的重要组成部分，其重要性已经被越来越多的学者认识到。旅游地在发展过程中，发展何种类型的旅游、如何发展才能符合当地居民的意愿、获得当地居民的支持，这成为了学者、政府的研究重点。笔者认为，居民感知、居民满意度及对当地发展旅游的态度是最为重要的三个方面。特别是居

民感知，只有当居民正面感知远多于负面感知时，才会产生较高的满意度，才会更支持当地发展旅游业，也才可能实现旅游地的可持续发展。

一、理论模型构建

（一）理论依据

本研究理论模型的构建是以交换理论为基础的。社会交换理论主要是在互动的情境下，了解个体或者群体之间资源交换的一种社会学理论。社会交换理论认为人们之所以从事某项互动行为，是由于他们在寻找物质、心理等价值。当个体或者群体在评估了交换的成本和收益符合自己的预期时，才会进行这项交换。对于交换结果，每个人或者群体都会有自己的感知，有自己的评估标准。因而对于交换结果的感知是不同的，进而会对交换有着不同的评价。根据社会交换理论，在滨海旅游地发展中，居民对当地发展旅游业的态度也会受到当地居民感知的影响。这是由于滨海旅游地在发展旅游业的过程中，一些居民可能会从事当地的旅游业，并且从当地旅游业的发展中获得较多的利益。然而也会有一些居民并没有从事当地的旅游业，但是由于游客的增多，当地出现物价上涨、交通拥堵等情况，可能会使这些居民在当地发展旅游业中不仅没有获取相关的利益，反而受到了不小的冲击。因此对于滨海旅游地，一些居民可能在当地旅游业的发展中获得了利益，因而对当地发展旅游业持积极的态度，但是一些居民可能不仅没有获得利益，反而日常生活受到了影响，可能对当地发展旅游业持消极态度。

（二）相关研究

当前对居民感知和满意度的研究较多，但是将居民感知、满意度与对当地发展旅游态度同时考虑的研究则很少。

对于居民感知及对旅游的态度，忠基（2003）建立的测量居民对博彩旅游感知和态度的关系模型是被引用频率较高的模型。这是由于该模型考虑的内容更为广泛，不仅考虑了经济、社会文化和环境这三个主要方面，并且考虑了这三个方面的正面及负面感知，因此是从六个角度较为全面地研究了居民对旅游影响的感知情况。他建立的测量居民对博彩旅游感知和态度的关系模型如图 5-2 所示。

虽然该模型考虑范围广泛，但是该模型只将居民的旅游感知综合为利益这

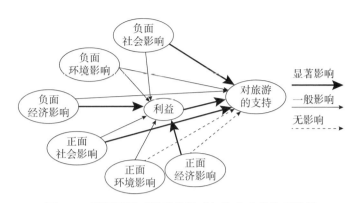

图 5-2　测量居民对博彩旅游感知和态度的关系模型

一个维度，导致其无法清晰地揭示旅游负面影响感知同居民对发展旅游态度之间的关系。

卢松（2006）在研究历史文化村落居民对旅游影响的感知与态度时，提出了居民感知与态度的模型，如图 5-3 所示。

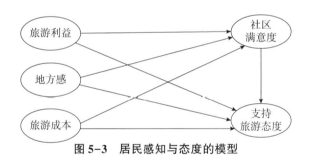

图 5-3　居民感知与态度的模型

由图 5-3 可见，卢松构建的模型中包含了旅游利益、旅游成本、地方感、满意度、对旅游的态度这六个主要变量。该模型中的旅游成本与旅游利益，与忠基（2003）模型中的利益分类没有区别，但是卢松首次提出了地方感这一因素。将旅游成本、旅游利益、地方感作为居民的主要感知因素，并且考虑了满意度的不完全中介作用，构建了较为完整的居民感知与态度的模型。

二、本章假设

本章采用卢松构建的居民感知与态度模型作为本书研究的理论模型基础。由于本书研究的研究对象是滨海旅游地居民，与卢松的研究对象不同，因而结果可能有所不同。所以还是提出相同假设，以研究滨海旅游地的居民感知与态度情况。

  H5-1：居民对旅游影响的正面感知对居民满意度有显著正向相关关系。

  H5-2：居民对地方感的感知对居民满意度有显著正向相关关系。

  H5-3：居民对旅游影响的负面感知对居民满意度有显著负向相关关系。

  H5-4：居民对旅游影响的正面感知与居民对发展旅游的态度有显著正向相关关系。

  H5-5：居民对地方感的感知与居民对发展旅游的态度有显著正向相关关系。

  H5-6：居民对旅游影响的负面感知与居民对发展旅游的态度有显著负向相关关系。

  H5-7：居民满意度与居民对发展旅游的态度有显著正向相关关系。

三、测量指标的选取

  虽然研究模型采用了卢松构建的居民感知与态度模型，但是研究对象与其是不同的，而且研究目的也是相异的。因此，在具体的测量指标选取上，本书根据研究内容进行重新选取。

  根据研究模型所示，本研究模型共有 5 个潜变量，分别是旅游利益、旅游成本、地方感、满意度以及对旅游的态度。

  为了更为精确地测量旅游利益及旅游成本，从经济、社会、环境 3 个维度进行了划分。之所以划分在这 3 个维度，原因有两点：一是从宏观角度而言，旅游对居民的影响主要在经济、社会、环境这 3 个方面；二是从以往学者的研究结果看，这 3 个维度也是被验证最多的方面。所以本书也从这 3 个维度进行探究，以了解滨海旅游地居民的感知情况。此外，本书还在旅游利益中考虑了旅游支持条件这一因素。之所以将旅游支持条件考虑在旅游利益中，主要是因为笔者认为如果居民感知到当地旅游支持条件较为丰富时，居民可能会更加了解当地旅游业的发展，也会有更多的机会参与到当地旅游发展的过程中，进而可能会更支持当地旅游业的发展。因此，旅游利益及旅游成本可以划分为 7 个次一级维度，分别为经济利益感知、社会利益感知、环境利益感知、旅游支持条件、经济成本感知、社会成本感知、环境成本感知。经济利益感知共有 5 个观察变量，主要为了了解居民对当地发展旅游业后，对生活、收入、当地经济等的感知是否有所增加。社会利益感知共有 6 个观察变量，主要为了了解居民对当地发展旅游业后，对当地村民、文化等有益变化的感知。环境利益感知有 3

个观察变量，是为了了解居民对当地形象、投资机会增加的感知。旅游支持条件有 2 个观察变量。经济成本有 4 个观察变量，主要从当地物价、收入分配等方面了解居民的感知情况。社会成本有 2 个观察变量，主要了解居民对当地拥挤、犯罪现象的感知。环境成本有 2 个观察变量，主要是了解居民对当地环境恶化情况的感知。这些观察变量均按照李克特五分量表进行测量。旅游利益及旅游成本的观察变量如表 5-19 所示。

表 5-19　旅游利益及旅游成本的观察变量

A1 经济利益感知	B1 经济成本感知
A11 居民生活水平提高	B11 当地商品服务价格增加
A12 促进了本地经济的发展	B12 造成了生活费用的增加
A13 促进公共设施的改善	B13 传统民族文化开发商业化
A14 社区参与和管理程度	B14 旅游收益分配不公
A15 个人收入增加	
A2 社会利益感知	B2 社会成本感知
A21 废弃物处理能力	B21 交通和人口过度拥挤
A22 本地村民更加殷勤好客	B22 本地犯罪和不良现象增加
A23 促进了民族文化的保护	
A24 本地自然环境得到保护	
A25 居民环保意识增强	
A26 提高了当地的村容村貌	
A3 环境利益感知	B3 环境成本感知
A31 有利于本地传统文化发展	B31 造成了滨海环境破坏
A32 旅游增加了投资机会	B32 使本地传统文化受到冲击
A33 提高了地方形象和知名度	
A4 旅游支持条件	
A41 政府的环境监督和管理水平	
A42 环境保护规划现状	

（一）测量模型的验证

在验证整体模型之前，需要对所有的潜变量进行一维性的评估。对于超过 4 个观察变量的潜变量需要单独进行一维性的验证，少于 4 个观察变量的潜变量相互之间进行成对验证即可。在本书中，旅游利益、旅游成本、地方感、居民满意度、对旅游的态度均需要进行一维性的验证。

（1）旅游利益测量模型验证。旅游利益共分为经济利益、社会利益、环境利益、旅游支持条件感知四个维度。首先对经济利益的测量模型进行检验，在AMOS21.0 中输入测量模型（如图 5-4 所示）。通过运行经济利益测量模型，可以得到该测量模型的相关拟合数据（如表 5-20 所示）。由表 5-20 可知，经济利益测量模型的整体拟合效果较好，除 PGFI 外，其余指标均符合相关标准。因此，保留所有观察变量。

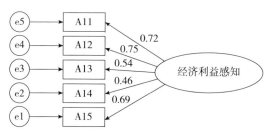

图 5-4　经济利益测量模型

表 5-20　模型拟合度

评价指标	CMIN/DF	RMR	GFI	PGFI	NFI	IFI	CFI	RMSEA
标准	(1, 3)	<0.05	>0.9	>0.5	>0.9	>0.9	>0.9	<0.08
结果	1.577	0.037	0.988	0.329	0.975	0.991	0.991	0.047

其次对社会利益测量模型进行检验。在 AMOS21.0 中输入测量模型（如图 5-5 所示）。通过运行社会利益测量模型，可以得到该测量模型的相关拟合数据（如表 5-21 所示）。由表 5-21 可知，社会利益测量模型的整体拟合效果较好，除 PGFI 外，其余指标均符合相关标准。因此，保留所有观察变量。

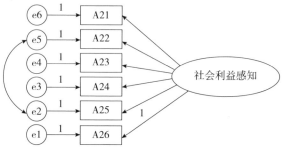

图 5-5　社会利益测量模型

表 5-21　模型拟合度

评价指标	CMIN/DF	RMR	GFI	PGFI	NFI	IFI	CFI	RMSEA
标准	(1，3)	<0.05	>0.9	>0.5	>0.9	>0.9	>0.9	<0.08
结果	2.069	0.046	0.98	0.373	0.954	0.976	0.975	0.064

　　由于环境利益和旅游支持条件的观察变量少于 4 个，所以将他们所有变量放入测量模型进行检验（如图 5-6 所示），具体结果如表 5-22 所示。由表 5-22 可知，环境利益和旅游支持条件测量模型整体拟合程度较好，除了个别指标（RMR、NFI）没有达到相关要求，其余指标均超过了相关的要求。

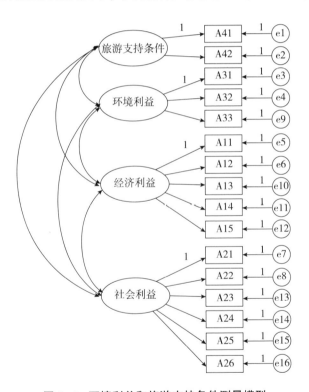

图 5-6　环境利益和旅游支持条件测量模型

表 5-22　模型拟合度

评价指标	CMIN/DF	RMR	GFI	PGFI	NFI	IFI	CFI	RMSEA
标准	(1，3)	<0.05	>0.9	>0.5	>0.9	>0.9	>0.9	<0.08
结果	1.787	0.061	0.928	0.669	0.866	0.936	0.935	0.054

（2）旅游成本测量模型验证。在旅游成本的所有潜变量中，只有经济成本的测量题项超过了4个，所以首先要对经济成本测量模型进行检验（如图5-7所示）。由表5-23可知，旅游成本测量模型整体拟合程度较好，除了个别指标（PGFI）没有达到相关要求外，其余指标均超过了相关的要求。

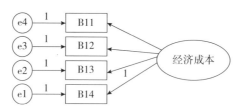

图5-7　经济成本测量模型

表5-23　模型拟合度

评价指标	CMIN/DF	RMR	GFI	PGFI	NFI	IFI	CFI	RMSEA
标准	(1, 3)	<0.05	>0.9	>0.5	>0.9	>0.9	>0.9	<0.08
结果	1.439	0.034	0.995	0.199	0.975	0.992	0.992	0.041

在对旅游成本测量模型进行检验时，数据处理方式与以上处理数据方式相同。但是由于旅游成本感知中只含有3个观测变量，所以此处无法单独检验（如图5-8所示）。因此，对旅游成本进行测量模型检验，具体结果如表5-24所示。由表5-24可知，旅游成本的测量模型整体拟合程度较好，除了个别指标（RMR、PGFI、NFI）没有达到相关要求外，其余指标均超过了相关的要求。

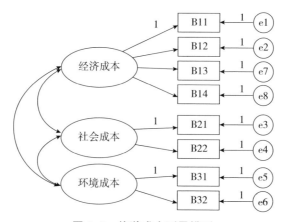

图5-8　旅游成本测量模型

表 5-24　模型拟合度

评价指标	CMIN/DF	RMR	GFI	PGFI	NFI	IFI	CFI	RMSEA
标准	（1，3）	<0.05	>0.9	>0.5	>0.9	>0.9	>0.9	<0.08
结果	1.675	0.061	0.973	0.46	0.886	0.951	0.948	0.05

（3）地方感测量模型验证。地方感共分为 2 个维度，分别是地方认同与地方依恋。地方依恋中有 4 个观测变量，首先对其进行检验（如图 5-9 所示），结果如表 5-25 所示。地方依恋测量模型整体拟合程度较好，除 PGFI 外，其余指标均符合相关标准。

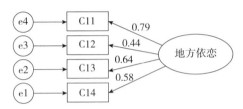

图 5-9　地方依恋测量模型

表 5-25　模型拟合度

评价指标	CMIN/DF	RMR	GFI	PGFI	NFI	IFI	CFI	RMSEA
标准	（1，3）	<0.05	>0.9	>0.5	>0.9	>0.9	>0.9	<0.08
结果	1.658	0.031	0.994	0.199	0.983	0.993	0.993	0.05

接着，将地方依恋与地方认同进行测量模型检验（如图 5-10 所示），具体结果如表 5-26 所示。

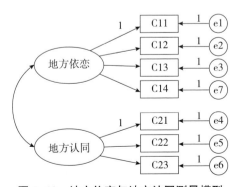

图 5-10　地方依恋与地方认同测量模型

表5-26　模型拟合度

评价指标	CMIN/DF	RMR	GFI	PGFI	NFI	IFI	CFI	RMSEA
标准	(1, 3)	<0.05	>0.9	>0.5	>0.9	>0.9	>0.9	<0.08
结果	2.79	0.058	0.963	0.447	0.911	0.941	0.939	0.082

由表5-26可知，地方感测量模型的总体拟合程度较好，虽然有个别指标（RMR、PGFI、RMSEA）没有达到相关标准，但是差距并不大，在可以接受的范围内。

（4）居民满意度测量模型验证。由于本书将满意度分为5个维度，并且所有的潜变量测量题项均不超过4个，所以直接对居民满意度测量模型进行检验（如图5-11所示）。对数据进行处理，与处理旅游利益数据方式一样，具体结果如表5-27所示。

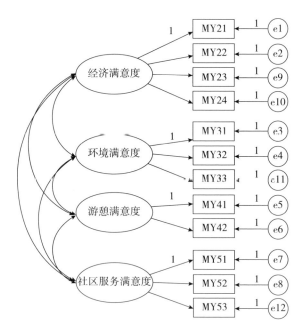

图5-11　居民满意度测量模型

表5-27　模型拟合度

评价指标	CMIN/DF	RMR	GFI	PGFI	NFI	IFI	CFI	RMSEA
标准	(1, 3)	<0.05	>0.9	>0.5	>0.9	>0.9	>0.9	<0.08
结果	2.952	0.077	0.921	0.567	0.8	0.858	0.854	0.086

虽然居民满意度测量模型中的一些指标（RMR、NFI、IFI、CFI、RMSEA）没有达到相关标准，但是差距并不大。一些有差异的数据与标准值也比较相近，所以满意度测量模型拟合程度总体来说可以勉强接受，所以此处也没有删去任何题项。

（二）总体测量模型

通过对所有主要变量测量模型的检验可知，本次调研的结果整体较好。所以接下来将对本章研究假设模型进行检验。首先需要对观察变量进行处理，根据卢松（2006）介绍的方法，本书也对数据进行了处理。总体思路是将所有次一级的观察变量进行求和，构建新的测量量表。如旅游成本感知共有 3 个维度，分别是经济成本、社会成本、环境成本。但是经济成本有 4 个测量题项，此时将这 4 个测量题项进行加总求和，以此代表经济成本的值，社会成本与环境成本也是按此处理数据。最终，旅游成本可以由处理后的经济成本、社会成本、环境成本的值进行测量。旅游利益、地方感、满意度也采用同样的数据处理方式。由此可以获得本章的总体测量模型（如图 5-12 所示）。

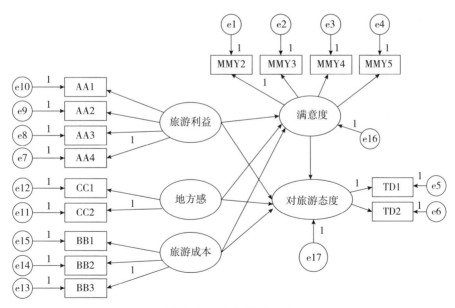

图 5-12　总体测量模型

图 5-12 中，AA1 代表经济收益，AA2 代表社会收益，AA3 代表环境收益，AA4 代表旅游支持条件，BB1 代表经济成本，BB2 代表社会成本，BB3 代表环

境成本，CC1 代表地方依恋，CC2 代表地方认同，MMY2 代表经济满意度，MMY3 代表环境满意度，MMY4 代表游憩满意度，MMY5 代表社区服务满意度，TD1 代表"您支持本村旅游的进一步发展"，TD2 代表"您认为旅游是本村发展的正确选择"。

（三）结构模型的验证

结构模型主要是检查模型结果与所提出的概念模型之间的一致性，分析概念模型所提出的主要关系是否获得模型结果的支持。因此，为了验证第五章第二节所提出的总体测量模型，本书采用结构方程分析法进行验证。通过将有效的问卷数据导入总体测量模型中，选择标准化的结果，可以得到图 5-13。

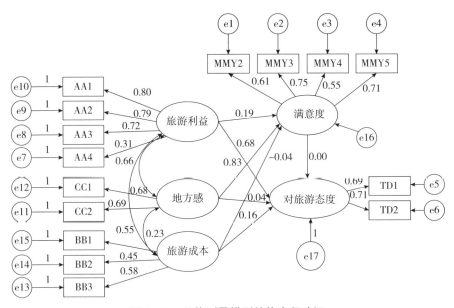

图 5-13　总体测量模型结构方程验证

由图 5-13 可知，旅游利益对满意度的路径系数为 0.19，地方感对满意度的路径系数为 0.68，旅游成本对满意度的路径系数为 -0.04。旅游利益对旅游态度的路径系数为 0.83，地方感对旅游态度的路径系数为 0.04，旅游成本对旅游态度的路径系数为 0.16，满意度对旅游态度的路径系数为 0.00。此外，潜变量与观察变量的路径系数也基本高于 0.5。接着探究本模型的拟合程度，本书将该理论模型的相关数据与标准进行了整理，如表 5-28 所示。

表 5-28 模型拟合度

评价指标	CMIN/DF	RMR	GFI	PGFI	NFI	IFI	CFI	RMSEA
标准	(1, 3)	<0.05	>0.9	>0.5	>0.9	>0.9	>0.9	<0.08
结果	2.74	0.526	0.902	0.601	0.829	0.884	0.882	0.081

由表 5-28 可知，本章的总体测量模型的相关指标基本符合或者十分接近相关的标准。因此，总体测量模型的拟合程度较好。

由于模型整体拟合程度较好，接下来将通过该模型的路径系数对假设进行验证。从基本适配指标来看，所有的路径系数估计值的标准差均为正数。C. R. 值是一个 Z 统计量，它是由参数估计与其标准差之比构成的，AMOS 给出 C. R. 的统计检验相伴概率 P，C. R. 值的临界值为 1.96。由表 5-29 可知，本章基础模型中所有路径的 C. R. 值只有满意度←地方感、对旅游态度←旅游利益超过了 1.96 这个临界值。并且在所有的基础模型路径中也只有满意度←地方感、对旅游态度←旅游利益这两条路径的 P 值在 0.05 的水平下显著。因此，本章提出的假设只有 H2、H4 这两个成立，其余假设均不成立。

表 5-29 模型路径系数

潜变量	路径	测变量	Estimate	S. E.	C. R.	P	Label
满意度	←	旅游利益	0.581	0.364	1.596	0.111	0.191
满意度	←	地方感	0.705	0.157	4.489	***	0.685
满意度	←	旅游成本	−0.066	0.125	−0.522	0.601	−0.043
对旅游态度	←	旅游利益	1.060	0.264	4.009	***	0.829
对旅游态度	←	地方感	0.018	0.088	0.204	0.839	0.042
对旅游态度	←	旅游成本	0.105	0.058	1.803	0.071	0.165
对旅游态度	←	满意度	−0.002	0.079	−0.024	0.981	−0.005
MMY2	←	满意度	1.000				0.609
MMY3	←	满意度	1.061	0.119	8.890	***	0.752
MMY4	←	满意度	0.628	0.087	7.208	***	0.553
MMY5	←	满意度	1.065	0.123	8.641	***	0.714
TD1	←	对旅游态度	1.000				0.693
TD2	←	对旅游态度	1.088	0.125	8.684	***	0.714
AA4	←	旅游利益	1.000				0.308

续表

潜变量	路径	测变量	Estimate	S. E.	C. R.	P	Label
AA3	←	旅游利益	3.315	0.715	4.633	***	0.715
AA2	←	旅游利益	6.429	1.366	4.705	***	0.788
AA1	←	旅游利益	5.541	1.175	4.714	***	0.799
CC2	←	地方感	1.000				0.687
CC1	←	地方感	1.333	0.160	8.352	***	0.684
BB3	←	旅游成本	1.000				0.575
BB2	←	旅游成本	0.717	0.185	3.877	***	0.445
BB1	←	旅游成本	1.579	0.407	3.880	***	0.551

注：*** 表示在 0.001 的水平上显著。

四、结果分析

通过研究分析，对基础理论模型验证情况进行了汇总，如图 5-14 所示。

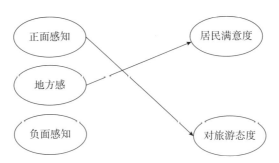

图 5-14　基础理论模型验证

假设 H5-1 居民对旅游影响的正面感知对居民满意度有显著正向相关关系不成立。本书将正面感知分为 4 个维度，分别是经济收益、社会收益、环境收益和旅游支持条件。笔者认为之所以 H5-1 没有成立是由以下原因造成的：首先，笔者在实地调研时便发现防城港金滩、白浪滩的附近居民经济收益普遍不高。不论是从事于当地旅游业中的居民，还是从事其他行业的当地居民，均反映自己的收入普遍不高。其次，当地居民几乎都不了解当地的旅游管理及规划情况，可见当地的旅游支持条件是较低的。这也凸显了当地居民的弱势地位。这些因素在居民对旅游的正面感知中占有较重要的影响地位，但是实际情况却显示居民收入偏低，对许多情况根本不了解。但是由于一些居民对当地的一些基础设施、卫生环境等比较满意，所以造成了居民虽然正面感知较低，但是满意度却较高的情况，因而假设 H5-1 不成立。

假设 H5-2 居民对地方感的感知对居民满意度有显著正向相关关系成立。当地居民的态度会在很大程度上影响外地人进入后的满意程度。如果本地居民反感外地人进入、在本地经商等，那么外地人在当地生活的满意度也会降低，进而也不会长久待下去。但是当地待客热情的民风民俗依然存在，而且在与外地经商的居民访谈时也了解到他们对世居于此的居民还是比较认可的，认为原著居民待人热情，不会欺骗、欺负外地经商的人员，也不会因为外地人赚钱较多而产生摩擦等，因而感知到较强的地方感。即使在当地经商的收入并不比其他城市高，但是良好的社区关系使得大多数外地经商户不愿意离开。而当地居民则世居于此，地方感本身就比较强烈。而且随着当地旅游业的发展，原先交通不畅、电信等基础设施差的情况也得到了改善，满意度有所提高。所以地方感与居民满意度有显著的正向相关关系。

假设 H5-3 居民对旅游影响的负面感知对居民满意度有显著负向相关关系不成立。通常而言，居民对旅游的负面感知越多，则满意度会越低。但是本书的研究结果并非如此。笔者认为原因有三点：一是一些居民可能对本书设计的问卷内容不够了解，似懂非懂便填写了问卷，特别是一些居民在填写问卷时，会参照朋友填写的选项，如果与自己的相差过大，便会选择填写较为褒义的选项；二是一些居民可能存在"不敢说"的情况，在调研时笔者发现一些居民在了解到题项较为贬义时，便会"故意"放弃原先所选题项，转而选择褒义的选项；三是本次调研发放的居民问卷主要集中在景区内和景区附近的居民，这些地方普遍环境较好、较为整洁等，因此造成了居民负面感知不多的情况，进而使得假设 H5-3 不显著。

假设 H5-4 居民对旅游影响的正面感知与居民对发展旅游的态度有显著正向相关关系成立，这个结果也验证了社会交换理论在研究滨海旅游地居民感知时是适用的。从理论上看，滨海旅游地在发展旅游业的过程中，一些居民可能会从事当地的旅游业，并且从当地旅游业的发展中获得了较多的利益。这些从当地旅游业发展中获得利益的居民必然会对当地发展旅游业持积极的态度。从调研的实际情况看，由于本次调研的受访居民以景区内经商、景区正门附近村庄的居民为主，这些居民许多均从事与旅游相关的工作。这些居民通过当地旅游业的发展，获取了比没有参与旅游业发展的居民更多的经济收益，因而也会相较其他居民更为支持当地旅游业的进一步发展。因为这些居民通过交换获取了更多的价值，因而希望能够在当地进一步发展旅游业的同时，能够交换到更多的价值，获取更多的利益。

假设 H5-5 居民对地方感的感知与居民对发展旅游的态度有显著正向相关关系不成立。通常而言，地方感越强，越喜爱自己的家乡，越希望自己的家乡变得更加美丽、发展得更好，自己也会更加自豪。但是此次实证研究的结果却显示，居民却没有因此为地方感的增强而更加支持旅游业的发展。笔者认为这是由于当地许多居民有着一种"难以选择"的心理。其实在调研中，笔者与许多受访者进行了交谈，一些居民即使没有从事与旅游相关的工作，心底还是愿意支持当地发展旅游业的，因为在当地旅游业并不出名以前，他们的生活水平及收入都是比较高的。但是随着当地旅游资源的开发，政府为了统一管理，更科学合理地开发，许多居民被迫放弃原先经营的餐馆、酒店等，可以说生活及收入都受到了严重的影响。因此虽然这些居民感知的地方感较强，但是对于当地发展旅游业却依然抱着"难以选择"的心理。这也在一定程度上造成了地方感感知与对当地发展旅游的态度没有显著的正向相关关系。此外，本书的地方感主要从地方认同和地方依恋两个维度进行测量，这些指标均只是着重了解居民对当地及当地居民的喜爱程度。但是与支持当地发展旅游的关系本身并不足够强烈。因为即使地方感足够强烈，却可能由于认识不足，或者过于保守而导致认识狭窄，进而做出相反的决定，不愿意支持当地的更进一步发展。

假设 H5-6 居民对旅游影响的负面感知与居民对发展旅游的态度有显著负向相关关系不成立。从社会交换理论角度来看，负面感知越多，居民可能越不愿意进行进一步的交换。这是因为交换中没有获取到物质的、社会的、心理的价值，所以才会有消极的态度。但是此次的实证研究结果却与该理论相悖。笔者认为这个结果的出现是有一定特殊性的。首先是本次调研问卷中关于负面感知的内容，在金滩及白浪滩中都鲜有出现，或者出现的地区不多，而且这些问题相较于旅游业不发达的城市，也并没有很大的差别，因而感知到负面的居民不多；其次是当地居民还是十分喜爱所居住的地区的，一些居民就表示虽然受到过很多的委屈，但只要家乡能够发展起来，还是愿意继续支持当地进一步发展旅游业的；最后是相较于正面感知及地方感，负面感知对当地居民影响并不大。正是这些原因导致了负面感知与居民对当地发展旅游业没有呈现显著的负面关系。

假设 H5-7 居民满意度与居民对发展旅游的态度有显著正向相关关系不成立。居民满意度是居民对当地各种条件的感受。许多学者的研究结果显示，居民满意度与居民对发展旅游的态度存在直接的关系。笔者认为旅游地的发展会给当地居民带来各种各样的影响，有可能是正面的，也有可能是负面的，进而会对当地居民的满意度产生影响，如发展旅游后，当地的基础设施有了极大的改善，政府对当地的环境也更为重视了，那么当地的居民应该会产生较高的满意度。进而居民也会更加支持当地发展旅游业。但是本书研究结果显示，满意度与居民对旅游的态度呈不显著的正向相关。笔者认为一方面可能是由于当地居民存在"知足常乐"的心理，因为已经比较满意当前的生活状态了，便不会继续追求更好的发展；另一方面可能是由于部分居民已经在当前的旅游业发展中获取了相关的渠道，可以获得较多且稳定的收入，如果进一步发展旅游业，则可能会威胁到当前的经营活动，因此，不支持进一步发展旅游业应是一个最佳的选择。此外，也有可能是一些当前并不满意的居民，依然对未来充满憧憬，希望改变当前的状况，在未来能够有所作为。

第五节 本章小结

本章从社区居民对旅游影响的感知研究、居民对社区生活总体满意度的分析、居民满意度的方差分析等方面研究居民对旅游感知的研究。其中重点阐述了居民参与旅游的情况，尤其是少数民族居民参与旅游的情况。

对防城港滨海社区居民对旅游影响的感知研究，采用因子分析法提取出6个公共因子，即旅游经济利益、旅游社会利益、旅游环境利益、旅游经济成本、旅游环境成本、旅游社会成本六大感知因子。整体上来看，防城港滨海居民对旅游积极影响的感知更加明显，旅游环境利益、旅游社会利益、旅游经济利益均值都在3.5以上，表明居民对正面影响持支持的态度；相反，对于旅游所带来的消极影响，居民感知均不显著，对环境成本和社会成本持中立偏反对的态度。数据显示，整体上滨海居民对旅游的发展持欢迎的态度。这可以从"您认为旅游是本村发展的正确选择""您支持本村旅游的进一步发展"中看出来，这两项均值达到3.72，分别有66.6%、63.9%的村民表达了"支持本村旅游的进一步发展""旅游是本村发展的正确选择"的愿望，均值分别为3.73、3.71。

从滨海居民对社区生活的总体满意度分析来看，当地村民对社区总体满意度较高。纵向分析来看，当地滨海居民对社区生活各组成要素的感知有差异，但并不显著。而横向比较而言，金滩和白浪滩的村落居民社区满意度之间的差异性较大，在满意度认知差异上，金滩分异程度大于白浪滩。

从滨海居民社区生活满意度的影响因素来看，居民评价高的因素与总体满意度的相关性高；而居民评价低的因素对社区总体满意度评价的影响较低。通过居民社区满意度评价矩阵分析，自然环境、环境卫生、村容村貌、政府监管、就业5个因素是居民评价值较高，且对社区总体满意度影响较大的因素；公共休闲、环保规划、个人住房3个因素是实际状况不错，但是对社区总体满意度影响较低的因素；环境立法、医疗、文体设施3个因素是那些实际情况不佳，但居民感知微弱或不重视，对居民社会生活满意度影响相对较小的因素，这些都是在开发过程中可以暂时搁置或缓期处理的因素；购物、基础设施、经济收入、物价这4个因素是那些实际情况较差、居民评价值较低，但对社区生活满意度影响较大的因素，这些都是居民社区生活中急需改善的因素。

对社区居民满意度的方差分析表明，性别对居民社区满意度的影响不明显；不同民族对满意度的感知存在差异，京族满意度最低，壮族满意度最高。不同年龄层对当地社区满意度的感知差异大，年龄越大，满意度越高。学历对居民社区满意度所造成的差异明显，满意度最高的是学历为大专及以上的群体。职业给当地居民社区满意度带来了感知差异。家庭收入带给居民社区满意度的影响较大，家庭收入越高的居民，社区满意度越高。

第六章
防城港市滨海旅游业可持续发展研究

第一节　评价指标体系设计

关于评价指标体系的构建，本节主要从指标内涵、指标体系、指标体系构建目的和原则几个方面进行基础性说明，为后面构建全面合理的评价指标体系打好基础。

一、评价指标体系建立的目的和原则

指标是被评价的因素，指标体系是被评价的全部因素的集合。通过指标体系对预期目标的判断就是评价的过程。在进行评价工作之前，应将评价所依据的目标具体化，确定好各项指标的权重系数以及对各项指标进行含义描述。

可持续发展战略目标体系包括发展度、协调度、持续度三个方面。研究的目的是给研究区的旅游决策者和公众提供一个了解旅游资源配置状况的有效工具，以求合理分配旅游资源，优化资源配置，从而使被研究区的旅游产业实现可持续发展的目标。旅游可持续系统是复杂的，滨海旅游目的地评价体系的构建应遵循实用性、科学性、可行性、系统性、定量指标和定性指标等原则。在对相关科学理论和旅游系统充分探索研究的基础上，笔者认为应从多个维度反映滨海旅游目的地可持续发展的现状及目标。

指标选取时除应遵循以上一般原则外，还应符合"可持续旅游"的主要目标——"提高旅游地居民的生活水平，为旅游者提供高质量的旅游感受"，因此应强调当地居民与旅游者的感知评判，兼顾客观指标与主观指标。广西防城港滨海旅游目的地评价离不开游客和居民参与。客观统计指标能在一定程度上反映可持续程度，但主观因素也是必须考虑的内容之一。

指标体系是在研究区域旅游可持续发展之上，遵循上述指标体系构建原则，结合广西滨海旅游实际情况后加以制定的，从而达到旅游可持续发展与广西民族地区需要之间的均衡，以及旅游产业发展与社会、政治、经济发展之间的均衡。

二、指标体系构建

评价指标体系的构建是评价的基础，用以指导防城港滨海地区旅游可持续发展的评价问题。然而评价滨海地区旅游竞争力状况具有复杂性、不确定性和难以量化的特点，难以用一两个指标给出正确全面的评价。本书在确定了旅游可持续发展目标的基础上，结合使用了综合法和分析法，尤其注重指标体系的独立性原则，在大量参考和总结各位专家学者可持续发展以及旅游可持续发展评价的基础上，结合滨海旅游目的地实际，同时兼顾数据的可得性，设计了滨海旅游目的地可持续发展评价体系。同时，广泛征求相关专家学者的意见和建议，反复检验指标体系的运用效果，确定最终的评价指标体系。根据相关研究资料对广西滨海地区实地进行田野调查分析，本书研究以滨海地区的旅游可持续发展为切入点，将评价指标体系分为三个层次，分别为目标层、准则层和指标层，构建了旅游可持续发展评价指标体系（如图6-1所示）。取资源子系统、经济子系统、环境子系统、社会文化子系统4个子系统、9个方面共24个指标作为指标评价。

三、指标内涵及说明

在评价指标体系中，4个子系统是从旅游资源、旅游经济、旅游环境和旅游社会文化四个方面进行评价的。其中，旅游资源子系统是从旅游自然资源条件方面评价；旅游经济子系统是从经济总量、旅游经济总量、旅游产业结构、旅游接待能力四个方面评价；旅游环境子系统是从环境治理、质量指标两个方面进行评价；旅游社会文化子系统是从支撑度和协调度两个方面评价。

（一）旅游资源指标

（1）旅游资源丰裕度。定性指标。即旅游资源的质量和价值，包括历史价值、美学价值、科学价值及其稀有程度。包括：①自然旅游资源丰裕度：世界

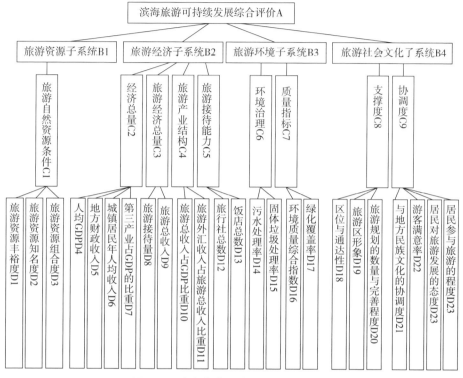

图6-1 滨海旅游可持续发展指标体系

级自然遗产丰裕度、世界地质公园丰裕度、国家级风景名胜区丰裕度、国家级地质公园丰裕度、国家级自然保护区丰裕度；②人文旅游资源丰裕度：世界文化遗产丰裕度、国家级历史文化名城（镇、村）丰裕度、民族文化及有关场所（民族历史、民族工艺、风俗节庆）丰裕度、消遣娱乐型的人造旅游丰裕度。

（2）旅游资源知名度。定性指标。即旅游资源的地位影响力和著名程度。

（3）旅游资源组合度。定性指标。即旅游资源的空间分布组合状况、类型结构，自然资源与人文资源的互补程度。

（二）旅游经济指标

（1）经济总量。定量指标。包括：①人均 GDP：衡量研究区域人们生活水平的标准指标；②地方财政收入：包括地方财政收入、地方财政转移支出；③城镇居民年人均收入；④第三产业占 GDP 的比重：研究区域第三产业产值与GDP 之比。

（2）旅游经济总量。定量指标。包括旅游接待量和旅游总收入。

（3）旅游产业结构。定量指标。包括：①旅游总收入占 GDP 比重：旅游总收入与 GDP 之比；②旅游外汇收入占旅游总收入比重：旅游外汇收入与旅游总收入之比。

（4）旅游接待能力。定量指标。鉴于数据资料的可获得性，旅游接待能力包括旅行社总数和星级饭店总数。

（三）旅游环境指标

（1）环境治理，包括污水处理率和固体垃圾处理率。

（2）质量指标包括：①环境质量综合指数：反映滨海地区环境质量的变动趋势，以百分数表示；②绿化覆盖率。

（四）社会文化指标

（1）支撑度。包括：①区位与通达性，区域的沿大河（大江）、腹地程度，地处区位优势条件如何，以及区域的可进入性、道路通达条件，包括海、陆、空交通状况综合考虑；②旅游区形象；③旅游规划的数量与完善程度。

（2）协调度。包括：①与地方民族文化的协调度；②游客满意率；③居民对旅游发展的态度，反映居民对旅游开发所持态度情况；④居民参与旅游的程度。

第二节　指标权重确定

指标的权重反映了各评价因素在研究广西滨海地区旅游可持续发展评价指标体系中所起的作用和重要性程度。本书研究采用层次分析法，结合专家打分计算确定权重。

一、确定权重的程序

（一）构造两两比较判断矩阵

假定 C 层次元素与下一层次有联系，对各元素进行两两评比打分（如表 6-

1 所示），由专家根据标度值来判断两个指标的相对重要性程度，构造出判断矩阵，通常将判断矩阵记为 B。

表 6-1 各层次相对重要性两两比较

C_k	D_1，D_2，$\cdots$，D_n
D_1	d_{11}，d_{12}，$\cdots$，d_{1n}
D_2	d_{21}，d_{22}，$\cdots$，d_{2n}
$\cdots$	$\vdots$ $\vdots$ $\vdots$ $\vdots$
D_n	d_{n1}，d_{n2}，$\cdots$，d_{nn}

资料来源：根据层次分析法原理整理。

$$B = \begin{bmatrix} d_{11} & \cdots & d_{1n} \\ \vdots & \ddots & \vdots \\ d_{n1} & \cdots & d_{nn} \end{bmatrix} \qquad (6-1)$$

表 6-1 中，C_k 是上层次中的一个元素，是 D_1，D_2，$\cdots$，D_n 各元素两两比较判断矩阵的准则，D_1，D_2，$\cdots$，D_n 是下层次中与 C_k 有关的元素。d_{ij} 是针对元素 C_k 之下层次中元素 D_i 与元素 D_j 相对重要性的比较判断的标度值。相对重要性的比例标度如表 6-2 所示。

表 6-2 相对重要性的比例标度

评估尺度	定义	说明
1	同等重要	两个因素重要程度相同，同样重要
3	稍微重要	其中一个因素比另一个稍微重要
5	比较重要	其中一个因素比另一个明显重要
7	很重要	其中一个因素比另一个因素非常重要
9	极为重要	两个因素比较，其中一个因素极为重要
2，4，6，8	各相邻尺度间的折中数值	介于相对重要程度判断值之间

资料来源：根据层次分析法原理整理。

根据表 6-2，我们得出：①D_i 与 D_j 同样重要，则有 $d_{ij} = 1$；②D_i 比 D_j 稍微重要，则有 $d_{ij} = 3$；③D_i 比 D_j 明显重要，则有 $d_{ij} = 5$；④D_i 比 D_j 强烈重要，则有 $d_{ij} = 7$；⑤D_i 比 D_j 绝对重要，则有 $d_{ij} = 9$。相反，如果 D_i 劣于 D_j，则分别

有：$d_{ij} = 1/3$，$d_{ij} = 1/5$，$d_{ij} = 1/7$，$d_{ij} = 1/9$。

对于矩阵 B，则有：$d_{ij} \times d_{ji} = 1$，$d_{ji} = 1/d_{ij}$，其中 $i = 1$，2，$\cdots$，n，$j = 1$，2，$\cdots$，n。如果 $d_{ij} \times d_{jk} = d_{ik}(i, j, k = 1, 2, \cdots, n)$，则表明矩阵 B 具有完全一致性。

（二）相对重要程度的计算

在实践中可以采用求和法来计算近似的特征值。求和法的步骤如下：

（1）归一化处理判断矩阵 B 的每一列：

$$\bar{d}_{ij} = \frac{d_{ij}}{\sum_{k=1}^{n} d_{ki}} \qquad (6-2)$$

（2）将判断矩阵按行相加：

$$\bar{W}_i = \sum_{j=1}^{n} \bar{d}_{ij} \qquad (6-3)$$

（3）再对向量 $\bar{W} = [\bar{W}_1, \bar{W}_2, \cdots, \bar{W}_n]^T$ 进行归一化：

$$W_i = \frac{\bar{W}_i}{\sum_{i=1}^{n} \bar{W}_i} \qquad (6-4)$$

这样得出向量：$W = [W_1, W_2, \cdots, W_n]^T$，其中，$W_i$ 就是表明 D_1，D_2，$\cdots$，D_n 各个指标相对优先程度的指标权数。

（三）进行一致性检验

（1）层次单排序及一致性检验。检验判断矩阵 B 的一致性（相容性），可以利用 λ_{max} 与 n 之差来进行检验。λ_{max} 可用式（6-5）求出：

$$\lambda_{max} = \frac{1}{n} \sum_{i=1}^{n} [(BW)_i / W_i] \qquad (6-5)$$

一致性指标由式（6-6）求出：

$$C.I. = \frac{\lambda_{max} - n}{n - 1} \qquad (6-6)$$

计算随机一致性比值：

$$C.R. = \frac{C.I.}{R.I.} \qquad (6-7)$$

当 $C.R. < 0.1$ 时，矩阵判断 B 的一致性可以接受。根据判断矩阵的阶数 n，

可查到相应判断矩阵的平均随机一致性指标 $R.I.$ 如表6-3所示。

表6-3　随机一致性指标 $R.I.$

1	2	3	4	5	6	7	8	9
0.00	0.00	0.52	0.89	1.12	1.36	1.32	1.41	1.46

因此，一致性判断的步骤如下：

第一步，求判断矩阵的最大特征根 λmax。

第二步，计算一致性指标 $C.I. = |\lambda max - n| / (n-1)$（$n$ 为此判断矩阵因素个数；$C.I. = 0$，有完全的一致性；$C.I.$ 接近于0，有满意的一致性；$C.I.$ 越大，不一致越严重）。

第三步，查表确定平均随机一致性指标 $R.I.$。

第四步，计算随机一致性比率 $C.R.$：$C.R. = C.I./R.I.$。

第五步，当 $C.R. < 0.1$ 时，判断矩阵具有满意一致性。

（2）层次总排序及一致性检验。计算某一层次所有因素对于最高层（总目标）相对重要性的权值，称为层次总排序。这一过程是从最高层次到最低层次依次进行的。层次总排序就是要将最底层权重与中间层权重合成，形成最底层元素对总目标 A 的权重，最后由总目标权重确定排序。

如 B 层的4个因素 B_1、B_2、B_3、B_4 对总目标 A 的排序为 b_1、b_2、b_3、b_4，C 层的9个因素对上层因素 Bi 的层次单排序为 c_{1j}、c_{2j}、$\cdots$、c_{9j}（$j = 1, 2, 3, 4$），则 C 层的层次总排序（即 C 层第 i 个因素对总目标的权值）为：$\sum b_j c_{ij}$（$j = 1, 2, 3, 4$）。

设 C 层 C_1、C_2、$\cdots$、C_9 对上层（B 层）中因素的层次单排序一致性指标为 CI_j，随机一致性指标为 RI_j，则层次总排序的一致性比率为：

$$C.R. = \frac{a_1 CI_1 + a_2 CI_2 + \cdots + a_m CI_m}{a_1 RI_1 + a_2 RI_2 + \cdots + a_m RI_m} \tag{6-8}$$

当 $C.R. < 0.1$ 时，认为层次总排序通过一致性检验，层次总排序具有满意的一致性，否则需要重新调整那些一致性比率高的判断矩阵的元素取值。

至此，根据最下层（决策层）的层次总排序做出最后决策。

计算层次总排序的公式为：

$$C.R._{总} = C.I._{总} / R.I._{总}$$

二、层次分析法确定权重

（一）构造判断（成对比较）矩阵

首先，构造两两比较的判断矩阵。根据层次结构，邀请有关专家进行分析，给出各指标间对于总目标的重要性的比例关系如表6-4所示，具体数值大小可根据"相对重要程度取值表"获得。再取各位专家判断值的平均值构造判断矩阵。

表6-4　准则层相对指标层次判断矩阵

1. 构造 B 层判断矩阵

总目标 A	旅游资源子系统 B1	旅游经济子系统 B2	旅游环境子系统 B3	旅游社会文化子系统 B4
旅游资源子系统 B1	1	1/3	3	5
旅游经济子系统 B2	3	1	3	5
旅游环境子系统 B3	1/3	1/3	1	3
旅游社会文化十系统 B4	1/5	1/5	1/3	1

2. 构造 C 层判断矩阵 B2

旅游经济子系统 B2	经济总量 C2	旅游经济总量 C3	旅游产业结构 C4	旅游接待能力 C5
经济总量 C2	1	1	1	1
旅游经济总量 C3	1	1/3	3	3
旅游产业结构 C4	1	1/3	1	1
旅游接待能力 C5	1	1/3	1	1

3. 构造 C 层判断矩阵 B3

旅游环境子系统 B3	环境治理 C6	质量指标 C7
环境治理 C6	1	2

旅游环境子系统 B3	环境治理 C6	质量指标 C7
质量指标 C7	1/2	1

4. 构造 C 层判断矩阵 B4

旅游社会文化子系统 B4	支撑度 C8	协调度 C9
支撑度 C8	1	2
协调度 C9	1/2	1

5. 构造 D 层判断矩阵 C1

旅游自然资源条件 C1	旅游资源丰裕度 D1	旅游资源知名度 D2	旅游资源组合度 D3
旅游资源丰裕度 D1	1	1	3
旅游资源知名度 D2	1	1	3
旅游资源组合度 D3	1/3	1/3	1

6. 构造 D 层判断矩阵 C2

经济总量 C2	人均 GDP D4	地方财政收入 D5	城镇居民年人均收入 D6	第三产业占 GDP 的比重 D7
人均 GDP D4	1	5	1/3	3
地方财政收入 D5	1/5	1	1/7	1/3
城镇居民年人均收入 D6	3	7	1	5
第三产业占 GDP 的比重 D7	1/3	3	1/5	1

7. 构造 D 层判断矩阵 C3

旅游经济总量 C3	旅游接待量 D8	旅游总收入 D9
旅游接待量 D8	1	3
旅游总收入 D9	1/3	1

8. 构造 D 层判断矩阵 C4

旅游产业结构 C4	旅游总收入占 GDP 比重 D10	旅游外汇收入占旅游总收入比重 D11
旅游总收入占 GDP 比重 D10	1	5
旅游外汇收入占旅游总收入比重 D11	1/5	1

9. 构造 D 层判断矩阵 C5

旅游接待能力 C5	旅行社总数 D12	饭店总数 D13
旅行社总数 D12	1	1
饭店总数 D13	1	1

10. 构造 D 层判断矩阵 C6

环境治理 C6	污水处理率 D14	固体垃圾处理率 D15
污水处理率 D14	1	1
固体垃圾处理率 D15	1	1

11. 构造 D 层判断矩阵 C7

质量指标 C7	环境质量综合指数 D16	绿化覆盖率 D17
环境质量综合指数 D16	1	3
绿化覆盖率 D17	1/3	1

12. 构造 D 层判断矩阵 C8

支撑度 C8	区位与通达性 D18	旅游区形象 D19	旅游规划的数量与完善程度 D20
区位与通达性 D18	1	3	5
旅游区形象 D19	1/3	1	3
旅游规划的数量与完善程度 D20	1/5	1/3	1

13. 构造 D 层判断矩阵 C9

协调度 C9	与地方民族文化的协调度 D21	游客满意率 D22	居民对旅游发展的态度 D23	居民参与旅游的程度 D24
与地方民族文化的协调度 D21	1	1/3	1/3	1/5
游客满意率 D22	3	1	1	1
居民对旅游发展的态度 D23	3	1	1	1
居民参与旅游的程度 D24	5	1	3	1

(二) 判断矩阵权重的计算

本书采用和积法通过判断矩阵计算出各指标的相对权重。在得到矩阵后，即可以计算判断矩阵的特征向量 W_i，W_i 为该矩阵中各指标的权重，计算各矩阵对应的权重向量后，就可以逐层汇总合成为各指标对于总目标的权重。如计算出判断矩阵 A-B 的权重，如表 6-5 所示。

表 6-5　判断矩阵 A-B 的权重

A	B1	B2	B3	B4	权重 W_i
B1	1	1/3	3	5	0.2913
B2	3	1	3	5	0.4909
B3	1/3	1/3	1	3	0.1507
B4	1/5	1/5	1/3	1	0.0670

判断矩阵 A-B 权重反映了旅游资源子系统占滨海旅游可持续发展综合实力份额的 29.13%；旅游经济子系统占滨海旅游可持续发展综合实力份额的 49.09%；旅游环境子系统占滨海旅游可持续发展综合实力份额的 15.07%；旅游社会文化子系统占滨海旅游可持续发展综合实力份额的 6.70%。采用和积法依次计算各个指标相对于上一层元素的权重，如表 6-6 所示。

表 6-6　指标体系各层次的相对权重值

目标层	准则层		指标层			
目标 A	准则 B	权重 W_i	指标 C	权重 W_i	指标 D	权重 W_i
滨海旅游可持续综合评价 A	旅游资源子系统 B1	0.2913	旅游自然资源条件 C1	1	旅游资源丰裕度 D1	0.4286
					旅游资源知名度 D2	0.4286
					旅游资源组合度 D3	0.1429
	旅游经济子系统 B2	0.4909	经济总量 C2	0.2369	人均 GDP D4	0.2633
					地方财政收入 D5	0.0569
					城镇居民年人均收入 D6	0.5579
					第三产业占 GDP 的比重 D7	0.1219
			旅游经济总量 C3	0.4063	旅游接待量 D8	0.7500
					旅游总收入 D9	0.2500
			旅游产业结构 C4	0.1771	旅游总收入占 GDP 比重 D10	0.8333
					旅游外汇收入占旅游总收入比重 D11	0.1677
			旅游接待能力 C5	0.1771	旅行社总数 D12	0.5000
					饭店总数 D13	0.5000

续表

目标层	准则层		指标层			
目标 A	准则 B	权重 W_i	指标 C	权重 W_i	指标 D	权重 W_i
滨海旅游可持续综合评价 A	旅游环境子系统 B3	0.1507	环境治理 C6	0.6667	污水处理率 D14	0.5000
					固体垃圾处理率 D15	0.5000
			质量指标 C7	0.3333	环境质量综合指数 D16	0.7500
					绿化覆盖率 D17	0.2500
	旅游社会文化子系统 B4	0.0670	支撑度 C8	0.6667	区位与通达性 D18	0.6333
					旅游区形象 D19	0.2605
					旅游规划的数量与完善程度 D20	0.1062
			协调度 C9	0.3333	与地方民族文化的协调 D21	0.0865
					游客满意率 D22	0.2906
					居民对旅游发展的态度 D23	0.2906
					居民参与旅游的程度 D24	0.3323

（三）进行一致性检验

1. 层次单排序及一致性检验

对判断矩阵进行一致性检验，检验如下：

（1）B 层判断矩阵 A-B：

$\lambda_{max} = 4.1990$，$C.I. = |\lambda_{max} - n| / (n-1) = 0.0663$

查 $R.I. = 0.89$，$C.R. = C.I./R.I. = 0.0745 < 0.1$，一致性检验通过。

（2）C 层判断矩阵 B2-C：

$\lambda_{max} = 4.1536$，$C.I. = |\lambda_{max} - n| / (n-1) = 0.0512$

查 $R.I. = 0.89$，$C.R. = C.I./R.I. = 0.0575 < 0.1$，一致性检验通过。

（3）C 层判断矩阵 B3-C：

$\lambda_{max} = 2.0000$，$C.I. = |\lambda_{max} - n| / (n-1) = 0$

判断矩阵 B3-C 具有完全一致性。

（4）C 层判断矩阵 B4-C：

$\lambda_{max} = 2.0000$，$C.I. = |\lambda_{max} - n| / (n-1) = 0$

判断矩阵 B4-C 具有完全一致性。

（5）D 层判断矩阵 C1-D：

$\lambda_{max} = 3.0000$，$C.I. = |\lambda_{max} - n| / (n-1) = 0$

判断矩阵 C1-D 具有完全一致性。

（6）D 层判断矩阵 C2-D：

$\lambda\max = 4.1185$，$C.I. = \mid \lambda\max-n \mid / (n-1) = 0.0395$

查 $R.I. = 0.89$，$C.R. = C.I./R.I. = 0.0444 < 0.1$，一致性检验通过。

（7）D 层判断矩阵 C3-D：

$\lambda\max = 2.0000$，$C.I. = \mid \lambda\max-n \mid / (n-1) = 0$

判断矩阵 C3-D 具有完全一致性。

（8）D 层判断矩阵 C4-D：

$\lambda\max = 2.0000$，$C.I. = \mid \lambda\max-n \mid / (n-1) = 0$

判断矩阵 C4-D 具有完全一致性。

（9）D 层判断矩阵 C5-D：

$\lambda\max = 2.0000$，$C.I. = \mid \lambda\max-n \mid / (n-1) = 0$

判断矩阵 C5-D 具有完全一致性。

（10）D 层判断矩阵 C6-D：

$\lambda\max = 2.0000$，$C.I. = \mid \lambda\max-n \mid / (n-1) = 0$

判断矩阵 C6-D 具有完全一致性。

（11）D 层判断矩阵 C7-D：

$\lambda\max = 2.0000$，$C.I. = \mid \lambda\max-n \mid / (n-1) = 0$

判断矩阵 C7-D 具有完全一致性。

（12）D 层判断矩阵 C8-D：

$\lambda\max = 3.0387$，$C.I. = \mid \lambda\max-n \mid / (n-1) = 0.01935$

查 $R.I. = 0.52$，$C.R. = C.I./R.I. = 0.0372 < 0.1$，一致性检验通过。

（13）D 层判断矩阵 C9-D：

$\lambda\max = 4.0329$，$C.I. = \mid \lambda\max-n \mid / (n-1) = 0.01097$

查 $R.I. = 0.89$，$C.R. = C.I./R.I. = 0.0123 < 0.1$，一致性检验通过。

由计算结果可知，C.R. 均小于 0.1，故各层次判断矩阵具有满意一致性。

2. 层次总排序及一致性检验

通过层次总排序的公式，计算出所有层次每一个因素相对于总目标的权重值，如表 6-7 所示。

表6-7　指标体系各层析对于总目标的权重值和总排序

目标层	准则层		指标层				
目标A	准则B	总排序权重 W_i	指标C	总排序权重 W_i	指标D	总排序权重 W_i	占目标A权重的排序号
滨海旅游可持续综合评价A	旅游资源子系统B1	0.2913	旅游自然资源条件C1	0.2913	旅游资源丰裕度D1	0.1249	2
					旅游资源知名度D2	0.1249	2
					旅游资源组合度D3	0.0416	11
	旅游经济子系统B2	0.4909	经济总量C2	0.1176	人均GDP　D4	0.0310	13
					地方财政收入D5	0.0067	20
					城镇居民年人均收入D6	0.0656	5
					第三产业占GDP的比D7	0.0143	16
			旅游经济总量C3	0.1994	旅游接待量D8	0.1496	1
					旅游总收入D9	0.0499	8
			旅游产业结构C4	0.0869	旅游总收入占GDP比重D10	0.0724	4
					旅游外汇收入占旅游总收入比重D11	0.0145	15
			旅游接待能力C5	0.0869	旅行社总数D12	0.0435	9
					饭店总数D13	0.0435	9
	旅游环境子系统B3	0.1507	环境治理C6	0.1005	污水处理率D14	0.0502	6
					固体垃圾处理率D15	0.0502	7
			质量指标C7	0.0502	环境质量综合指数D16	0.0377	12
					绿化覆盖率D17	0.0126	17
	旅游社会文化子系统B4	0.0670	支撑度C8	0.0447	区位与通达性D18	0.0283	14
					旅游区形象D19	0.0116	18
					旅游规划的数量与完善程度D20	0.0047	23
			协调度C9	0.0223	与地方民族文化的协调D21	0.0019	24
					游客满意率D22	0.0065	21
					居民对旅游发展的态度D23	0.0065	21
					居民参与旅游的程度D24	0.0074	19

第三节　防城港市滨海旅游可持续发展评价

一、滨海旅游可持续发展综合评价

（一）综合评价指数的计算

综合评价指数的计算是利用线性加权合成法来进行的，线性加权合成法就是指标体系中各项指标的标准值与其权重的乘积之和。求总得分采取的方法是用最底层各个指标的打分分别乘以其相对于总目标的权重，最后求其和，即：

$$Z = \sum W_i X_i (i = 1,\ 2,\ \cdots,\ N) \tag{6-9}$$

式中，Z 为被评价对象得到的综合值；W_i 为评价指标的权重；X_i 为第 i 个单项指标的分值；N 为评价指标的个数。

本模型中，X_i 为指标层 D_i 的分值，已由综合专家的打分得出，W_i 是其权重，i 取 24。

准则层因素的评价指数的计算也是利用以上方法，只是由此准则对应的底层指标乘以其相对于此准则的权重，最后求和而得出的。如求旅游资源子系统的得分，X_i 为指标层 D1-D3 的分值，W_i 是其相对于准则 B1 的权重，i 取 3。同理，求得 B2、B3、B4 的得分。

（二）综合评价标准的分级

将滨海旅游可持续发展规划分为四个阶段，即准备阶段、初级阶段、中级阶段、高级阶段如表 6-8 所示，以此把滨海旅游可持续发展的远景分割成了比较具体的阶段性目标，这有利于滨海生态旅游可持续发展的评估。

表 6-8　滨海旅游可持续发展的四个阶段

综合得分	小于 50%	50%~70%	70%~85%	大于 85%
阶段定位	准备阶段	初级阶段	中级阶段	高级阶段

（三）防城港滨海旅游可持续发展评价

参照旅游可持续发展评价指标体系，根据问卷调查和广西统计年鉴、防城港统计年鉴等的数据整理的结果，笔者对防城港市滨海旅游可持续发展的阶段和水平进行了初步评价与衡量。为了确定该指标体系各项因子的权重以及给广西滨海旅游可持续发展评价因子进行量化处理，笔者设计了专家调查问卷（见附录4）。本次调查邀请了35位相关专家对防城港市滨海旅游可持续发展指标进行评估和打分，部分指标取35位专家打分的算术平均值，专家分别来自各大科研院所、高校以及旅游相关部门，有广西区旅游局、防城港旅游局、广西社科院、广西部分高校及旅行社的相关专家和从业人士，都具有副高级以上职称。还有部分指标来自居民和游客问卷，对问卷相关指标做了加权平均处理，汇总结果如表6-9所示。

表6-9 防城港滨海旅游可持续发展评价得分

目标层	准则层	指标层		评价得分（满分：100）
滨海旅游可持续综合评价A	旅游资源子系统B1	旅游自然资源条件C1	旅游资源丰裕度D1	90
			旅游资源知名度D2	50
			旅游资源组合度D3	85
	旅游经济子系统B2	经济总量C2	人均GDP D4	70
			地方财政收入D5	70
			城镇居民年人均收入D6	60
			第三产业占GDP的比重D7	55
		旅游经济总量C3	旅游接待量D8	60
			旅游总收入D9	55
		旅游产业结构C4	旅游总收入占GDP比重D10	55
			旅游外汇收入占旅游总收入比重D11	60
		旅游接待能力C5	旅行社总数D12	50
			饭店总数D13	50
	旅游环境子系统B3	环境治理C6	污水处理率D14	70
			固体垃圾处理率D15	70
		质量指标C7	环境质量综合指数D16	80
			绿化覆盖率D17	80

续表

目标层	准则层	指标层		评价得分（满分：100）
旅游社会文化子系统 B4	支撑度 C8	区位与通达性 D18		85
		旅游区形象 D19		60
		旅游规划的数量与完善程度 D20		70
	协调度 C9	与地方民族文化的协调度 D21		65
		游客满意率 D22		50
		居民对旅游发展的态度 D23		65
		居民参与旅游的程度 D24		50

　　利用线性加权合成法，用 D 层指标的得分乘以其相对于指标层 C 的权重，得到指标层 C 各个指标的得分，同理，再用指标层因素的得分乘以其相对于准则层 B 的权重，就可以得到准则层因素的得分，结果如表 6-10 所示。

表 6-10　防城港滨海旅游可持续发展评估得分

目标层	准则层		指标层	
目标 A	准则 B	得分	指标 C	得分
防城港滨海旅游可持续发展综合评价	旅游资源子系统 B1	72.151	旅游自然资源条件 C1	72.151
	旅游经济子系统 B2	57.452	经济总量 C2	62.593
			旅游经济总量 C3	58.750
			旅游产业结构 C4	55.894
			旅游接待能力 C5	50.000
	旅游环境子系统 B3	73.333	环境治理 C6	70.000
			质量指标 C7	80.000
	旅游社会文化子系统 B4	69.816	支撑度 C8	76.895
			协调度 C9	55.657

　　最后，用准则层因素得分乘以其相对于目标层 A 的权重，即可得总目标的得分，即：$72.151 \times 0.2913 + 57.452 \times 0.4909 + 73.333 \times 0.1507 + 69.816 \times 0.067 = 65.0291$。

　　所以，根据综合评价指数的计算公式，得到防城港滨海旅游可持续发展综合指数 $A = 65.0291$；准则层旅游资源子系统得分，$B1 = 72.1505$；旅游经济子系统得分，$B2 = 57.452$；旅游环境子系统得分，$B3 = 73.333$；旅游社会文化子系统得分，B4＝69.81587。

二、评价结果及分析

（一）防城港滨海旅游可持续发展水平还处于初级阶段

由上文的综合计算结果对照表6-10可知，防城港滨海旅游综合得分为65.03分，防城港滨海旅游可持续发展水平还处于初级阶段，距离可持续发展高级阶段的目标还比较遥远。防城港滨海旅游资源子系统、旅游环境子系统对其可持续发展水平贡献较大，分数总体差别不大，分别为72.1505分、73.333分，但是也有待进一步改善；旅游社会文化子系统次之，为69.81587分；旅游经济子系统对其可持续发展的水平贡献度最小，滨海旅游经济发展相对落后，仅有57.452分。其主要原因在于：防城港滨海旅游的经济发展水平比较落后，旅游的产业化程度比较低。虽然旅游环境条件有优势，但是旅游的投资水平不高，没有能吸引大批旅游者的中高端旅游产品。虽然旅游资源也有一定的基础，滨海文化底蕴深厚，民族文化有一定的历史渊源，但是民族传统文化没有得到很好的开发，知名度不高，限制了旅游业的可持续发展。

（二）防城港滨海旅游资源子系统现状相对较好，但也存在问题

旅游资源丰裕度对旅游资源贡献度较大，其次是旅游资源知名度，旅游资源组合度贡献比较小，甚至成为制约因素，在旅游资源子系统中，旅游资源丰裕度、旅游资源知名度、旅游资源组合度的贡献率分别为38.57%、21.43%、12.15%。防城港市自然旅游资源和人文旅游资源丰富，品种和组合度都较高。防城港市具有南方建筑特色的围屋、干栏、碉楼，西式建筑有骑楼、法式建筑、天主教堂，还有名人故居刘永福那良"三宣堂"和"南天王"陈公馆；防城港市京族主要分布在江平镇地巫头、万尾、山心三岛，京族人民为防城港旅游业的发展做出了很大贡献，京族哈节和国际龙舟节、金茶花节、十万大山森林旅游节并称为防城港现代四大节庆。不过，这些旅游资源在全国的知名度不高。目前，防城港市还没有国家5A级景区，4A级景区有江山半岛、白浪滩、西湾旅游景区、屏风雨林公园、十万大山百鸟乐园景区、十万大山国家森林公园和东兴京岛风景名胜区，但是与知名度高的桂林和北海相比，防城港的景区知名度比较低，旅游资源的组合度更低，没有形成区域旅游品牌，更没有形成旅游

资源之间的联动性发展。

（三）旅游经济子系统内包含的四个指标，即经济总量、旅游经济总量、旅游产业结构、旅游接待能力。其中旅游经济总量对旅游经济子系统贡献率相对较高

（1）经济总量对旅游经济子系统贡献率为 14.83%，其中人均 GDP、地方财政收入、城镇居民年人均收入、第三产业占 GDP 的比重对经济的贡献率分别是 18.43%、3.98%、33.47%、6.70%。根据《防城港市国民经济和社会发展统计公报》数据，2009~2017 年防城港城镇居民年人均收入分别为 16067 元、17831 元、19722 元、22203 元、24423 元、26523 元、28433 元、29758 元、32079 元。由此可以算出，2010~2017 年防城港城镇居民年人均收入增长率分别为 11.00%、10.61%、12.60%，10.00%，8.60%，7.20%，7.90%，7.80%。

（2）旅游经济总量对旅游经济子系统贡献率为 23.87%，其中旅游接待量和旅游总收入对旅游经济总量的贡献率分别为 45.00%、13.75%。2009~2017 年防城港旅游总人数分别为 423.82 万人、557.81 万人、685.89 万人、819.27 万人、979.78 万人、1183.78 万人、1361.86 万人、1585.65 万人、2034.01 万人。由此可以算出，2010~2017 年防城港旅游总人数增长率分别为 31.61%、22.96%、19.45%、19.59%、20.82%、15.04%、16.43%、28.30%。

（3）旅游产业结构对旅游经济子系统贡献率为 9.90%，其中旅游总收入占 GDP 比重、旅游外汇收入占旅游总收入比重对旅游产业结构贡献率分别是 45.83%、10.06%，根据防城港统计局发布的《防城港 2016 年国民经济和社会发展统计公报》数据，2017 年全年全市 GDP 为 741.62 亿元，旅游综合总收入为 169.10 亿元，旅游总收入占 GDP 比重为 22.80%。根据《防城港年鉴》查得 2010~2017 年防城港旅游外汇收入为 1695.24 万美元、2621.6 万美元、3576.73 万美元、4382.5 万美元、4906.43 万美元、5285 万美元、5809 万美元、6321 万美元。旅游外汇收入增长率分别为 33.7%、54.6%、36.4%、22.5%、12.0%、7.7%、9.9%、8.8%。

（4）旅游接待能力对旅游经济子系统贡献率为 8.86%。截至 2018 年底，防城港市共有旅行社 61 家、星级饭店 67 家，其中五星级酒店有 4 家，分别是防城港港宸国际大酒店、防城港荣兴格朗大酒店、防城港萨维尔度假酒店、东兴华美达广场酒店。达到国家 4A 级景区（点）的有 7 个，目前推出的旅游精品线路主要有十万大山森林公园游和江山旅游度假区游，境内景点有月亮湾、大平坡、白浪滩、海上怪石滩、周顶瀑布、仙女浴池等自然景观和贝丘遗址、京岛名胜风景区以及中越跨国游，已初步形成了旅游产品体系，具备旅游接待能力。

（四）旅游环境子系统包括环境治理和质量指标两个一级指标

（1）环境治理对旅游环境子系统贡献率为 46.67%。污水处理率和固体垃圾处理率都为 35%。旅游交通、服务设施和景区开发对水环境都有一定的影响，在风景游览河段，海上游船产生的油污以及垃圾会对沿河、近海水域产生水环境污染，造成局部水质恶化。城市和景区的宾馆、饭店以及旅游厕所等产生的生活污水如未经处理直接排放到河流或湖泊等水环境，会对水域造成水质污染。《2010 年防城港市环境质量状况公报》显示，2010 年，防城港污水处理率为 80%，2011 年为 65.80%，防城港集中式饮用水源地水质总体保持良好，水质达标率为 100%。2012 年防城港市近岸海域水质功能区的达标率也达到 100%，完全达到了《广西近岸海域环境功能区划方案》的规定。2013 年，防城港地表水环境功能区达标率为 100%，2014 年防城港市饮用水源水质达标率为 100%。2017 年，防城港市集中式饮用水源地水质所监测的指标均达到 GB3838 - 2002《地表水环境质量标准》Ⅱ类标准，符合饮用水源水质目标要求。防城江木头滩断面、明江路怀断面、北仑河民生断面、北仑河狗尾濑断面水质为Ⅱ类，水质现状为优。因此，环境治理工作在防城港市基本达标。

（2）质量指标对旅游环境子系统贡献率为 26.66%。环境质量综合指数和绿化覆盖率对质量指标贡献率分别为 60% 和 20%。根据《防城港旅游发展规划》，防城港环境质量综合指数良好。2017 年防城港市城区环境空气质量和省环境空气质量总体良好，2010~2017 年防城港绿化覆盖率依次为 27.6%、33.3%、34.4%、34.3%、34.8%、28.7%、30.4%、32.1%。

（五）旅游社会文化子系统包括支撑度、协调度两个一级指标，其中支撑度对防城港滨海旅游可持续发展贡献较大

（1）旅游支撑保障系统对旅游社会文化子系统贡献率为 51.27%，区位与通达性、旅游区形象、旅游规划的数量与完善程度对旅游支持度的贡献率分别为 53.8305%、15.63%、7.434%。防城港市已建成干支相连、四通八达的公路交通网络，现有公路里程为 3042.56 千米。在国内西南、中南和华南地区形成了

通畅的出海出边通道，根据广西壮族自治区高速公路网规划，钦州—崇左高速公路建成以后，防城港到崇左的距离将大幅度缩短，云南到广西沿海、广东和海南的通达性将会极大提升。防城港区位条件具有优势，但是在旅游交通方面需要进行进一步提升，不仅要拓展海上交通线路，增强与周边重要城市的交通联系，而且要重视内部重要旅游乡镇和高级别公路的连接情况，形成通达的旅游交通网。

（2）协调度对旅游社会文化子系统贡献率为18.55%。与地方民族文化的协调、游客满意率、居民对旅游发展的态度、居民参与旅游的程度对协调度贡献率分别是5.6225%、14.53%、18.889%、16.615%。防城港区域历史文化深厚、民族众多，历史文化与民族文化交相辉映，但是当前旅游对文化内涵的挖掘程度较低，游客基本上是粗略的走马观花式看风景，游客满意度不高。专家普遍认为要定期举办多种形式的各民族节庆活动，增加防城港旅游目的地的吸引力，提升游客的满意度，一方面，要重视旅游资源的规划与开发，加强城市基础设施和旅游服务设施建设，提高防城港旅游目的地的核心竞争力；另一方面，要鼓励当地居民加入旅游产业中来，建立培训机制，提高居民的谈判能力和参与旅游的水平，更加重视分配公平，更加关注居民的切身利益，使其有所保障，这样才能使他们对旅游业始终保持积极的态度。

第四节　本章小结

本章根据滨海旅游可持续发展理论和滨海旅游可持续发展评价指标体系，构建了适合防城港市的滨海旅游可持续发展评价指标体系，它包括4个准则、9个一级指标、24个二级指标，根据该体系，运用层次分析法、线性加权合成法、专家评分法对防城港滨海旅游可持续发展所处的阶段和水平进行了具体分析和综合评价。对防城港可持续发展来说，旅游环境子系统的权重最高，旅游资源子系统次之，再次是旅游社会文化子系统和旅游经济子系统。在影响防城港滨海旅游可持续发展的24个指标中，权重位于前五位的指标是旅游接待量、旅游资源丰裕度、旅游资源知名度、旅游总收入占GDP比重、城镇居民年人均收入。通过专家评分，计算出防城港滨海旅游可持续发展的得分为65.0291分，目前防城港市滨海旅游可持续发展还处于初级阶段。

　　最后根据防城港的实际情况，对防城港旅游各个方面进行了评价分析。旅游资源、旅游经济、旅游环境、旅游社会文化子系统对防城港滨海旅游可持续发展的贡献度大小不一，各子系统内部指标的贡献度也有高有低，总体来看，还需要在旅游软硬件环境和旅游经济的提升上做出更多的努力。

第七章

防城港市滨海旅游可持续发展的问题和对策

第一节　社区居民感知反映的防城港市滨海旅游业发展的问题

社区是由居住在某一地域里的人们结成多种社会关系和社会群体，从事各种社会活动所构成的相对完整的社会实体。1997 年，世界旅游组织（WTO）、世界旅游理事会（WTTC）、地球理事会（EC）联合制订并颁布了《关于旅游的21 世纪议程》，在这份旅游业发展的行动纲领和指南中，明确指出了要将社区利益作为社会发展目标，在开发利用过程中要首先关注当地社区居民的利益及合法要求。防城港市居民除了反映了基础设施和政府的问题以外，还反映了滨海旅游业规模小、污染严重、社区参与度低等问题。

一、政府方面的原因

在白浪滩附近的石壁村，居民普遍对当地政府及管理者的做法感到不满，提到了前些年白浪滩开发时政府强制征地，不论当地居民愿不愿意、拿不拿补偿款，政府都表示会征用土地，当地居民没有选择权。

二、社区参与度不高，居民获益较少

居民旅游参与度有待提高，居民参与旅游的热情也有待提高。虽然有些居民从旅游业的发展中受益，但是私营产业还没有形成规模，发展水平不高，满足不了游客的需求。根据我们调研的感受，白浪滩附近的居民比金滩附近的居民生活得更差。在与石壁村的一位居民的谈话中，笔者了解到她也有出去打工

的计划，如果长此以往，白浪滩将拥有更少的当地人。如果一个地区发展旅游业，却致使当地居民迁出，那么这个地方将无法传承地方文化，旅游的可持续发展将沦为空谈。

据居民反映，出于各方面原因，很多白浪滩附近的居民被迫由以前从事旅游行业转变为离开白浪滩。如在与景区经营遮阳伞的居民谈话中，她也反映了很多的问题。首先是去年经营遮阳伞的居民可以售卖泳衣、泳圈，但是今年景区规范经营，经营遮阳伞的居民只能经营遮阳伞，使得居民收入减少很多。白浪滩目前只有151个摊位，观景台下面的一片约50个遮阳伞摊位是最佳的位置，但是现在那片位置却被村主任的亲戚及好友所占，剩下的不好的位置则由其他村民抽签决定，极不公平。她也表达了现在收入较白浪滩没有开发前减少很多，现在每年的收入只够维持生计，有了去外地打工的想法。部分居民可以在白浪滩摆遮阳伞，一些人可以在附近的白浪滩酒店工作，但是提供的工作和岗位有限，而且只是做服务员，一些居民觉得工资很低便不做了，主管部门就去找其他不知情的居民前来工作，在感受到低工资后他们也会辞职，就这样循环至今。

在当地居民及商户填写问卷时，我们发现在白浪滩经商的外地人则对当地投资机会较为满意，与当地人形成了强烈的反差。但万尾居民表现出的对外地商户的反感，可见当地社区环境并不乐观，无法营造良好的社区关系，这将成为当地旅游业可持续发展的阻碍。

三、滨海旅游业基础设施落后，效益低

有居民反映白浪滩基础设施较差，他们认为整个江山半岛应不断改善道路交通。白浪滩旅游资源丰富，非常适合发展旅游，且认为白龙村应利用与越南距离近的优势，建立"旅游商贸城"，形成自己的旅游特色。同时，白浪滩附近医疗设施较差，只有景区附近一个卫生所，不可能满足游客和当地居民的需求，特别是景区游客容易被钉螺划伤，无法就近得到救治。白浪滩海滩上之所以钉螺较多，是由于台风将钉螺吹上海滩，没有及时处理，造成太阳照射后钉螺腐烂发臭，影响游客旅游，而且易划伤游客。目前国外已有专门清理这类螺的机器，建议政府购买，这样白浪滩的海滩将会更好。

四、旅游规划不够完善

白浪滩景区内的居民还认为景区应做好未来规划，否则随着景区的发展，

一些道路的建设将会更加困难。这位居民的意思是景区未来规划较为"短浅"，没有以更长远的眼光来看待白浪滩或者说整个江山半岛的发展。一些居民现在已经在这位居民认为未来肯定会修大路的位置盖了房子，所以他才有感而发，未来建设道路将会遇到拆迁难的问题。白浪滩附近的居民认为，一些开发商在西湾大桥附近的岛上盖楼房是不对的，影响了整个景观。而且大型重工业项目的上马、大量林造浆的种植桉树过程，将对滨海生态造成严重的破坏。

第二节　居民对滨海旅游发展建议分析

在居民问卷调查的第五部分，我们就居民对滨海旅游发展存在的问题进行了研究，结果如表 7-1 所示。

表 7-1　居民认为滨海旅游发展存在的问题

项目	白浪滩	金滩	两地均值
交通条件滞后	3.78	3.07	3.43
滨海旅游产品单一	4.08	3.44	3.76
旅游接待设施比较落后	3.98	3.23	3.61
广告宣传力度不大	3.80	3.42	3.61
游客的停留时间过短	4.00	3.25	3.63
政府支持力度不大	3.32	3.15	3.24
渔家风情内涵挖掘不够	3.97	3.33	3.65
旅游服务质量不高	3.51	3.35	3.43
滨海旅游商品开发处于初级阶段	4.04	3.46	3.75

注：表中分值按照 1~5 进行打分，分值越大改进需求越迫切。

从表 7-1 可以看出，就当地旅游硬软件发展情况而言，金滩明显优于白浪滩。白浪滩各因子的打分均高于金滩，说明居民对当地旅游设施的改善需求更为迫切。在九大因子中，白浪滩排分最高的为"滨海旅游产品单一"，其次为"滨海旅游商品开发处于初级阶段"及"游客的停留时间过短"。上述三项均值皆超过 4。分析被选因子内容，我们可以发现，三者之间存在因果关系。正因为当地旅游产品处于初级阶段，项目单一，毫无特色，才导致了游客走马观花似的旅游，停留时间短。从当地地理环境角度出发，白浪滩位于防城港市江山半岛上，沙滩宽广平坦，因此又被当地人称为"大平坡"。整个海滩宽2.8千米，长5.5千米，沙质细软，因沙粒中含有钛矿而白中泛黑，长滩坦荡如砥，一望无际，又有"中国的夏威夷，天下第一滩"的美誉，资源可谓极其优越。鉴于此，在调研过程中，有不少居民提出疑惑，在如此丰富的自然资源背景下，居民经营海边农家乐的情况却不乐观。中国社会科学院研究中心魏小安研究员指出，目前旅游需要具备三大条件：休闲气息浓、娱乐项目多、康体要求高。从这三大条件中，我们可以得到启示，即游客前往滨海旅游，需要以乡村环境为基础体验和感受自然，但前提是以城市生活为依托，换言之，游客不过是换了一种环境来享受城市生活。原汁原味的乡村生活是无法经营的，习惯城市生活的游客难以适应设施简陋的乡村生活，游客想要的是在城市设施的背景下体验乡村的气息。因此在九大因子中"旅游设施接待比较落后""渔家风情内涵挖掘不够"排在了靠前的位置。居民在不断经营摸索的过程中，也发现了商品的同质化现象，商品缺乏当地特色，当地的风情没有充分挖掘，同时，过于简陋的接待设施也使游客不愿花更长的时间停留。排名最后的为"政府支持力度不大"，其分值为3.32，说明居民对政府支持力度的感知不强烈，希望政府能够加大支持力度，加大对当地基础设施建设的投资。

与白浪滩相比，金滩的因子分值明显降低。在九大因素中，排名最前的为"滨海旅游商品开发处于初级阶段""滨海旅游产品单一"。这两者均与白浪滩相类似。白浪滩、金滩皆为防城港比较著名的海滩，两者却都存在着产品开发不足的现象，由此可见，防城港滨海旅游产品的开发的确有待加强。排名其次的为"广告宣传力度不大""旅游服务质量不高"。该排名与白浪滩有所不同。结合当地实际情况看，金滩位于京族三岛之一的万尾岛上，海水清澈，曾举办过中国帆板公开赛、亚洲帆板巡回赛和全国帆板锦标赛等体育赛事。这些都为金滩增添了不少声誉，但是据调查，除广西区内，很少有人知道金滩，可知当地广告宣传力度确实不够。排名最后的为"交通条件滞后"，分值为3.07，世代居民对当地的交通设施情况是最有发言权的，由此可见，当地交通发展处于不错的水平。

综合上述分析，可知该地滨海旅游主要存在的问题为旅游产品缺乏深度、旅游项目单一、特色不足。调查显示，居民对于政府在当地旅游开发中所起的作用都予以了一定程度的肯定，同时也希望政府能够进一步加大对当地基础设施的投资。

　　在居民问卷调查的第六部分，针对滨海旅游目前存在的问题，我们选择开放式的问答，就居民对当地旅游业开发意见进行更为深入的研究。在开放式问答中，我们共设置了三道问题，分别为"您认为旅游为当地带来的最基本的好处是什么？""旅游发展您最关心什么？""您喜欢当地发展什么类型的旅游？"，写开放式问题的居民达到52%。

　　在"您认为旅游为当地带来的最基本的好处是什么？"这一题项中，大多数居民认为旅游增加了居民的收入，促进了当地经济的发展。填写问卷的居民中约有67%的填写了此项。约有25%的居民认为旅游的发展增加了当地居民的就业机会。此外，也有部分居民指出旅游的发展提高了城市的知名度，有利于本地传统文化的挖掘和发展、促进了当地道路和基础设施的建设，提高了村民的文明素质等，具体如表7-2所示。

表7-2　居民认为旅游发展所带来的好处

收入增加	66%	生活质量提高	11.1%
经济发展	67.4%	社会更加和谐	7.4%
文化发展	6%	村容村貌	5.2%
文明化、个人素质提高	6.7%	环保意识	6%
就业机会增加	25%	道路、水电等公共基础设施的建设	6.7%
投资增加	20.7%	城市知名度	8.9%
民族融合	3.7%		

注：所列百分比为填写意见的有效百分比。

　　在"旅游发展您最关心什么？"这一选项中，可以发现居民所关注的问题主要集中在经济、环保、文化、治安、基础设施建设五个方面，具体如表7-3所示。调查中，约有48%的居民指出他们最关注的问题为旅游发展能否增加他们的收入，能否解决他们的就业压力。其次，随着环境污染日益严重，旅游垃圾逐渐增多，有28.9%的居民在旅游发展中最关心的是"海水质量、环境的保护"，而出海捕鱼打捞现象的增多，渔业资源的减少，也让11.1%的居民开始关注当地渔业资源的保护。在调研过程中，也有不少居民反映当地没有路灯，一到晚上，海滩周围一片漆黑，因此希望在旅游开发中，能够关注海边以及公路两边路灯的设置。值得指出的是，有不少居民已经开始关注"如何在开发与环境保护中进行可持续发展""如何解决开发商与本地居民之间的矛盾""游客的素质"以及"景区的管理和人才的引进"等曾经一度被居民所忽略的问题。

表7-3 居民对发展旅游最关心的问题

能否增加收入	48.1%	如何解决开发商与原著居民之间的矛盾	2.2%
能否解决就业	47.4%	如何可持续发展	7.4%
能否带动当地文化的发展、促进民族文化的保护	7.4%	景区的管理水平及人才的引进	4.4%
当地的社会治安	8.9%	景区项目是否收费	0.7%
能否促进经济的发展	3.7%	政府的支持度	5.9%
游客的数量、素质	5.2%	旅游质量、特色旅游的开发	3%
水质、环境保护等	28.9%	当地的和谐发展	4.4%
渔业资源的保护	11.1%	地方形象和知名度	3.7%
道路、路灯等基础设施的建设	10.4%	生活水平的提高	5.2%
环境卫生、村容美化	8.9%		

注：所列百分比为填写意见的有效百分比。

在"您喜欢当地发展什么类型的旅游？"这一题项中，居民认为旅游项目应多围绕出海打鱼业、海上娱乐项目、沙滩娱乐项目以及特色农家乐、渔家乐等旅游发展类型展开。46%的居民指出他们希望当地能够修建一个海滨浴场；28.9%的居民希望能够发展出海打鱼、深海垂钓游；22.2%的居民指出希望能够发展具有当地特色的渔家乐、农家乐。此外，有14.8%的居民指出可以依托防城港地理位置、海洋资源开展水上娱乐项目，如冲浪、潜水、帆船比赛等，并同时提供配套的服务设施；有10.4%的居民指出可以充分挖掘当地京族文化特色，在京族特色节日唱哈节期间举行各类民族性娱乐项目，开展民俗风情游。另外，也有少数居民提出结合附近的岛屿、渔村开展生态旅游、探险旅游以及海滨度假游等，具体如表7-4所示。

表7-4 居民偏好的旅游开发类型

海滨浴场	46%	生态旅游	3.7%
出海打鱼	28.9%	海滨度假游	5.2%
水上娱乐项目	14.8%	农家乐、渔家乐	22.2%
海岛风情游	6.7%	民俗风情游	10.4%
帆船比赛	4.4%	沙滩排球、足球	3.0%
冲浪	11.1%	潜水	11.9%
休闲垂钓	7.2%	探险游	1.5%

第三节　防城港市滨海旅游业发展问题分析

在防城港滨海旅游的发展过程中，仍然存在着不少问题，其旅游业可持续发展还存在以下问题。

一、旅游开发与环境保护难以协调

目前，防城港市滨海旅游资源大部分的环境质量还是保持在一个较高的水平，近海水域环境质量良好。如北仑河口海洋自然保护区水质达到国家海水一类标准，金滩海水浴场、天堂滩达到国家二类标准，防城港港口海域水质达到三类标准。防城港市近岸海域水环境功能区达标率为100%。但在工业发展的进程中，环境方面仍然有一系列急需解决的问题。

滨海地区很容易成为开放密度集中的区域，各种开放利用之间的矛盾冲突屡见不鲜。海岸带资源的高度复合性及生态脆弱性在无形中提高了对各种开发项目的要求。一方面，在为旅游业开放的未能经过充分论证的娱乐基础设施可能给海岸带生态带来压力；另一方面，其他用途的项目及与其配套的市政建设也给海岸带生态环境造成压力。例如，大型跨国公司核电站、中石化、钢铁厂的进驻，林造浆的大量种植桉树的项目，都会破坏滨海生态，令人担忧。

生态环境保护不力是我国海滨度假存在的一大问题。部分滨海景区表现为在景区内的房地产化，一些投资者在短期利益的驱动下大搞圈地运动，随意建设大型建筑，建筑体型、风格和色彩无法与滨海景观融为一体，破坏海滨海岸线，景区建筑与滨海周边环境不协调，而且导致景观质量下降、交通拥挤和高噪声等一系列问题，对海滨环境造成很大程度的破坏；一些景区环保设施落后，污水经过简单处理或未经处理随意排入大海，部分垃圾没有得到及时运送和处理，致使海滨景区环境质量大大下降。随着滨海游客的不断增加，由旅游业自身所带来的污染问题也日趋严重，环境污染也造成了旅游社区居民的环境和生态质量下降。比如，游客缺乏环境保护意识，景区缺乏必要的环保警示标志，游客到处乱扔垃圾。尤其是在旅游黄金周时，由于缺乏旅游预警系统，国庆节、中秋节时金滩、白浪滩骤时出现游客激增，大大超过了环境容量，人满为患，加上没有适当的处理措施，海滨到处都是旅游垃圾，给生态环境造成极大的压力。

二、基础设施仍然比较落后

目前，防城港的投资环境对国内外实力较强的投资方还缺乏吸引力，地方性财政资金投入具有很强的引导和激励作用，防城港市应给予旅游更多的支持，加强全市旅游基础设施建设、旅游市场开发、资源环境保护等的基础性工作。防城港滨海旅游区中，旅游酒店的结构建设缺乏层次性分布，缺乏高档次的旅游酒店，2018 年，有 67 家星级酒店，其中 5 星级酒店有 4 家，4 星级酒店有 12 家，家庭旅馆渐渐形成规模，但是存在着卫生和硬件上的不足。旅游饭店的服务水平和管理水平不高，缺乏当地特色餐饮，不注重酒店文化与渔家风情相结合；旅游交通建设近几年来已得到了长足的发展，但整个滨海旅游景区外部进入性较差，通往景区的交通及景区内的小交通建设还是比较滞后，尤其是港口区到各个滨海景区的交通不够方便快捷，如港口到金滩都没有直达快班，还要转车才能到达；由于边境贸易的发展，旅游购物场所的分布和类型比较合理，但游客对文化性消费和购物型旅游商品的支出偏低，缺乏具有当地特色的旅游商品，旅游产品仍然欠缺，同时存在着部分旅游服务价格偏高的现象。如钦州的住宿业的价格低于广西同等城市的水平，也低于南宁的水平，这使很多旅游者在防城港旅游后，选择在临近的钦州住宿。

三、旅游人才缺乏

人才是促进经济可持续发展的内生驱动力，人力资源开发有利于促进技术创新与扩散、产业结构优化。人力资本的提高将促进经济增长，依靠政府政策的支持，以形成和积累人力资本。旅游管理人才和导游服务人员对防城港发展滨海旅游起着非常关键的作用。但目前防城港市旅游服务部门门槛较低，旅游人才整体素质偏低且数量不足，导游人员及其他旅游服务人员服务水平较差，这不仅会严重降低旅游业的竞争力和旅游资源开发的科学性，还会严重影响防城港的旅游形象。专业培训旅游人才的机构主要培养的是面向东盟旅游的，而对滨海旅游专项人才的培训较少。与蓬勃发展的滨海旅游业相比，滨海旅游人才缺口严重，人力资源整体素质偏低，旅游人才保障和培养机制相对落后，结构性矛盾显著。如防城港市旅游从业人才的学历水平偏低，熟悉国际规则和管理水平、具有跨文化的、复合型的面向东盟旅游人才更少，而且向其他行业流失的现象严重，这造成滨海旅游的竞争力和发展潜力后劲不足。

四、国内市场竞争激烈，滨海产品同质化现象严重

防城港市旅游业发展面临来自国内外的激烈竞争。一方面，我国东部沿海的海滨旅游度假区的城市建设和旅游形象突出，靠近旅游客源市场，旅游产品的丰富内涵和突出特色形成了自己的品牌。另一方面，北部湾旅游区域汇集了优质的滨海旅游资源，均是国内外具有一定影响力的滨海旅游度假区。由于滨海旅游资源的同质性，开发产品主要由资源禀赋决定，很少考虑市场需求，再加上开发时缺少合作意识，缺少从整个北部湾滨海旅游全局的高度来布局开发，开发的深度远远不够，造成开发产品的特色不鲜明，差异性不大。防城港旅游品牌建设滞后，基本上以景区观光游览为主要内容，而度假型旅游产品、康体健身型旅游产品开发滞后。缺少对旅游细分市场的规划和开发，造成旅游产品单一化程度加深，一成不变的线路产品的吸引力在逐年下降，从而呈现老化状态。由于滨海旅游产品呈现同质化，内部竞争激烈，旅游产品没有成功塑造旅游品牌，旅游质量影响了景区的竞争力。

尽管防城港市近年来旅游发展势头喜人，但总体而言，旅游市场尚不成熟，以广西区内的客源为主，旅游开发尚处于初级阶段。旅游发展由于过分依靠阳光、沙滩、海水等滨海旅游资源，造成旅游产品活动项目单一，目前只有观光和商贸旅游产品比较成熟，度假旅游、文化旅游产品亟待开发。比如，旅游项目最主要的还是定位于海滨浴场，游客在浴场感受海水浴，商户靠经营太阳伞、乘凉椅、更衣间或售卖泳衣、救生圈等粗放式经营，这种产品形式显然与把防城港打造成为"国际滨海旅游胜地"的目标相差甚远。如果滨海旅游仅仅停留在"天然浴场"阶段，缺乏特色产品，游客消费还处在基本阶段，对滨海旅游产品也只停留在价格比较上，文化性、娱乐性、度假性等档次较高的旅游产品不足，那么防城港的滨海旅游就会因为缺乏市场竞争力和产品吸引力而发展受限。当地的旅游商品开发滞后，缺乏特色，造成了旅游购物在旅游收入中所占份额偏低。

五、城市竞争力尚不能满足旅游业发展的需要

随着防城港市经济社会的快速发展，城市竞争力日益提升。但是，防城港市是一个年轻的城市，经济总量不高，旅游投入相对较少，新颖旅游项目的开发与创新设计尤其缺乏，以致旅游资源开发处于低级水平，限制了其作为旅游资源大市的发展空间。城市形象不明晰，旅游知名度、美誉度不高，旅游大项目缺位，有城无市，城市规模有待扩大；接待能力不足，高中低档次的酒店少，床位少，满足不了旅游业发展的需要；城市旅游配套设施不完善，缺乏休闲度假项目，如美食特色街、特色购物街等，制约着城市综合竞争力的提升。在旅游业进入城市竞争时代，其落后的城市综合竞争力对旅游业发展起到较大的制约。

防城港市作为新兴滨海城市，城市规模小，基础设施比较薄弱，旅游产品知名度不高，与那些具有较完善的旅游设施、雄厚的城市依托和完备的水陆空交通的城市相比还有一定的差距，这将是防城港市滨海旅游发展面临的重要挑战。防城港旅游宣传力度不够，所以广告策划和宣传对提升其知名度具有很大作用。防城港作为一个风光秀丽的港口城市，内地对其了解程度很浅。要把防城港"岛在海上、城在岛上、港城相连、山海相依"的美好形象传播到全国乃至世界各地，要利用电视、广播、网络、海报等宣传媒介提升其知名度和美誉度。

六、跨国旅游市场重叠，受到周边省市的挑战

中越跨国旅游遭受到更严峻挑战。在国内既有来自云南、海南等省份的竞争，也有广西区内其他地区的竞争。海上有北海、海口两市，尤其是北海市已开通北海—下龙（海防）航线，将会分流相当的客流量。凭祥已经开通异地办证业务，凭祥的边境游地位逐渐上升，海口至下龙湾的海上航线也在恢复中。总之，我们要全面深刻认识"十三五"时期经济社会发展面临的新形势、新任务和新要求，始终坚持以科学发展为主题和加快转变经济发展方式为主线，科学谋划，全力推进旅游工作。

第四节 防城港市滨海旅游业可持续发展的对策

一、树立防城港市滨海旅游业可持续发展的目标

可持续发展的目标是以保护旅游生态环境质量为中心，增进人们对旅游所产生的经济效应、环境效应和社会文化效应的理解，在发展中维持公平，提高旅游地居民的生活质量，为游客提供高质量的旅游感受①。坚持开发与保护并重的指导思想，正确处理好旅游开发和旅游资源保护两者的关系，在滨海旅游资源开发过程中不能一味重视短期经济效益的提高，也要重视海滨旅游景区的社会文化效应和生态环境效应，保护当地少数民族文化资源。预先做好旅游开发与规划，禁止对海岸和沙滩过度地开发和各种人为的破坏行为，禁止在海滨生态保护区内修建大型设施、各种生活污水的处理和排放，尽可能减少人为活动对海滨生态资源和文化质量的影响，坚决制止以牺牲旅游资源和生态环境为代价的短期利益行为，使得短期利益与长远利益均衡发展。

在滨海旅游开发过程中，不但要强调对海滨旅游资源和滨海生态的保护，而且要把保护当地居民的民族文化资源和提高当地社区居民生活水平作为发展旅游的主要目标。防城港可持续发展的模式要走内涵式发展道路。内涵式发展道路有三个含义：①以经过时间与历史积淀形成的属于防城港的文化为灵魂；②遵循规律，循序渐进，可持续发展；③依托资源禀赋与特征，确立对路的发展方向与步骤。

防城港滨海旅游应依托"边、海、山、民"资源及区位优势，突出"滨海""门户""生态"特色，构筑"两山、两带、一区、一湾、三品牌"的北部湾国际旅游目的地大格局，打造十大旅游区，培育旅游精品，将防城港打造成以休闲度假、商务会展、海上娱乐、休闲疗养、邮轮旅游等旅游产品为主的"国际滨海旅游胜地"和"中国海洋文化名城"。滨海社区居民最关心的生活保障、环境质量、生活质量、社区服务和政府服务的内容，也是政府制定旅游发展政策

---

① 徐菲菲.滨海生态旅游地可持续发展模式研究——以江苏连云港为例［J］.经济地理，2003(7).

时首先要考虑的民生问题。

　　滨海环境保护方面的具体措施有：由市政府牵头，组织旅游、规划、土地、水产、海洋办、银海区、海城区等部门，对防城港滨海旅游区的虾塘进行清理。正在兴建的虾塘应立即停工、恢复原样，已建成正在养虾的虾塘，应限期停止养虾，并把虾塘填平。海滨旅游要对海滨度假区的旅游承载能力进行计算，严格按照旅游环境容量控制进入滨海区旅游者的数量，黄金周实施"旅游预报"体系，尤其是要控制黄金周时旅游者的进入规模，避免游人大量涌入而对沙滩和海滩造成的污染。

二、加强滨海旅游服务质量建设

（一）加大旅游服务设施建设

　　目前，政府要加大旅游服务设施的建设，最主要的是改善交通条件。逐步贯通以防城港市为节点的沿海高速公路，积极加大防城港港口和边境口岸的建设，打造港口和邮轮的品牌，提高海上邮轮的硬件和服务质量，打造面向东盟国家的、具有旅游集散功能的海陆交通网络体系。在区域内部交通上，部分旅游景区可进入性差，要在公路交通网络增加港口到景区的直达线路，从增开旅游大巴的频次和提高档次入手，在滨海景区设立游客中心、安全标识等人性化的公共服务设施，使市区内部的交通条件适应海滨旅游业的发展。

　　防城港在进一步加强公路建设的同时，要加快水上旅游交通设施的建设，设计和生产出性能好、安全度高、能耗低、舒适便利的休闲旅游邮轮，实现旅游方式转型升级，从单纯的游览观光转变为观光与休闲度假相结合。饭店的服务水平不高，要适当建设中高档次的酒店，提高酒店的服务功能和管理水平，重视酒店文化与渔家风情的主题结合。在餐饮方面，由于缺乏当地特色餐饮，并且景区餐饮价格过高，质价不符，游客满意度不高，所以可以建立如"渔家乐"之类的特色餐饮，为游客实行定制化服务，依据他们的喜好、口味推出当地的海鲜、卤味米粉、糖水粥品等。

（二）打造旅游服务优质品牌

　　培育一批知名企业，建立滨海旅游各项服务行为的考评制度，以旅游服务提升为中心，推出系列旅游服务质量活动，策划举办"万千游客评旅游"、旅游标准化宣传推广、创建旅游十佳服务品牌、文化旅游产业创建等系列活动；定期发布旅游质量相关信息；开展促进旅行社、旅游饭店、导游服务等旅游重点领域服务质量提升活动；进一步优化旅游服务环境，打造优质旅游品牌。

（三）旅游人才素质需进一步提高

2013 年防城港市面向全国公开招聘一批"白鹭型"专业人才，公开引进了一批"白鹭型"急需紧缺高层次人才，涉及国贸、旅游、物流、钢铁、教育、医疗等领域，力图建设人才特区，这是一个很好的聚集人才的举措。防城港市是中国白鹭之乡，白鹭本是"候鸟"，因其留恋防城港良好的生态环境，不再迁徙，便成了"留鸟"。但目前防城港市的旅游人才储备仍难以满足旅游业的发展，旅游人才仍然可以用紧缺来形容，相当一部分旅游行政主管部门的员工是非旅游专业毕业，半路出家的现象比较普遍，存在总量不足和层次不高的问题。

为此，可通过旅游人才的全面培养，积极引进，并想办法留住高素质旅游人才，力图分阶段全面提高旅游主管部分、旅游相关企业的员工素质。积极开展国际交流与合作，不仅与东盟国家合作，而且与欧美等发达国家进行积极合作，建立面向东盟的培训基地，并积极开办旅游从业人员培训班，大力提高旅游从业人员的业务能力和综合素质。

三、整合滨海旅游资源，打造特色滨海旅游产品

（一）滨海旅游开发要注重与文化产业相结合

文化是旅游业借以开发的核心和依托。防城港市各民族在长期与滨海为伴的生活中，形成了对海洋各种文化知识的感受，以及独特的海洋生产生活方式、民族节庆习俗等。防城港市滨海地区要实现滨海旅游产品的特色化，必须围绕海洋文化和民族文化资源做文章，充分挖掘物质和精神文化等深层次内涵，并以海洋民族文化产业作为开发的主要形式，才能延伸海滨旅游的产业链，创新旅游产品的形式和吸引力。

防城港在旅游可持续发展中要注重海洋文化和民族文化旅游资源的开发，促进两者的有机融合，创造性地开发具有民族文化的海洋旅游精品。与自然旅游资源相比，文化旅游资源是一种投入成本小、对生态环境破坏轻微的资源，如果开发利用得当，就会产生巨大的经济效益。开发防城港旅游产业，挖掘富

饶而深厚的人文资源的经济潜力，发展富有特色的民族经济，可以实现广西社会经济的可持续发展。

注重文化产业与旅游业的结合，形成文化产业与旅游业的互动，形成新型海洋民族文化产业的产品体系。对民族文化旅游资源的合理保护和产业化开发利用，可以提高民族文化旅游资源开发利用的产业化程度，增强文化软实力。壮、瑶、京族多彩的民族文化和遗产资源具有很高的旅游价值和产业价值。强调对民族文化旅游资源进行本真性保护，在合理保护的前提下，努力使之转化为经济资源和产生经济价值的文化创意产业，树立以开发促保护的清醒认识和经营意识。对于有市场潜力的民族文化旅游资源项目，要敢于树立产业化的发展思路，实施民族文化旅游资源的品牌化经营战略，将其文化资源优势转化为经济优势。

通过宣传推广扩大民族文化旅游产品品牌在社会上的积极影响，使之成为文化产业的一种支柱，成为发展经济的一种主要力量，充分发掘文化旅游资源的经济价值，全面发挥并实现民族文化旅游资源的作用和价值。京族民族文化展示与滨海旅游相结合，整合旅游资源，创造上山、下海的旅游精品，以独特的海滨京岛渔村旅游和出国旅游，吸引中国—东盟自由贸易区建立后形成的人流，构筑北部湾滨海跨国旅游圈，成为京族地区新一轮跨越式发展的模式。要善于在民族节庆和与海相关的民俗故事上做文章，扩大滨海旅游的影响力。如1998年，浙江宁波市的象山县创新开渔节的活动，举办了在国内有较高知名度和相当规模的"中国开渔节"，至今已成功举办23届。

（二）调整滨海旅游产品层次

滨海旅游产品开发始终未能脱离旧的模式，区域内产品趋同化，替代现象严重，造成游客分流，缺乏名牌旅游产品和精品项目。滨海旅游产品的开发要重视市场需求动态和趋势，把握机遇，结合资源优势，适时开发新兴旅游产品，重点打造精品项目。滨海旅游业以其"3S"资源成为旅游者休闲度假的主要追求。随着参与式、体验式旅游形态的兴起，"3N"（Nature、Nostalgia、Nirvana——自然、怀旧、天堂）正成为滨海旅游新的起点[1]。"3N"多为中高端旅游产品，这就要求当前滨海旅游业的发展必须坚持高起点，着重于高端产品的开发，迎合滨海旅游业的发展趋势。在深层次海洋旅游产品开发中，应整合现有海洋资源，充分发挥海滨和休闲渔业两方面的优势，打造精品项目，体现滨海旅游特色和

---

[1] 李瑞. 我国滨海旅游发展研究［M］. 北京：科学出版社，2012.

核心竞争力。当前沿海地区应着力培育滨海与海岛休闲度假、海洋文化、海洋节庆会展，以海洋游艇、海钓休闲、滨海高尔夫为代表的中高端滨海度假旅游产品。滨海旅游开发中不能有什么资源就开发什么资源，必须根据客源市场和旅游主题，通过不同旅游景点的串联和组合，开发出适销对路的综合旅游产品。如建造临海标志性建筑，不仅可以提升城市的旅游形象，还可以为城市增加一条靓丽的风景线，成为游客首选的旅游观光景点。要突出滨海旅游特色，重点在于充分挖掘旅游资源底蕴，丰富文化内涵，开发游艇、邮轮、水上表演或竞技等系列旅游项目，推陈出新地开发出具有挑战性和娱乐性的水上旅游项目，形成产品规模，扩大市场效应。

为改善目前防城港海滨旅游产品规模小、档次不高、留不住游客等问题，应大力培育海滨的拳头旅游产品。拳头旅游产品不仅要规模大，而且要成为精品。要由点到线、再到面，串接或组合众多景点及餐饮、购物、娱乐的产品，实施组合开发。推出几个重点旅游区，实施规模式开发，使其成为防城港的精品，推出几条精心策划的，具有吸引力、竞争力的优质旅游线路。

四、理顺滨海旅游业相关方利益，优先保障社区居民合法权益

以旅游地居民为核心的多元利益群体的共同参与和经营是旅游资源可持续保护与利用的根本保障。如果开发计划或实施开发行动时脱离当地居民的参与，或者背离他们对于环境保护的正当要求，那么，不仅会损害旅游地当地居民的利益，而且也会使旅游资源的可持续保护、利用、再创造难以实现。所以，以旅游地居民为核心的多元利益群体的共同参与和经营是旅游资源可持续保护和利用的根本保障。

要实现少数民族地区可持续发展，首先要解决贫困问题。从调研情况看，社区居民都能在旅游资源开发中获得一定的收益。但深入分析这些收益的方式，我们发现，由于社区和社区居民在资源开发的利益分配机制中缺乏必要的参与权，所以，收益渠道很不稳定。按照收益的性质分析，把社区及社区居民的收益分为赔偿性收入、补偿性收入、劳务性收入。社区居民从旅游资源开发中取得的收益，由于渠道不稳定，占整个旅游资源开发收益的比例也不高。其中，在旅游资源开发初期，社区居民可能会获得大额的土地出让等收益，对当地居民的影响较大。在资源开发利用中，社区居民作为直接的利益相关者之一，要

承担由于环境质量下降、经济结构转型而导致的社会成本、日常生活成本和可持续发展成本等。资源开发会使当地的社会经济结构发生重大变化，在拉动整个地方经济发展的同时，资源所在地社区与居民成为这种经济结构转型成本的主要承担者。大量社区居民失去了原来的工作，出现了结构性失业问题，如渔民需要从第一产业转移到第二产业、第三产业，再就业面临着新的困难。旅游资源开发过程中，社区居民的生产生活环境发生了根本性的变化，他们又面临着结构性转业的重任。另外，对一些因资源开发而导致失地的农民，他们在取得一定数量的土地补偿金后便永久性地失去了土地，下一代人靠什么生存成为他们最不愿意提起的心头之痛，成本无法估计。

五、加强旅游宣传促销，提升旅游城市形象

（一）提升旅游城市形象

旅游形象是有效展示海滨旅游风采的平台，而海滨旅游景区的形象定位担负着确定当地旅游特色基调的功能。滨海旅游形象是游客对滨海景区的感知、看法、情感与认知的综合体现。塑造鲜明独特的旅游形象，凝练主题鲜明的旅游口号，可以充分发挥当地的旅游资源优势，让游客对滨海旅游地有深刻的印象，极大提升旅游竞争优势并广泛吸引客源。但是如果旅游形象不清晰或者定位不准确，不仅不能提升旅游目的地的竞争优势，而且会使旅游区对游客的吸引力减少。防城港市应从旅游开发的全局出发，对整个滨海旅游区进行统一的旅游规划，力求提高营销推广能力和树立游客感知的独特鲜明且稳定的旅游形象，开发标志性旅游景点和旅游节庆等活动。防城港应做好旅游规划，避免各景区各自为政，加大对旅游形象推广的资金投入，旅游定位要发挥上山、下海、出国等旅游资源优势，开发标志性滨海旅游项目，打造个性鲜明、持续独特的旅游主题形象。

（二）加强宣传，实施品牌开拓战略

加大旅游宣传投入，在央视等国家级乃至世界著名媒体投放防城港宣传广告，继续开展旅游大篷车活动，参加国内外旅游交易会、博览会、洽谈会，到主要客源地开展旅游宣传促销，组织旅游宣传品进入酒店、车站、旅游咨询服务中心网点等，提升旅游知名度。利用"4+2"城市旅游联盟、两广十市区域旅

游合作、与越南广宁省下龙市的旅游合作等，整合旅游资源，共同打造区域精品线路，开放旅游市场，构建无障碍旅游。

围绕打造"海湾城市、边境特区、东盟门户、长寿之乡"的目标，突出旅游的特色，进行旅游形象的塑造，提高旅游的美誉度和名气。充分利用现代宣传媒体，加大对防城港市旅游文化产业的宣传力度。一是依托强势媒体宣传造势。积极组织制作与防城港市历史、文化、风情、景观相关的电影、广告、歌曲、书籍、字画，借助名人、名剧效应，扩大旅游宣传范围，提升整体旅游吸引力。二是抓好重点旅游文化产品的宣传。积极开展唱哈、竹竿舞、独弦琴等体现民族文化精粹的民间文艺表演，积极推介展示京族、瑶族等少数民族的饮食、服饰、歌舞文化和风土习俗。三是举办高规格的旅游文化节庆会展活动。做大做强国际龙舟节、京族哈节、金花茶节、十万大山森林旅游节四大节庆品牌；借"长寿之乡"品牌，打造"旅游养生之都"，专门为北方中老年人旅游团到防城港市越冬进行规划设计。四是拓宽旅游整体形象宣传。充分利用旅游大篷车巡游活动这一平台，积极争取在签订旅游协议省市的电视台集中开展媒体宣传，制作广告牌，同时，加大与国内外知名旅行社的交流与合作，对致力于防城港市旅游业发展并完成一定任务量的旅行社给予额外奖励，依靠旅行社多吸引一些游客在非节假日到防城港市旅游。五是邀请有经验、有实力的市场调研、营销策划、品牌传播、广告、公关等专业咨询顾问公司，参与防城港市旅游市场的促销工作，搞好营销策划，创新促销方式，加大推介力度。六是完善旅游电子商务系统。要逐步建立与健全旅游统计、信息调查系统以及旅游在线预订体系，大力发展网上查询、网上预订和网上结算的功能，向智慧旅游方向迈进。

六、北部湾经济区旅游合作

（一）北部湾经济区旅游合作

由于北部湾城市群资源禀赋雷同，客源市场相近，如果按照自身的资源特色和客源市场来开发旅游产品，必将导致相似的旅游产品层出不穷，缺乏整体规划。如在300千米的区域内就有3个枢纽港口，各港口在建设中缺乏合作意识，就会出现争夺物资和资金的现象。如果不加强协同性和合作，就会出现各城市之间争夺资源和客源等内耗性恶性竞争，降低整个区域的竞争优势。

广西北部湾城市群建设缺乏统一的规划，各城市只是集中力量对本城市旅游景区和形象进行大力宣传，投入大量的宣传促销经费，但收益很小，且从整体上对广西北部湾进行整合宣传的并不多见。虽然在电信等基础设施上有了一定的合作，但在软件上缺少合作的机制与动力。

通过环北部湾区域的联合合作，逐步形成贯通东盟的南北海陆旅游大通道。大力建设旅游航空线路体系，开通防城港至越南、海南、广东等海港的水路航线。整合打造三亚—海口—湛江—北海—钦州—防城港—下龙湾—海防—河内的环北部湾国际精品旅游路线，形成环北部湾旅游圈。

依托北部湾经济区的建设，加强区域深度联合，突出以"山地、边关、滨海、民俗"特色为主的北部湾旅游发展格局，打破行政区划，利用防城港市的辐射和交通集散优势，在原有合作基础上加大协调机制，构建北部湾无障碍旅游区，推动区域联动发展，形成旅游发展的重点合作区域。加强对北部湾其他城市的经济与资源等现状的研究，进行卓有成效的协作共赢。

北部湾滨海城市区位相同，要加强富有海滨资源的地区之间的合作发展，加强整体旅游营销，共建产品体系，在整体宣传和资源开发上要作为一个整体，联合运作推广，将北海、防城港、钦州和边境口岸东兴景点组合起来，形成资源互补的、具有竞争力的旅游线路和北部湾产品体系，实现规模效益。

（二）加强与东盟旅游交流与合作

经济发展要注重国家之间的经济合作，尤其是相邻国家的合作。目前，国家已把广西作为中国面向东盟的重要国际经济合作区。中国—东盟自由贸易区面积为1400万平方千米、总人口有19亿，区内有约6万亿美元的国内生产总值和2万亿美元的贸易总量。区域经济一体化离不开交通一体化的支撑。要优先发展航运海运。在海运方面，在"钦北防"三港合一的基础上，建设好广西北部湾港，加强保税港区建设，将其打造成为我国中西部进出口的交通枢纽。2018年广西壮族自治区人民政府印发了《北部湾城市群发展规划广西实施方案》，提出加快建设南宁—贵阳、合浦—湛江高铁以及南宁—崇左城际铁路，实施黎塘—湛江铁路电气化改造、南宁—钦州—防城港（北海）电气化扩能提速改造以及南宁—柳州—长沙铁路改造。规划建设防城港—东兴、防城港—崇左—靖西城际铁路改造项目。

广西是我国与东盟海陆相交的唯一省区，与越南既陆地相接，又隔海相望，这独有的区位优势为发展国际旅游创造了良好的基础，东兴距离越南下龙湾仅

180千米，由东兴口岸可以经海陆两线到达越南境内，并到达老挝、泰国、缅甸等东南亚国家。防城港市目前已有万尾—芒街、万柱—下龙湾旅游路线，边境旅游发展迅速，要简化旅游出入境手续，争取实行防城港和东兴口岸的落地签和免签政策。钦州、北海、防城港为我国著名的侨乡，积极针对侨胞开展巡根旅游等旅游项目，最大可能地开拓国际市场。同时加强对东南亚国家的旅游资源、产业政策、旅游消费需求等方面特征的研究，对与东南亚国家旅游发展合作的对策进行研究，积极与东南亚进行旅游对接。

第五节　本章小结

本章内容包括防城港市社区居民反映的问题、社区居民对滨海旅游发展的建议、滨海旅游业发展问题成因和防城港市滨海旅游发展的对策。防城港市居民感知反映的防城港市旅游业发展的问题，除了基础设施落后和政府方面问题以外，还包括社区参与度不高、居民获益较少、旅游规划不够完善、污染严重等问题。居民对滨海旅游的发展问题，就当地旅游软硬件发展情况而言，金滩明显优于白浪滩。白浪滩排分最高的为"滨海旅游产品单一"，其次为"滨海旅游商品开发处于初级阶段""游客的停留时间过短"。金滩的因子分值明显较低，排名最前的为"滨海旅游商品开发处于初级阶段""滨海旅游产品单一"。总之，目前该地滨海旅游存在的主要问题是旅游产品缺乏深度、旅游项目单一和特色不足。

在"您认为旅游为当地带来的最基本的好处是什么？"这一题项中，大多数居民认为旅游增加了居民的收入、促进了当地经济的发展。在"旅游发展您最关心什么？"这一题项中，我们可以发现居民所关注的问题主要集中在经济、环保、文化、治安、基础设施建设五个方面，约48%的居民指出他们最关注的问题为旅游发展能否增加他们的收入，能否解决他们的就业压力。在开放问题"您喜欢当地发展什么类型的旅游？"这一题项中，居民对旅游项目的开展多围绕出海打鱼业、海上娱乐项目、沙滩娱乐项目以及特色农家乐、渔家乐等旅游发展类型展开。

防城港市滨海旅游业发展中的问题主要有：旅游开发与环境保护难以协调、基础设施仍然比较落后，旅游人才缺乏，国内市场竞争激烈，滨海产品同质化现象严重，城市竞争力尚不能满足旅游业发展的需要，跨国旅游市场重叠，受到周边省市的挑战。通过可持续发展评价，防城港旅游处于可持续发展初级阶段，在生态环境建设和旅游资源的合理开发与保护上需要加强。防城港的可持续发展必须在树立旅游业可持续发展的目标、加强滨海旅游服务质量建设、整合滨海旅游资源的基础上，打造特色滨海旅游产品，协调滨海旅游业相关方的利益，在优先保障社区居民合法权益、加强旅游宣传促销、提升旅游城市形象、加强北部湾经济区旅游合作等方面予以改进。

第八章
主要结论与研究展望

第一节　主要结论

本书的主要研究结论为以下四点：

第一，本书分析了防城港游客对当地滨海旅游景区的感知情况，从游客的感知视角来评价滨海旅游地可持续发展的水平。从整体上看，游客对当地滨海旅游的感知都呈现出积极作用。游客对社会环境感知、自然环境感知都在 3.40 以上，表明他们对当地这两方面都较为满意。旅游服务与商品环境感知、卫生环境感知表现出中立的态度，说明景区应该重视这两方面的建设。总体上，游客对旅游地的满意度和忠诚度较高，这主要是通过"对海滨旅游的总体感受""在本景区旅游经历""您再次选择滨海旅游时会首先考虑本景区""您非常愿意向他人推荐本景区"四个问题体现的，其均值分别达到了 3.57、3.53、3.59、3.32，除最后一项，其余都处于满意的状态，说明景区应该加强服务、卫生环境建设，提高游客的忠诚度和满意度。

第二，防城港滨海居民均对旅游带来的正面影响感知较为明显，旅游环境利益、旅游社会利益、旅游经济利益均值都在 3.5 以上，表明居民对这些都持赞成的态度；而对于旅游所带来的负面影响，居民感知均不显著，对其中的环境成本和社会成本总体上持中立偏反对的态度。大多数滨海居民对旅游的发展持欢迎的态度，可以从"您认为旅游是本村发展的正确选择""您支持本村旅游的进一步发展"中看出来，这两项均值都达到 3.72，分别有 66.6%、63.9% 的村民表达了"支持本村旅游的进一步发展""旅游是本村发展的正确选择"的愿望，均值分别为 3.73、3.71。滨海居民的感知视角为滨海旅游目的地可持续发展评价提供了一个不同于传统产业经济学的研究视野。

第三，根据滨海旅游可持续发展理论，构建了适合防城港市的滨海旅游可持续发展评价指标体系，它包括 4 个准则，9 个一级指标，24 个二级指标，根据该体系，运用层次分析法、线性加权合成法、专家评分法对防城港滨海旅游可持续发展所处的阶段和水平进行了具体分析和综合评价。对于防城港可持续发展来说，旅游环境子系统所占的权重最高，其次是旅游资源子系统，最后是旅游文化子系统和旅游经济子系统。在影响防城港滨海旅游可持续发展的 24 个指标中，权重位于前五位的指标是旅游接待量、旅游资源丰裕度、旅游资源知名度、旅游总收入占 GDP 比重、城镇居民年人均收入。通过专家评分，计算出防城港滨海旅游可持续发展的得分为 65.0291 分，目前防城港滨海旅游可持续发展水平还处于初级阶段。

第四，通过可持续发展评价，防城港旅游处于可持续发展阶段，在生态环境建设和旅游资源的合理开发与保护上需要加强。防城港可持续发展必须在树立旅游业可持续发展的目标、加强滨海旅游服务质量建设、整合滨海旅游资源的基础上，打造特色滨海旅游产品，协调滨海旅游业相关方的利益，优先保障社区居民合法权益，加强旅游宣传促销，提升旅游城市形象，加强北部湾经济区旅游合作。

第二节　研究展望

第一，对旅游可持续发展进行动态评价。从当前旅游可持续发展指标体系的研究来看，目前仍然处于探索阶段。由于旅游目的地资源类型不同，经济条件和发展阶段不同，对可持续发展目标的重点也不同，所以缺乏具有普适性的评价指标体系。本书强调主客双方的感知对滨海旅游目的地可持续发展能力构建的重要性。但无论是体系还是方法都只是提供一种思路，具体的指标设计和权重的确定仍应进行动态调整和完善。如果能采用投影寻踪等方法进行动态评价，会更具有科学性和说服力。

第二，对广西滨海旅游目的地进行全面和系统的研究。旅游目的地可持续发展不是静态不变的，而是始终处于动态发展的态势，因此，对旅游目的地的发展变化进行长期系统的跟踪调查研究显然具有重要意义。同时，各地滨海旅游发展道路的选择应当因地制宜，仅就部分滨海案例地的研究尚不能全面概括广西滨海旅游目的地的所有特点，但这一工作庞大。滨海旅游的发展不仅取决于居民与旅游者的感知判断，还有赖于各利益方的博弈。如何有效地开发和保护滨海地区的民族文化资源等，本书都未对其进行阐述，有待于在今后的研究中进一步深入探讨。

第三，指标体系和权重确定方法有待进一步完善。滨海旅游可持续发展评价指标体系应结合广西滨海旅游发展的特殊性进行设计与构建。由于数据时间序列上的需求，部分可持续发展指标只能从宏观或中观层面选取，在后续的研究工作中，可考虑选取微观的指标体系，为更全面地对研究对象进行分析评价提供更为有效的决策依据与建设性参考。本书选用主观赋权法中的层次分析法，通过专家打分和问卷调查确定各指标的权重，主观作用比较大，在后续研究中，可以将主客观赋权方法结合起来，更为合理地对指标体系的各指标进行权重确定。

参考文献

［1］陈金华，陈秋萍．居民对海岛旅游资源环境感知研究——以东山岛为例［J］．中国海洋大学学报（社会科学版），2007（2）．

［2］陈金华．游客对海岛旅游环境的感知研究——以东山岛为例［J］．广东海洋大学学报，2007（2）．

［3］陈金华，秦耀辰，李晓莉．国外旅游型海岛人地关系研究进展［J］．人文地理，2008（2）．

［4］陈金华．基于环境感知的旅游型海岛和谐人地关系研究——以台湾海峡西岸鼓浪屿、湄洲岛为例［J］．广东海洋大学学报，2010（2）．

［5］陈金华，何巧华．基于旅游者感知的海岛旅游安全实证研究［J］．中国海洋大学学报（社会科学版）2010（2）．

［6］陈菁．福建省滨海旅游业可持续发展［J］．国土与自然资源研究，1999（1）．

［7］陈烈，王山河，丁焕峰等．无居民海岛生态旅游发展战略研究——以广东省茂名市放鸡岛为例［J］．经济地理，2004，24（1）．

［8］谌永生，王乃昂，范娟娟等．主社区居民对旅游效应的感知研究——以敦煌市为例［J］．地域研究与开发，2005，24（2）．

［9］程道品，何平，张合平．国家生态旅游示范区评价指标体系的构建［J］．中南林学院学报，2004，24（2）．

［10］程岩，赵凡．辽宁省滨海区域旅游资源特色与开发［J］．国土与自然资源研究，2002（1）．

［11］崔凤军，许峰等．区域旅游可持续发展评价指标体系的初步研究［J］．旅游学刊，1999，13（4）．

［12］崔凤军．论旅游环境承载力——持续发展旅游的判据之一［J］．经济地理，1995（1）．

［13］崔凤军，刘家明．旅游环境承载力理论及其实践意义［J］．地理科学进展，1998（1）．

［14］崔凤军．旅游承载力指数及其应用研究［J］．旅游学刊，1998（3）．

［15］戴凡，保继刚．旅游社会影响研究——以大理古城居民学英语态度为例［J］．人文地理，1996（2）．

［16］丁宁，李悦铮．辽宁海岛旅游产品转型升级研究［J］．海洋开发与管理，2010，27（5）．

［17］杜丽娟，韩晓兵，刘芳圆．河北省滨海旅游资源特征与旅游业发展思路［J］．地理学与国土研究，2000，16（2）．

［18］杜忠潮，耿涛．乡村社区居民对乡村旅游的感知研究［J］．咸阳师范学院学报，2008，23（6）．

［19］范业正，郭来喜．中国海滨旅游地气候适宜性评价［J］．自然资源学报，1998，13（4）．

［20］黄洁，吴赞科．目的地居民对旅游影响的认知态度研究——以浙江省兰溪市诸葛、长乐村为例［J］．旅游学刊，2003（6）．

［21］黄燕玲，罗盛锋，程道品．基于GA优化的农业旅游地可持续发展能力评价——以西南少数民族地区为例［J］．旅游学刊，2009（10）．

［22］黄震方，顾秋实，袁林旺．旅游目的地居民感知及态度研究进展［J］．南京师范大学学报（自然科学版），2008（6）．

［23］黄震方，袁林旺等．海滨型旅游地环境承载力评价研究——以江苏海滨湿地生态旅游地为例［J］．地理科学，2008（4）．

［24］胡道华，赵黎明．基于旅游体验过程的游客感知评价［J］．湘潭大学学报（哲学社会科学版），2011，35（2）．

［25］胡志毅，张兆干．社区参与和旅游业可持续发展［J］．人文地理，2002（2）．

［26］江海旭，李悦铮，李鑫．长山群岛与塞浦路斯休闲旅游业合作探讨［J］．世界地理研究，2010，19（1）．

［27］康玉玮，陈扬乐．基于游客感知的滨海旅游目的地综合评价研究［J］．旅游论坛，2012，5（5）．

［28］赖晓华，滕汉书．基于利益视角的社区居民参与生态旅游研究——以广西龙脊梯田景区平安寨为例［J］．中国商贸，2012（30）．

［29］李崇蓉．对广西滨海旅游开发的思考［J］．南方国土资源，2004（9）．

［30］李东和，张捷，章尚正等．居民旅游影响感知和态度的空间分异——以黄山风景区为例［J］．地理研究，2008，27（4）．

［31］李金克，王广成．海岛可持续发展评价指标体系的建立与探讨［J］．海洋环境科学，2004，23（1）．

［32］李蕾蕾．深圳的滨海旅游开发与形象构建［J］．特区理论与实践，2003（5）．

［33］李平．海洋旅游可持续发展战略研究［J］．海洋开发与管理，2000（3）．

［34］李明耀．旅游景区竞争力综合评价指标体系与综合评价模型［J］．苏州大学学报，2008（3）．

［35］李悦铮．发展滨海旅游业—建设海上大连［J］．经济地理，1996（4）．

［36］李永乐，陈远生，张雷．基于游客感知与偏好的文化遗产旅游发展研究——以平遥古城为例［J］．改革与战略，2007，23（12）．

［37］李植斌．浙江省海岛区资源特征与开发研究［J］．自然资源学报，1997（2）．

［38］李占海，柯贤坤，周旅复．海滩旅游资源质量评价体系［J］．自然资源学报，2000，15（3）．

［39］李兆华．广西滨海旅游资源开发现状与对策研究［J］．广西师范学院学报，2006，23（2）．

［40］李作志，王尔大，苏敬勤．滨海旅游活动的经济价值评价——以大连为例［J］．中国人口·资源与环境，2010（10）．

［41］梁文，黎广钊．北海市滨海旅游地质资源及其保护［J］．广西科学院学报，2003，19（1）．

［42］廖国一．东兴京族海洋文化资源开发——环北部湾地区边境旅游研究系列论文之一［J］．西南民族大学学报（人文社科版），2005，26（1）．

［43］刘洪滨，刘康．山东滨海旅游可持续发展战略［J］．中国海洋大学学报（社会科学版），2005（6）．

［44］刘笑明．基于居民感知与态度的西安世园会旅游效应研究［J］．西北农林科技大学学报（社会科学版），2013（1）．

［45］刘世栋，高峻．旅游活动对滨海浴场水环境影响研究［J］．中国环境监测，2013（2）．

［46］刘明，徐磊，我国滨海旅游市场分析［J］．经济地理，2011，31（2）．

［47］刘雪梅，保继刚．从利益相关者角度剖析国内外生态旅游实践的变形［J］．生态学杂志，2005，24（3）．

［48］刘纬华．关于社区参与旅游发展的若干理论思考［J］．旅游学刊，2000（1）．

［49］陆林．旅游地居民态度调查研究——以皖南旅游区为例［J］．自然资源学报，1996，11（4）．

［50］陆林．国内外海岛旅游研究进展及启示［J］．地理科学，2007，27（4）．

［51］卢松，陆林．西递旅游地居民的环境感知研究［J］．安徽师范大学学报（自然科学版），2005，28（2）．

［52］卢松，陈思屹，潘蕙．古村落旅游可持续性评估的初步研究——以世界文化遗产地宏村为例［J］．旅游学刊，2010（1）．

［53］骆茜，黄少辉，陈波等．我国海岛型旅游地土地空间形态研究［J］．热带地理，2010，30（4）．

［54］骆乐，刘海为，陈卫康．上海滨海旅游可持续发展研究［J］．安徽农业科学，2009（24）．

［55］刘洪滨，刘康．国家海滨公园现状及中国的对策［C］．山东省社会科学界联合会会议论文集，2005（3）：442-448.

［56］马勇，何彪．我国滨海旅游开发的战略思考［J］．世界地理研究，2005，14（1）．

［57］马勇，董观志．区域旅游可持续发展潜力模型研究［J］．旅游学刊，1997（4）．

［58］施正一．民族经济学教程［M］．中央民族大学出版社，2007.

［59］盛红．我国滨海旅游度假区开发的文化问题思考［J］．海岸工程，1999（2）．

［60］孙九霞．社区参与的旅游人类学研究——以西双版纳傣族园为例［J］．广西民族学院学报（哲学社会科学版），2004（6）．

［61］苏勤，林炳耀．基于态度与行为的我国旅游地居民的类型划分——以

西递、周庄、九华山为例 [J].地理研究, 2004, 23 (1).

[62] 谭伟福, 蒋波, 廖铮.广西北部湾经济区发展规划实施对滨海生态环境的影响分析 [J].广西科学院学报, 2009, 25 (1).

[63] 唐善茂, 张瑞梅.区域旅游可持续发展评价指标体系构建思路探讨 [J].桂林工学院学报, 2006 (1).

[64] 唐少霞, 唐本安, 毕华.立足热带海岛资源特色, 打造南国旅游资源品牌 [J].经济地理, 2004, 24 (5).

[65] 唐顺铁.旅游目的地的社区化及社区旅游研究 [J].地理研究, 1998 (2).

[66] 田里.区域旅游可持续发展评价体系研究——以云南大理、丽江、西双版纳为例 [J].旅游科学, 2007 (6).

[67] 万幼清.旅游可持续发展评价指标与方法 [J].统计与决策, 2006 (2).

[68] 王良健.旅游可持续发展评价指标体系及评价方法研究 [J].旅游学刊, 2001 (1).

[69] 王庆生, 李志刚, 陶文杰.天津滨海新区旅游业发展的战略思考 [J].城市经济, 2009 (1).

[70] 王群, 章锦河.居民感知调查方法在旅游规划中的运用 [J].安徽师范大学学报 (自然科学版), 2004, 27 (4).

[71] 王润, 刘家明, 田大江.海岛运动休闲旅游产品开发选址研究——以福建省海坛岛为例 [J].热带地理, 2010, 30 (6).

[72] 王友明.城市旅游可持续发展评价指标体系的构建与实证分析 [J].南京师范大学学报, 2011 (6).

[73] 王文才, 社区参与生态旅游管理的意识与能力探讨——以怀化中坡国家森林公园为例 [J].商业经济, 2010 (20).

[74] 文吉, 魏清泉.旅游区域联合开发研究——以粤西海岛旅游开发为例 [J].人文地理, 2004, 19 (4).

[75] 吴郭泉, 唐善茂, 王艳, 兰京文.防城港市滨海旅游开发研究 [J].经济地理, 2004 (3).

[76] 吴普.把握发展机遇, 推动海洋海岛旅游发展 [J].中国旅游报, 2011 (3).

[77] 吴宇华.北海市银滩国家旅游度假区西区的环境问题 [J].自然资

源学报，1998，13（3）.

［78］吴忠宏，洪常明，钟林生. 居民对生态旅游认知与态度之研究——以澎湖列岛为例［J］. 旅游学刊，2005，20（1）.

［79］徐菲菲. 滨海生态旅游地可持续发展模式研究——以江苏连云港为例［J］. 经济地理，2003（7）.

［80］宣国富，陆林，章锦河. 海滨旅游地居民对旅游影响的感知——海南省海口市及三亚市实证研究［J］. 地理科学，2002，22（6）.

［81］薛纪萍，阎伍玖. 海岛旅游可持续发展评价指标体系研究［J］. 资源开发与市场，2008（10）.

［82］阎友兵，王忠. 国际旅游城市评价指标体系研究［J］. 湖南财经高等专科学校学报，2007，23（105）.

［83］杨效忠，陆林，张光生. 舟山群岛旅游资源空间结构研究［J］. 地理与地理信息科学，2004，20（5）.

［84］杨兴柱，陆林. 城市旅游地居民感知差异及其影响因素系统分析——以中山市为例［J］. 城市问题，2005（2）.

［85］杨振之，陈顺明. 论旅游目的地与旅游过境地［J］. 旅游学刊，2007（2）.

［86］尹泽生，陈田，牛亚菲，李宝田. 旅游资源调查需要注意的若干问题［J］. 旅游学刊，2006，21（1）.

［87］余意峰，保继刚，丁培毅. 基于旅游经历的目的地吸引力感知差异研究［J］. 旅游学刊，2010，25（5）.

［88］余敏. 新时期旅游景区可持续发展研究［J］. 理论与改革，2003（4）.

［89］忠奎. 舟山海岛旅游环境可持续发展初步研究［J］. 东海海洋，2000，18（2）.

［90］张波. 旅游目的地"社区参与"的三种典型模式比较研究［J］. 旅游学刊，2006，21（7）.

［91］张波. 旅游对接待地社会文化的消极影响［J］. 云南师范大学学报，2004（2）.

［92］张广海，田纪鹏. 国内外滨海旅游研究回顾与展望［J］. 中国海洋大学学报，2007（6）.

［93］张建萍. 肯尼亚生态旅游与当地居民利益——肯尼亚生态旅游成功经

验分析旅游学刊，2003（1）．

[94] 张经旭．广西滨海旅游资源可持续开发研究［J］．国土与自然资源研究，2002（3）．

[95] 张莉．湛江市滨海旅游业现状与发展措施［J］．资源开发与市场，2003（3）．

[96] 张文，何桂培．我国旅游目的地居民对旅游影响感知的实证调查与分析［J］．旅游学刊，2008（2）．

[97] 张耀光等．海岛人口容量与承载力的初步研究——以辽宁长山群岛为例［J］．辽宁师范大学学报（自然科学版），2000，23（3）．

[98] 张志宏，李悦铮．海岛型旅游地市场需求分析与预测——以长山群岛为例［J］．海洋开发与管理，2009，26（7）．

[99] 张月，毛春元．江苏省滨海旅游竞合研究［J］．特区经济，2012（3）．

[100] 章锦河．古村落旅游地居民旅游感知分析——以黟县西递为例［J］．地理与地理信息科学，2003，19（2）．

[101] 郑耀星，林文鹏，储德平．海岛型旅游地空间竞争与区域合作研究［J］．旅游学刊，2008，23（12）．

[102] 郑向敏，刘静．论旅游业发展中社区参与的三个层次［J］，华侨大学学报，2002（4）．

[103] 朱晓东，李扬帆．微型海岛概念的提出及其可持续发展研究［J］，海洋科学，2004，28（5）．

[104] 邹德文，张春梅．城市旅游可持续竞争力评价——以河北省11市为例［J］．特区经济，2009（2）．

[105] 保继刚．滨海沙滩旅游资源开发的空间竞争分析：以茂名市沙滩开发为例［J］．经济地理，1991（11）．

[106] 卞显红．保护区生态旅游与生物多样性保护及当地社区的关系分析［J］．北京第二外国语学院学报，2003（5）．

[107] 李平，史晓源．我国滨海城市海洋旅游竞争力影响因素分析——基于分层模型的实证研究［J］．浙江海洋大学学报（人文科学版），2019（1）．

[108] 周罡，李京梅．基于二分式问卷的青岛浒苔绿潮灾害对滨海旅游资源非使用价值影响评估［J］．海洋环境科学，2019（3）．

[109] 杨秀平，翁钢民，李进，侯玉君．滨海城市旅游环境承载力优化研

究——以秦皇岛市为例 [J]. 地理与地理信息科学, 2019, 35 (4).

[110] 狄乾斌, 赵晓曼, 王敏. 基于非期望产出的中国滨海旅游生态效率评价——以我国沿海城市为例 [J]. 海洋通报, 2020 (2).

[111] 杜权, 王颖. 中国滨海旅游业发展效率研究——基于 BCC-DEA 模型 [J]. 海洋开发与管理, 2020 (7).

[112] 李淑娟, 王彤, 高宁. 我国滨海城市旅游发展质量演化特征研究 [J]. 经济与管理评论, 2019 (3).

[113] 喻燕, 吴嘉欣. 滨海城市旅游养老适宜性评价——基于广东省湛江市的实证分析 [J]. 国土资源科技管理, 2019, 36 (5).

[114] 丁冬冬, 李飞雪, 徐朗, 李满春, 陈东. 中国滨海旅游生态创新水平测度及其影响因素分析 [J]. 海洋环境科学, 2020 (2).

[115] 金芮合, 赵林, 邓薇, 王倩. 滨海旅游背景下渔民生计适应模式与影响因素——以山东任家台村为例 [J]. 资源开发与市场, 2020, 36 (7).

[116] 李月调, 黄倩, 张江驰. 负面舆论对游客忠诚度的曲线影响——安全感知和旅游形象感知的中介作用 [J]. 旅游学刊, 2019 (5).

[117] 程胜龙. 海岸带旅游可持续发展研究 [D]. 兰州: 兰州大学, 2009.

[118] 李杨. 长白山自然保护区旅游产业可持续发展研究 [D]. 长春: 吉林大学, 2012.

[119] 荣蓉. 滨海生态旅游可持续发展评价指标体系研究 [D]. 大连: 大连理工大学, 2008.

[120] 王芳. 滨海旅游可持续发展研究——以江苏省滨海旅游实证研究为例 [D]. 南京: 南京大学, 2011.

[121] 王继庆. 我国乡村旅游可持续发展研究 [D]. 哈尔滨: 东北林业大学, 2007.

[122] 王蔚. 山东省休闲旅游发展研究 [D]. 济南: 山东大学, 2010.

[123] 王忠福. 旅游目的地居民旅游感知影响因素研究 [D]. 大连: 大连理工大学, 2009.

[124] 保继刚. 旅游开发研究——原理、方法与实践 [M]. 北京: 科学出版社, 1996.

[125] 池雄标. 滨海旅游理论与实践 [M]. 广州: 中山大学出版社, 2004.

[126] 董玉明. 海洋旅游学 [M]. 北京: 海洋出版社, 2002.

[127] 黄少辉. 中国海洋旅游产业 [M]. 广东：广东省出版集团，广东经济出版社，2011.

[128] 黄燕玲，罗盛锋. 旅游感知视角下西南少数民族地区农业旅游发展模式研究 [M]. 北京：科学出版社，2012.

[129] 李瑞. 我国滨海旅游发展研究 [M]. 北京：科学出版社，2012.

[130] 李天元. 中国旅游可持续发展研究 [M]. 天津：南开大学出版社，2004.

[131] 李溢. 世界热带亚热带海岛海滨旅游开发研究 [M]. 北京：中国旅游出版社，2001.

[132] 李悦铮. 海岛旅游开发规划——理论探索与实践 [M]. 北京：旅游教育出版社，2011.

[133] 刘洪滨. 山东省滨海旅游及旅游业 [M]. 北京：海洋出版社，2004.

[134] 刘晓鹰. 旅游经济学 [M]. 北京：科学出版社，2008.

[135] 卢松. 历史文化村落居民对旅游影响的感知与态度模式研究 [M]. 合肥：安徽人民出版社，2009.

[136] 马勇，李芳. 海滨旅游规划与开发——理论、方法与案例 [M]. 北京：中国旅游出版社，2013.

[137] 彭兆荣. 旅游人类学 [M]. 北京：民族出版社，2004：28.

[138] 曲福田. 可持续发展的理论与政策选择 [M]. 北京：中国经济出版社，2000.

[139] 宋承先. 现代西方经济学（微观经济学）[M]. 上海：复旦大学出版社，1997.

[140] 唐留雄. 现代旅游产业经济学 [M]. 广州：广东旅游出版社，2001.

[141] 王文长. 民族视角的经济研究 [M]. 北京：中国经济出版社，2008.

[142] 王富玉. 国际热带滨海旅游城市发展道路探析 [M]. 北京：中国旅游出版社，2000.

[143] 王昆欣，周国忠，郎富平. 乡村旅游与社区可持续发展研究：以浙江省为例 [M]. 北京：清华大学出版社，2008.

[144] 徐菊凤. 中国休闲度假旅游研究 [M]. 沈阳：东北财经大学出版社，2008.

［145］杨振之．旅游资源开发与规划［M］．成都：四川大学出版社，2002.

［146］龚锐．旅游人类学教程［M］．北京：旅游教育出版社，2011.

［147］张象枢等．环境经济学［M］．北京：中国环境科学出版社，1998.

［148］庄万禄．民族经济学［M］．成都：四川民族出版社，2003.

［149］郑长德．西部民族地区大开发与经济发展［M］．成都：四川民族出版社，2002.

［150］刘新宪，朱道立．选择与判断——AHP（层次分析法）决策［M］．上海：上海科学普及出版社，1990.

［151］徐海军．国际旅游岛建设标准与评价体系研究［M］．北京：中国旅游出版社，2012.

［152］许树柏．层次分析法原理［M］．天津：天津大学出版社，1988.

［153］Campbell L M. Ecotourism in Rural Developing Communities［M］. Annals of Tourism Research，1999：263.

［154］Cater E，Lowman G. Ecotourism：A Sustainable Option?［M］. The John HoPkins University Press，1994.

［155］Frederick Steime. The Living Landscape Agra—Ecological Approach to Landscape Planning［M］. Graw Hill：Inc，1996.

［156］Goeldner C，J Ritchie RMcIntosh. Tourism：Principles，Practices，Philosophies（eighth ed.）［M］. NewYork：Wiley，2000.

［157］Hall C M，Page S J. The Geography of Tourism and Recreation：Environment，Place and Space（3rd ed.）［M］. London；Abingdon，Oxon；New York，NY：Routledge，2006：292.

［158］Hunter C G. Tourism and Environment：A sustainable Relationship?［M］. London：Routledge，1999.

［159］J R Brent Ritchie，Geoffrey I Crouch. The Competitive Destination：A Sustainable Tourism Perspective［M］. Manila：CAB International，2003.

［160］Murphy P E. Tourism：A Community Approach［M］. Lodon：Methucn，1985.

［161］Pearce D G，Butler R W. Tourism Reseach：Critiques and Challenges［M］. Routledge，London，1991.

［162］Porter，Michael E. The Competitive Advantage of Nations［M］.

NewYork: The Free Press, 1990.

[163] Ritchie J R, B Crouch G I. Developing Operational Measures for the Components of Destination Competitiveness/ Sustainability Model Consumer Versus Managerial Perspectives. In J. A Mazanec (Ed.). Consumer Psychology of Tourism Hospitality and Leisure [M] . 2001: 1–17. Wallingford: CABI.

[164] Smith V L. Host and Guests: The Anthropology of Tourism [M]. Philadelphia: University of Pennsylvania Press, 1977.

[165] TwanHuybers, Jeff Bennett. Environmental Management and the Competitiveness of Nature Based Tourism Destinations [M] . EdwarEdgar Publishing, 2002.

[166] Yooshik Yoon. Development of A Structural Model for Tourism Destination Competitivene from Stakeholders Perspectives [M] . Blacksburg, Virginia, USA, 2002.

[167] Agarwal S. Restructuring Seaside Tourism – the Resort lifecycle [J]. Annals of Tourism Research, 2002, 29 (1) .

[168] Agarwal S. The Resort Cycle and Seaside Tourism: An Assessment of its Applicability and Validity [J] . Tourism Management , 1997 (18): 65–73.

[169] Amy L. Trenouth, Cher Harte, Chloe Paterson de Heer, Kanwaljeet Dewan, Anna Grage, Carmen Primo, Marnie L Campbell. Public perception of marine and coastal protected areas in Tasmania, Australia: Importance, management and hazards [J] . Ocean & Coastal Management, 2012, 67 (10) .

[170] Andrew Lepp. Residents' Attitudes Towards Tourism in Bigodi village, Uganda [J] . Tourism Management, 2007, 28 (3): 876–885.

[171] AP J. Residents Perceptions on Tourism Impacts [J] . Annals of Tourism Research, 1992 (9): 665–690.

[172] Balancas F J, Gonzalez M, Lozano–O M, et al. The Assesement of Sustainable Tourism [J] . Application to Spanish Coastal Destinations Ecological Indicators, 2010 (10) .

[173] Bardolet E. Tourism in archipelagos Hawai's and the Balearics [J]. Annals of Tourism Research, 2008, 35 (4) .

[174] Belisle F, D Hoy. The Perceived Impact of Tourism by Residents: A Case Study in Santa Marta, Colombia [J] . Annals of Tourism Research, 1980 (7) .

[175] Bell C M, Needham M D, Szuster B W. Congruence Among Encounters,

Norms, Crowding, and Management in a Marine Protected Area [J] . Environmental Management, 2011, 48 (3) .

[176] Bonn M A, Seasonal Variation of Coastal Resorts Visitors: Hilton Head Island [J] . Journal of Travel Research, 1992, 31 (1): 50-56.

[177] Brunt P, Courtney P. Host Perceptions of Sociocultural Impacts [J]. Annals of Tourism Research, 1999, 26 (3) .

[178] Butler R W. The Concept of a Tourist Area Cycle of Evolution: Implications for the Management of Resources [J] . Canadian Geographer, 1980, 24 (1) .

[179] C MichaelHall. Trends in Ocean and Coastal Tourism: The End of the Last Frontier? [J] . Ocean & Coastal Management, 2001, 44 (9-10): 601-618.

[180] Cabezas H, Pawlowski C M, Mayer A L. Sustainable Systems Theory: Ecological and Other Aspects [J] . Jounrnal of Cleaner Production 2005, 13 (5) .

[181] Daniel Suman, Manoj Shivlani, J. Walter Milon. Perceptions and Attitudes Regarding Marine Reserves: A Comparison of Stakeholder Groups in the Florida Keys National Marine Sanctuary [J]. Ocean & Coastal Management, 1999, 42: 1019-1040.

[182] Doxey G V. A Causation Theory of Visitor Resident Irritants, Methodology and Research Inferences [A] . In Conference Proceedings: Sixth Annual Conference of Travel Research Association [C] . SanDiego, 1975.

[183] Dr Dimitrios Buhalis. Marketing the Competitive Destination of the Future [J] . Tourism Management, 2000, 21 (1) .

[184] Dwyer L, Forsyth P. Economic Significance of Cruise Tourism [J]. Annals of Tourism Research, 1998, 25 (2) .

[185] Eric Laws. Conceptualizing Visitor Satisfaction Management Inheritage Settings: An Exploratory Blueprinting Analysis of Leeds Castle, Kent [J] . Tourism Management, 1998, 19 (6): 545-554.

[186] Eugeni Aguilo. The Persistence of the Sun and Sand Tourism Model [J]. Tourism Management, 2005, 26 (2): 219-231.

[187] Godron Taylor Tourism and Sustainable Community Development Tourism Management [J]. 1996, 17 (4): 309-310.

[188] Green R. Community Perceptions of Environmental and Social Change and Tourism Development on the Island of Koh Samuj Thailand [J] . Journal of Environ-

mental Psychology, 2005, 25 (1): 37-56.

[189] Hall M C. Trends in Ocean and Coastal Tourism: The end of the Lastfrontier [J] . Ocean & Coastal Management, 2001, 44 (9): 601-618.

[190] Hernandez S A, Cohen J. Residents' Attitudes Towards an Instant Resort Enclave [J] . Annals of Tourism Research, 1996, 23 (4): 755-779.

[191] Horn C, D Simmons. Community Adaptation to Tourism: Comparisons between Rotorua and Kaikoura, New Zealand [J] . Tourism Management , 2002, 23 (2): 133-143.

[192] HwanSuk Chris Choi, Ercan Sirakaya. Sustainability Indicators for Managing Community Tourism [J] . Tourism Management, 2006 , 27 (6): 1274-1289.

[193] Hwansuk Chris Choi & Iain Murray. Resident Attitudes Toward Sustainable Community Tourism [J] . Journal of Sustainable Tourism 2010, 18 (4): 575-594.

[194] John A P. Residents Perceptions Research on Tourism Impact [J]. Annals of Tourism Research, 1992, 19 (4): 665-690.

[195] John Williams, Rob Lawson. Community Issues and Resident Opinions of Tourism [J] . Annals of Tourism Research, 2001, 28 (2): 269-290.

[196] Kathleen L. Andereck, Karin M. Valentine, Richard C. Knopf, Christine A. Vogt. Residents' Perceptions of Community Tourism Impacts [J] . Annals of Tourism Research, 2005 , 32 (4): 1056-1076.

[197] Lankford S V, Howard D R. Developing a Tourism Impact Attitude Scale [J] . Annals of Tourism Research, 1994 (21): 121-139.

[198] Lawson R W, Williams J, Young T J Cossens. A Comparison of Residents' Attitudes Towards Tourism in New Zealand Destinations [J] . Tourism Managemet, 1998, 19 (3): 247-256.

[199] Liu, J C, T Var. Resident Attitudes Toward Tourism Impacts in Hawaii [J] . Annals of Tourism Research, 1986, 13 (2): 193-214.

[200] Lucas, Robert. On the Mechanics of Economic Development [J]. Journal of Monetary Economics, 1988, 22 (1) : 3- 42.

[201] Mark D. Needham, Brian W. Szuster. Situational Influences on Normative Evaluations of Coastal Tourism and Recreation Management Strategies in Hawai'i [J]. Tourism Management, In press, Corrected Proof, Available online, 2010, 32 (4): 732-740.

[202] Mason P, Cheyne J. Resident Attitudes to Proposed Tourism Development [J]. Annals of Tourism Research, 2000, 27 (2): 391-411.

[203] Meaurio A, Murray I. Indicators of sustainable development in tourism. The easy of the Balearic Islands [J]. Spain: CITTIB, 2001.

[204] Morgan, R. Some Factors Affecting Coastal Landscape Aesthetic Quality Assessment [J]. Landscape Research, 1999, 24 (2): 167-185.

[205] Nicholas Haralambopoulos, Athens, Abraham Pizam [J]. Perceived Impacts of Tourism: The Case of Samos [J]. Annals of Tourism Research, 1996, 23 (3): 503-526.

[206] Pauline J. Sheldon, Teresa Abenoja. Resident Attitudes in A mature Destination: The Case of Waikiki [J]. Tourism Management, 2001, 22 (5): 435-443.

[207] Perez E. iA, Jaume Rossello Nadal. Host Community Perceptions A Cluster Analysis [J]. Annals of Tourism Research, 2005, 32 (4): 925-941.

[208] Petrosillo, G. Zurlini, M. E. Corlianò, N. Zaccarelli, M. Dadamo. Tourist Perception of Recreational Environment and Management in a Marine Protected Area [J]. Landscape and Urban Planning, 2007, 79 (1): 29-37.

[209] Povh D. Economic Instruments for Sustainable Development in the Mediterranean Region [J]. Responsible Coastal Zone Management. Periodicum Biologorum, 2009, 10 (21): 407-412.

[210] Renata T, Bill F. Tourism and Older Residents in a Sunbell Resort [J]. Annals of Tourism Research, 2000 (6).

[211] RitterW, Schafer C. Cruise-tourism: A Chance of Sustainability [J]. Tourism Recreation Research, 1998 (3).

[212] Ross A. Klein, Responsible Cruise Tourism: Lssues of Cruise Tourism and Sustainability [J]. Journal of Hospitality. Tourism Management, 2011, 18 (1): 107-116.

[213] Romer, P. Increasing Returns and Long 2 Run Growth [J]. Journal of Political Economy, 1986, 94 (5).

[214] Romer, Paul. Endo Genous Techno logIcal Change [J]. The Journal of Political Economy, 1990, 98 (5): 71-102.

[215] Simth D M, Krannich S R. Tourism Development and Resident Attitudes [J]. Annals of Tourism Research, 1998 (6).

［216］Tae Gyou Ko, Development of a Tourism Sustainability Assessment Procedure: A Conceptual Approach ［J］. Tourism Management, 2005, 26(3): 431-445.

［217］Alison C, Guy J, Governance Capacity and Stakeholder Interactions in the Development and Management of Coastal Tourism: Examples from Morocco and Tunisia ［J］. Journal of Sustainable Tourism, 2003, 11 (2-3): 224-245.

［218］Teye V, Sirakaya E. Resident's Attitudes toward Tourism Development ［J］. Annals of Tourism Research, 2002, 29 (3): 668-688.

［219］Timothy, D. Partieipatory Planning: A View of Tourism from Indonesia ［J］. Annals of Tourism Research, 1999, 26 (2): 371-391.

［220］Tsung Hung Lee. Influence Analysis of Community Resident Support for Sustainable Tourism Development. Tourism Management, 2013, 34 (2): 37-46.

［221］Vassallo P, Paoli C, David R, et al. Energy and Resource Basis of an Italian Coastal Resort Region Integrated Using Emergy Synthesis ［J］. Journal of Environmental Management, 2009, 9 (11): 277-289.

［222］Williams J, R Lawson. Community Issues and Resident Opinions of Tourism ［J］. Annals of Tourism Research, 2001, 28 (2): 269-290.

［223］Wong P P. Coastal Tourism Development in Southeast Asia: Relevance and Lessons for Coastal Zone Management ［J］. Ocean&Coastal Management, 1998, 38 (2): 89-109.

［224］Wood R E. Caribbean Cruise Tourism, Globalization at Sea ［J］. Anna ls ofTourism Research, 2000, 27 (2): 345-370.

附　录

附录 1　防城港市滨海旅游游客调查问卷

尊敬的女士/先生：

您好！欢迎您来到防城港滨海旅游。我们正在进行一项针对防城港滨海旅游的调查，仅供研究使用。请您对以下问题按照您内心的真实想法和感受回答即可，答案没有对错之分。您宝贵的意见对我们的研究非常重要，谢谢合作！祝您旅游愉快！

一、您的个人信息（请在符合的"□"中打"√"）

1. 请填写您来自哪个省份和城市：_____

2. 年龄：

□A. 20 岁及以下　　□B. 21～30 岁　　□C. 31～40 岁　　□D. 41～50 岁

□E. 50 岁以上

3. 性别：　□A. 男　　　□B. 女

4. 学历：

□A. 初中及以下　　□B. 高中/中专/技校　　□C. 专科　　□D. 本科

□E. 研究生及以上

5. 职业：

□A. 公务员　　　　□B. 科研/技术人员　　□C. 经商/商务工作者

□D. 企业/公司职员　□E. 学生　　　　　　□F. 离退休人员

□G. 农业工作者　　□H. 军人　　　　　　□I. 教师

□J. 无职业者　　　□K. 其他职业，请填写：_____

6. 您的家庭月收入大约是：

☐A. 1000 元及以下　　☐B. 1001~2000 元　　　　☐C. 2001~3000 元

☐D. 3001~4000 元　　☐E. 4001~5000 元　　　　☐F. 5001~8000 元

☐G. 8000~10000 元　☐H. 10000 元以上

二、防城港（白浪滩）滨海旅游的基本情况

7. 您的旅游动机（可以选多个答案）：

☐A. 海水质量　　　☐B. 自然风光　　　☐C. 放松休闲

☐D. 与亲朋好友欢聚同乐　　　☐E. 远离都市喧嚣和日常生活

☐F. 释放压力，休息放松　　　☐G. 避暑纳凉，呼吸新鲜空气

☐H. 欣赏美景，亲近大自然　　　☐I. 慕名而来，满足好奇心

☐J. 其他目的，请填写：＿＿＿＿

8. 您的出游方式：＿＿＿＿

☐A. 家庭成员　　　☐B. 亲戚朋友　　　☐C. 独自一人

☐D. 旅行社组团　　☐E. 单位组织　　　☐F. 会议考察

☐G. 其他，请填写：＿＿＿＿

9. 您获取有关防城港滨海旅游信息的途径是（可以选多个答案）：

☐A. 旅行社介绍　　☐B. 亲朋好友　　　☐C. 电视/广播

☐D. 报纸/杂志　　　☐E. 旅游宣传册　　☐F. 网络

☐G. 户外广告　　　☐H. 其他＿＿＿＿

10. 您以何种交通工具到达景区？

☐A. 旅游团大巴车　☐B. 出租车　　　　☐C. 公交车

☐D. 自驾车　　　　☐E. 包车　　　　　☐F. 其他＿＿＿＿

11. 来此地旅游的总花费（若一同出游人数在两人以上，请填人均花费）：＿＿＿＿

☐A. 100 元以下　　☐B. 100~299 元　　☐C. 300~499 元

☐D. 500~999 元　　☐E. 1000 元以上

12. 来该地旅游，你一般停留的时间是：＿＿＿＿

☐A. 半天　　　　　☐B. 1 天　　　　　☐C. 2 天

☐D. 3~4 天　　　　☐E. 5 天以上

13. 你是否愿意为海上娱乐设施付款？

☐A. 是　　　　　　☐B. 否

如果是，每天愿意付多少钱：＿＿＿＿

14. 您认为白浪滩景区最喜爱的旅游目的地吸引物：（可多选，不要超过 3个） _____

☐A. 广阔的大海　　　☐B. 自然保护区　　　☐C. 沿海乡村渔村
☐D. 绿色植物或动物　☐E. 宁静的地方　　　☐F. 著名旅游地
☐G. 山海景观　　　　☐H. 观鸟　　　　　　☐I. 捕捉海产品
☐J. 品尝海鲜　　　　☐K. 海堤　　　　　　☐L. 核电站景观
☐M. 海港　　　　　　☐N. 潜水　　　　　　☐O. 博物馆
☐P. 沙滩　　　　　　☐Q. 草滩　　　　　　☐R. 古迹和遗迹
☐S. 潮流景观　　　　☐T. 海滨湿地　　　　☐U. 海岛
☐V. 海滨娱乐活动　　☐W. 海滨上日出/日落

三、旅游者对旅游地感知情况（对于下列项目的满意度，请您按照看法在相应的数字上打"√"，1~5 表示您满意的程度：1 表示非常不满意；2 表示不满意；3 表示一般；4 表示满意；5 表示非常满意）

项目	评分	项目	评分
对海滨旅游的总体感受	1 2 3 4 5	海水等自然风光	1 2 3 4 5
民族风情等人文景观的保护	1 2 3 4 5	景区内环境卫生	1 2 3 4 5
景区内环境污染	1 2 3 4 5	高峰期海滨旅游拥挤	1 2 3 4 5
海滨建筑污染	1 2 3 4 5	大气、水质和噪声	1 2 3 4 5
住宿接待服务	1 2 3 4 5	餐饮接待服务	1 2 3 4 5
康体娱乐服务	1 2 3 4 5	旅游接待人员素质	1 2 3 4 5
旅游商品特色	1 2 3 4 5	旅游商品品质	1 2 3 4 5
各项服务及商品价格合理性	1 2 3 4 5	供电、供水、通信等设施	1 2 3 4 5
景区内交通便利程度	1 2 3 4 5	来本地旅游的交通条件	1 2 3 4 5
在本景区旅游经历	1 2 3 4 5	您非常愿意向他人推荐本景区	1 2 3 4 5
商贩诚实程度	1 2 3 4 5	景区服务与治安	1 2 3 4 5
当地居民的友好程度	1 2 3 4 5	其他游客的旅游行为	1 2 3 4 5
您再次选择滨海旅游时会首先考虑本景区	1 2 3 4 5		

四、您对（白浪滩）滨海旅游发展中存在问题的认同度（请按您的看法在相应的数字上打"√"，1~5 表示您同意的程度：5 表示完全同意，1 表示完全不同意）

项目	评分	项目	评分
交通条件成为制约条件	1 2 3 4 5	政府支持力度不大	1 2 3 4 5
滨海旅游项目单一，特色不足	1 2 3 4 5	渔家风情内涵挖掘不够	1 2 3 4 5
旅游接待设施不够完善	1 2 3 4 5	旅游服务水平不高	1 2 3 4 5
广告宣传力度不大	1 2 3 4 5	游客的停留时间太短	1 2 3 4 5
滨海旅游商品生产与销售处于初级水平	1 2 3 4 5		

附录 2　防城港市滨海旅游居民调查问卷

尊敬的女士/先生：

您好！我们正在进行一项针对防城港滨海旅游的调查，仅供研究使用。请您对以下问题按照您内心的真实想法和感受回答即可，答案没有对错之分。您宝贵的意见对我们的研究非常重要，谢谢合作！

一、您的个人背景与相关问题（选择题请您在相应的字母序号上打"√"；填空题在下划线上填空）

1. 性别与民族：

A. 男　　　　　　　　B. 女　　民族：_____

2. 您的年龄：

A. 14 岁及以下　　　　B. 15~24 岁　　　　C. 25~44 岁

D. 45~64 岁　　　　　E. 65 岁及以上

3. 您的学历：

A. 大专及以上　　　　B. 中专及高中　　　C. 初中

D. 小学　　　　　　　E. 小学以下

4. 您在本地居住时间：

A. 5 年以下　　　　　B. 5~10 年　　　　C. 11~20 年

D. 21~30 年　　　　　E. 30 年以上

5. 您的职业

A. 农民　　　　　　　B. 工人　　　　　　　C. 专业技术人员

D. 职员　　　　　　　E. 教育工作者　　　　F. 政府工作人员

G. 企事业管理人员　　H. 学生　　　　　　　I. 服务及售货人员

J. 退休人员　　　　　K. 军人　　　　　　　L. 其他

6. 个人月均现金收入（元）：

A. 1000 元及以下　　　B. 1000~2000 元　　　C. 2000~3000 元

D. 3000 元及以上

7. 您的家庭人数：_____

8. 家庭年收入是：_____

A. 3000 元以下　　　　B. 3000~5000 元　　　C. 5000~10000 元

D. 10000~20000 元　　E. 20000~30000 元　　F. 30000~50000 元

G. 50000 元以上

9. 是否为景区搬迁户：_____，是否为外来务工经商户：_____

A. 是　　　　　　　　B. 否

10. 是否从事与旅游业相关的工作：_____

A. 是　　　　　　　　B. 否

二、居民参与旅游基本情况（选择题请您在相应的字母序号上打"√"；填空题在下划线上填空）

1. 家庭是否从事旅游经营：_____，若有，旅游投资金额为：_____

A. 是　　　　　　　　B. 否

2. 家庭主要从事哪些旅游经营活动：

A. 住宿　　　　　　　B. 餐饮　　　　　　　C. 旅游商品买卖（含海产品）

D. 娱乐　　　　　　　E. 旅游交通　　　　　F. 观光农园

G. 围网捕鱼　　　　　H. 旅游中介

3. 家庭近几年年均旅游收入：

A. 1000 元以下　　　　B. 1000~3000 元　　　C. 3000~5000 元

D. 5000~10000 万元　　E. 10000~20000 元　　F. 20000~30000 元

G. 30000 元以上

4. 家庭旅游收入占家庭经济总收入的比重：

A. 10%以下　　　　　B. 10%～20%　　　　C. 21%～50%

D. 51%～80%　　　　E. 80%以上

三、旅游影响评估（对于旅游发展可能带来的影响，请按您的看法在相应的数字上打"√"，1～5表示您同意的程度：1表示完全反对，2表示反对，3表示既不反对也不同意，4表示同意，5表示完全同意）

项目	评分	项目	评分
增加了本地居民的就业机会	1 2 3 4 5	促进了本地经济的发展	1 2 3 4 5
使您的个人收入增加	1 2 3 4 5	使本地居民的生活水平提高	1 2 3 4 5
旅游增加了投资机会	1 2 3 4 5	造成了生活费用的上涨	1 2 3 4 5
造成当地商品、服务价格的上涨	1 2 3 4 5	旅游收益在本地村民中分配不公	1 2 3 4 5
有利于本地传统文化的发掘和发展	1 2 3 4 5	促进了民族文化的保护	1 2 3 4 5
促进了道路和其他公共设施的改善	1 2 3 4 5	使本地村民更加殷勤好客	1 2 3 4 5
提高了地方形象和知名度	1 2 3 4 5	使本地传统文化受到冲击	1 2 3 4 5
传统民族文化开发商业化、庸俗化	1 2 3 4 5	由于旅游引发的冲突增加	1 2 3 4 5
本地犯罪和不良现象增加	1 2 3 4 5	居民使用公共休闲设施机会减少	1 2 3 4 5
本地自然环境得到有效保护	1 2 3 4 5	改善了当地的村容村貌	1 2 3 4 5
居民环保意识增强	1 2 3 4 5	废弃物处理能力	1 2 3 4 5
交通和人口过度拥挤、嘈杂	1 2 3 4 5	造成了滨海和乡村环境的破坏	1 2 3 4 5
社区参与和管理程度	1 2 3 4 5	居民参与旅游规划编制的程度	1 2 3 4 5

四、满意度和态度（对于下列日常生活的满意度，请您按照看法在相应的数字上打"√"，1表示非常不满意，2表示不满意，3表示感觉一般，4表示满意，5表示非常满意）

项目	评分	项目	评分
居民对旅游的总体感受	1 2 3 4 5	您个人的经济收入水平	1 2 3 4 5
当地的物价水平	1 2 3 4 5	您个人的住房条件	1 2 3 4 5
您个人获得的就业机会	1 2 3 4 5	当地的自然环境	1 2 3 4 5
本村的村内环境卫生状况	1 2 3 4 5	本村的村容村貌	1 2 3 4 5
公共休闲空间条件	1 2 3 4 5	当地的文体设施状况	1 2 3 4 5
日常生活中的购物方便程度	1 2 3 4 5	当地的基础设施状况	1 2 3 4 5
社区医疗服务和看病方便程度	1 2 3 4 5	您支持本村旅游的进一步发展	1 2 3 4 5
您认为旅游是本村发展的正确选择	1 2 3 4 5	政府的环境监督和管理水平	1 2 3 4 5
环境立法现状	1 2 3 4 5	环境保护规划现状	1 2 3 4 5

五、您认为滨海旅游发展存在的问题（请按您的看法在相应的数字上打"√"，1~5表示您同意的程度：5表示完全同意，1表示完全不同意）

项目	评分	项目	评分
交通条件滞后	1 2 3 4 5	政府支持力度不大	1 2 3 4 5
滨海旅游产品单一	1 2 3 4 5	渔家风情内涵挖掘不够	1 2 3 4 5
旅游接待设施比较落后	1 2 3 4 5	旅游服务质量不高	1 2 3 4 5
广告宣传力度不大	1 2 3 4 5	滨海旅游商品开发处于初级阶段	1 2 3 4 5
游客的停留时间过短	1 2 3 4 5		

六、请您提宝贵意见

1. 您认为旅游为当地带来的最基本的好处是什么？
2. 旅游发展您最关心什么？
3. 您喜欢当地发展什么类型的旅游？

附录3　滨海旅游可持续发展评价调查问卷

本调查问卷是"防城港可持续发展评价"研究的一个重要组成部分，请您将表格中的元素分别进行两两对比评分。感谢您的积极配合以及对我们工作的支持。

相对重要性的比例标度

尺度	含义
1	表示两个因素具有同等的重要性
3	表示一个因素比另一个稍微重要
5	表示一个因素比另一个因素明显重要
7	表示一个因素比另一个因素强烈重要
9	表示一个因素比另一个因素极其重要
2，4，6，8	介于上述相邻重要性程度判断中间值

准则层指标权重对比

	旅游资源子系统 B1	旅游经济子系统 B2	旅游环境子系统 B3	旅游社会文化子系统 B4
旅游资源子系统 B1	1			
旅游经济子系统 B2		1		
旅游环境子系统 B3			1	
旅游社会文化子系统 B4				1

旅游资源子系统、旅游经济子系统、旅游环境子系统、旅游社会文化子系统每一相关元素的相对重要性的表格设计与上表相同，故这里不再列示。

附录4　专家评分表

本调查问卷是"防城港可持续发展评价"研究的一个重要组成部分，请您将表格中的元素分别进行两两对比评分。感谢您的积极配合以及对我们工作的支持。

层次分类的结果

目标层	准则层		指标层	防城港市旅游可持续发展得分（按100分计）
滨海旅游可持续综合评价 A	旅游资源子系统 B1	旅游自然资源条件 C1	旅游资源丰裕度 D1	
			旅游资源知名度 D2	
			旅游资源组合度 D3	
	旅游经济子系统 B2	经济总量 C2	人均 GDP D4	
			地方财政收入 D5	
			城镇居民年人均收入 D6	
			第三产业占 GDP 的比重 D7	

续表

目标层	准则层	指标层		防城港市旅游可持续发展得分（按 100 分计）
滨海旅游可持续综合评价 A	旅游经济子系统 B2	旅游经济总量 C3	旅游接待量 D8	
			旅游总收入 D9	
		旅游产业结构 C4	旅游总收入占 GDP 比重 D10	
			旅游外汇收入占旅游总收入比重 D11	
		旅游接待能力 C5	旅行社总数 D12	
			饭店总数 D13	
	旅游环境子系统 B3	环境治理 C6	污水处理率 D14	
			固体垃圾处理率 D15	
		质量指标 C7	环境质量综合指数 D16	
			绿化覆盖率 D17	
	旅游社会文化子系统 B4	支撑度 C8	区位与通达性 D18	
			旅游区形象 D19	
			旅游规划的数量与完善程度 D20	
		协调度 C9	与地方民族文化的协调度 D21	
			游客满意率 D22	
			居民对旅游发展的态度 D23	
			居民参与旅游的程度 D24	

后 记

本书的顺利出版，首先要特别感谢南宁师范大学旅游与文化学院院长陈炜教授和南宁师范大学各位同事的关心和支持。其次，衷心感谢北部湾环境演变与资源利用教育部重点实验室（南宁师范大学）资助出版。

在本书调研工作中，感谢防城港市文化广电体育和旅游局的帮助与支持。感谢广西大学商学院研究生杨阳、贺涵和王芳菲参加了调研和部分撰写工作。

最后，感谢经济管理出版社及编辑的辛勤工作！

陈红玲

2022 年 3 月